RENÉ TRÄDER, geb. 1979, ist Psychologe und Journalist. Seit rund 20 Jahren arbeitet er für verschiedene Radiosender als Moderator und beschäftigt sich u.a. mit psychologischen Themen. Außerdem präsentiert er den 7Mind-Podcast und DAK-Podcast, in denen es um Achtsamkeit und Resilienz geht. Und auch auf seinem Youtube-Kanal gibt er Impulse für ein gutes Leben und Arbeiten. Als Psychologe bietet René Träder zudem Coachings und Workshops für Einzelpersonen, Teams und Unternehmen an.

RENÉ TRÄDER

Das Leben so:
NEIN!

Ich so:
DOCH!

Wie du besser
mit Stress,
Krisen und
Schicksalsschlägen
umgehst

Ullstein

Besuchen Sie uns im Internet:
www.ullstein.de

Originalausgabe im Ullstein Taschenbuch
1. Auflage September 2020
2. Auflage 2020
© Ullstein Buchverlage GmbH, Berlin 2020

Umschlaggestaltung: zero-media.net, München
Titelabbildung: © Daavid Mörtl
Satz: Red Cape Production, Berlin
Gesetzt aus der Merriweather und Officina Sans
Druck und Bindearbeiten: CPI book GmbH, Leck
ISBN 978-3-548-06134-4

»Im Leben geht es nicht darum,
gute Karten zu haben,
sondern auch mit einem schlechten Blatt
gut zu spielen.«

ROBERT LOUIS STEVENSON (1850 – 1894),
SCHOTTISCHER SCHRIFTSTELLER

*Dieses Buch ist
für alle Menschen,
die ihr Leben
wirklich leben wollen.
Go for it!*

Inhaltsverzeichnis

*Nimm keine Opferhaltung ein, denn sie schwächt wie
Kryptonit, sondern sieh dich als Gestalter deines Lebens an.
Dafür ist es wichtig, Verantwortung für dein Leben zu übernehmen. In diesem Kapitel erfährst du, wie du verantwortlich
mit negativen Emotionen und Gedanken umgehen kannst,
die dich blockieren, und wie du auch für deine Probleme ein
Mindset der Verantwortung entwickelst.*

*So lange wir das Negative und die Probleme nicht akzeptieren,
leben wir in einer Fantasiewelt. Wir verschließen die Augen
vor der Realität und damit auch vor den Möglichkeiten, darauf
zu reagieren. In diesem Kapitel erfährst du, wie Akzeptieren,
Loslassen und Verzeihen gelingen können und wie man damit
dem eigenen Leben neue Chancen gibt. Ganz wichtig dafür ist es,
auch sich selbst zu akzeptieren, so wie man ist.*

3. Resilienz-Baustein: Zukunftsorientierung – Mach das Leben zu einer Party, auch wenn du dich nicht eingeladen fühlst

Zukunftsorientierung bedeutet, nach vorne zu schauen und für das bereit zu sein, was es noch zu entdecken, zu erleben und zu erreichen gibt. Wer zukunftsorientiert ist, hat Ziele, kennt sein Warum, ist bereit aktiv zu werden und entwickelt bei Niederlagen und Rückschlägen einen Plan B. In diesem Kapitel erfährst du, wie du deine Ziele richtig formulierst, welche Rolle dabei deine Werte spielen können und wie du gute Gewohnheiten entwickelst, um mit sogenannten Micro-Actions tatsächlich ins Handeln zu kommen.

4. Resilienz-Baustein: Lösungsorientierung – Es ist nicht leicht, ein Stachelschwein zu kitzeln, unmöglich ist es aber nicht

Um aus dem Labyrinth der Schwierigkeiten herauszufinden, braucht es ein Umdenken: Nicht die Probleme stehen im Mittelpunkt, sondern die Lösungen, egal ob sie erst einmal realistisch erscheinen oder nicht. In diesem Kapitel erfährst du, wie du dein lösungsorientiertes Denken und Handeln trainieren kannst. Außerdem stelle ich dir neun Schritte vor, mit denen du eine Therapeutin oder einen Therapeuten finden kannst. Denn: Lösungsorientiert zu sein, kann auch bedeuten, sich Hilfe zu suchen und anzunehmen.

5. Resilienz-Baustein: Netzwerkorientierung –
Niemand ist eine Insel

Wir Menschen sind soziale Wesen. Andere Menschen sind wichtig für uns. In guten wie in schlechten Zeiten tun sie uns gut. Durch andere Menschen können wir uns zugehörig fühlen, erfahren, was Liebe ist, und bekommen Unterstützung in Krisenzeiten. Netzwerkorientierung bedeutet aber auch, auf andere zuzugehen und sich helfen zu lassen. In diesem Kapitel stelle ich dir Übungen und Modelle vor, die dir dabei helfen, dein Netzwerk zu stärken und positive Beziehungen zu anderen zu gestalten.

6. Resilienz-Baustein: Optimismus –
Ich bin dann mal hin und weg von meinem Leben

Durch unser Denken erschaffen wir uns unsere eigenen Realitäten. Niemand sieht die Welt, wie sie wirklich ist, wir alle sehen sie durch unseren Filter. Resiliente Menschen blicken hoffnungsfroh und positiv in die Zukunft und glauben an einen guten Verlauf der Dinge. Dadurch treffen sie mutigere Ent-scheidungen und kommen leichter ins Handeln. In diesem Kapitel erkläre ich dir, wieso wir uns von Natur aus eher auf das Negative konzentrieren und wie wir mit kleinen Achtsamkeitsübungen im Alltag gegensteuern können. Ein wichtiger Schlüssel für Optimismus ist Dankbarkeit. Selbst in Zeiten großen Unglücks kann es nämlich glückliche Momente oder gute Aspekte geben, auch wenn wir eine Lupe brauchen, um sie wahrzunehmen.

7. Resilienz-Baustein: Selbstwirksamkeit – Was wäre, wenn du stärker bist, als du denkst?

Die Überzeugung, dass man sein Leben und die Dinge gestalten kann, weil das eigene Handeln wirklich etwas bewirkt, ist enorm wichtig, um überhaupt ins Handeln zu kommen. Selbstwirksame Menschen lassen sich nicht so leicht einschüchtern, sondern gehen davon aus, dass sie mit den Anforderungen des Lebens zurechtkommen. Vier einfache Herangehensweisen helfen dir, mehr Selbstwirksamkeit zu entwickeln. In diesem Kapitel stelle ich sie dir zusammen mit konkreten Übungen vor.

8. Resilienz-Baustein: Erholung – Ey Stress, chill mal!

Gerade in stressigen und belastenden Lebensphasen ist es wichtig, regelmäßig Kraft zu tanken, seine Bedürfnisse achtsam wahrzunehmen und für Erholung zu sorgen. Ein gutes Stressmanagement im Leben kann außerdem dabei helfen, zu verhindern, dass aus kleinen Problemen große werden. In diesem Kapitel erfährst du, was Stress mit dir macht und wie du ganz einfach für Erholung sorgen kannst, um achtsamer und resilienter zu leben. Denn: Stress ist eine Entscheidung, Erholung aber auch.

Vorwort:
Schön, dass du hier bist!

Wie geht es dir?

Diese Frage bekommen wir zwar oft gestellt, aber nur selten will der Fragende die Antwort wirklich hören, und noch seltener beantworten wir die Frage ernsthaft.

Ein schnelles »Gut gehts« kommt uns dann über die Lippen, gefolgt von einem »Und dir?«

Meine Frage hier ist durchaus ernst gemeint. Mit diesem Buch möchte ich dich einladen, achtsam mit dir selbst umzugehen, deine Gefühle zu erspüren, bewusst auf dich und dein Leben zu schauen und dir über deine Wünsche, Ziele, Visionen und Hoffnungen klar zu werden. Mir ist wichtig, dass du erkennst, was in dir steckt, dass du an dich glaubst und dass du schließlich ins Handeln kommst. Ich möchte dich mit diesem Buch dazu ermuntern, dir dein Leben zu schnappen und daraus etwas zu machen, egal wie deine Vergangenheit war, was dir passiert ist oder an welchem Punkt du gerade stehst.

In China sagt man: »Bete nicht um leichtere Lasten, sondern um einen stärkeren Rücken.« Die Widerstandskraft unserer Psyche lässt sich ähnlich wie ein starker Rücken trainieren. Schließlich gibt es im Leben nicht nur Sonnenschein. Auch Probleme, Schwierigkeiten und Krisen gehören dazu. Antoine de Saint Exupéry, der »Der kleine Prinz« geschrieben hat, bezeichnet das als die Zugaben des Lebens. Diese Dinge sind einfach ein Teil des Lebens. Und Wilhelm von Humboldt schrieb: »Gewiss ist es fast noch wichtiger, wie der Mensch sein Schicksal nimmt, als wie sein Schicksal ist.«

Natürlich weiß ich nicht, wieso du dieses Buch ganz konkret lesen möchtest. Vielleicht sind Stress, Ängste und Sorgen ständige Begleiter in deinem Leben, und die Dinge laufen gerade nicht so, wie du es dir vorstellst. Vielleicht steckst du gerade mitten in einer privaten oder beruflichen Krise, hast Probleme und weißt nicht, wie es weitergehen soll, fühlst dich schwach und antriebslos. Vielleicht bist du von einem Schicksalsschlag getroffen worden, hast einen lieben Menschen verloren oder musst lernen, mit einer Erkrankung klarzukommen. Mit Sicherheit weiß ich aber, dass du etwas in deinem Leben ändern möchtest. Selbst wenn es sich nur um kleine Aspekte handelt, kannst du jetzt aktiv werden und die Dinge bewusst gestalten, um mutiger und optimistischer in die Zukunft zu schauen und ein gutes, selbstbestimmtes Leben zu führen. Wäre es anders, hättest du dieses Buch nicht in die Hand genommen. Und falls du das Buch geschenkt bekommen hast, zeigt das, dass es Leute in deinem Umfeld gibt, die an dich glauben und denen es wichtig ist, dass es dir gut geht. Dieses Buch soll dich auf deinem Weg der Veränderung begleiten. Es soll dich dabei unterstützen, mehr Resilienz zu leben. Sieh die einzelnen Themen und Übungen für Resilienz als Inspiration an. Du entscheidest, was davon du annehmen und ausprobieren möchtest. Und auch: Wann du es tun willst. Arbeite das Buch in deinem Tempo durch.

Bevor du anfängst, möchte ich dir einen Tipp geben, der mir sehr wichtig ist. Vor über zehn Jahren habe ich in einem Laden ein Kochbuch mit Nudelgerichten entdeckt, das mich fasziniert hat. Es enthält über einhundert verschiedene Rezepte. Ich habe es sofort gekauft, weil die Gerichte alle so lecker aussahen. Allerdings habe ich bis heute erst ein Rezept daraus ausprobiert. Was ich damit sagen will: Auch die leckersten Nudelrezepte machen einen nicht satt, wenn man sie nur liest, aber nie kocht.

Im übertragenen Sinne gilt das auch für dieses Buch. Deshalb möchte ich dich bitten, dass du es nicht nur liest, also nicht nur theoretisch durchdenkst, sondern dass du einige der Impulse aufgreifst und ausprobierst, sodass du (neue) Erfahrungen sammelst. Du wirst merken, dass schon Kleinigkeiten viel bewirken können. An mehreren Stellen habe ich in diesem Buch extra etwas Platz gelassen, damit du deine Gedanken und Ideen direkt aufschreiben kannst. Natürlich kannst du dafür auch ein Notizbüchlein nehmen, in dem es noch mehr Platz zum Schreiben gibt. Du kannst es dann immer bei dir tragen und es wird dich an deine Vorhaben erinnern und mit dir wachsen. Natürlich ist es oft nicht leicht, etwas zu verändern. Das behaupte ich aber auch gar nicht. ;-) Die Dinge müssen auch gar nicht immer leicht sein. Sieh die Anstrengung auf deinem Weg der Veränderung als etwas Positives an. Dadurch merkst du nämlich, dass gerade etwas in dir passiert, so, als wenn du nach dem Sport Muskelkater bekommst.

Ich wünsche dir eine gute und achtsame Zeit!
René Träder
Berlin, im Sommer 2020

PS: Für eine bessere Lesbarkeit habe ich darauf verzichtet, mit Sternchen oder großem I zu gendern. Selbstverständlich meine ich aber immer alle Menschen, egal ob weiblich, männlich oder divers.

Einleitung: Resilienz – Das Immunsystem unserer Psyche und wie wir es stärken können

»Ganz gleich, wie beschwerlich das Gestern war, stets kannst du im Heute von neuem beginnen.«
BUDDHA

Probleme, Krankheiten und negative Erfahrungen sind Teil des Lebens und kein Fehler in der Matrix. Deshalb brauchen wir alle Strategien, um damit umzugehen. Die gute Nachricht ist: Psychische Widerstandskraft lässt sich trainieren. Das Zauberwort lautet Resilienz. In diesem Kapitel erfährst du, wieso die Psyche krank werden kann, aber auch, was ihr hilft, gesund zu bleiben oder gesund zu werden. Kraft entsteht schließlich häufig aus Krisen.

Puh, das war knapp! Um ein Haar wäre es gar nicht dazu gekommen, dass du dieses Buch in den Händen halten kannst. Weißt du, warum?

Weil es ein riesiges Wunder ist, dass es dich und mich überhaupt gibt.

Wenn Wissenschaftler sich langweilen, können sie auf die absurdesten Ideen kommen. Einige haben versucht, auszurechnen, wie wahrscheinlich es ist, dass man überhaupt geboren wird. Dr. Ali Binazir ist zum Beispiel auf eine statistische Wahrscheinlichkeit von 1 zu $10^{2.685.000}$ gekommen. Das ist eine 10 mit mehr als 2,5 Millionen Nullen. Eine andere Zahl, die rumgeistert, ist 1 zu 400 Billionen. Das sind zwar nicht mehr ganz so viele Nullen, aber es ist immer noch sehr beeindruckend. Oder würdest du auch nur einen Euro für einen Lottoschein ausgeben, wenn die Chance zu gewinnen bei 1 zu 400 Billionen liegen würde?

Ich muss ehrlicherweise zugeben, dass ich diese gewaltigen Zahlen nicht nachgerechnet habe. ;-) Die Erkenntnis hinter den Berechnungen finde ich aber spannend: Es gibt dich entgegen jeder Wahrscheinlichkeit, und du bist jetzt am Leben. Du hast dich gegen wahnsinnig viele Nullen durchgesetzt. Mir gibt diese Vorstellung jedes Mal einen kleinen Energieschub. Probleme, Sorgen und Ängste werden dadurch vielleicht direkt ein bisschen kleiner, und die Lust wächst, das Leben achtsam zu gestalten und voll auszukosten. Schließlich sind wir (wahrscheinlich) nur einmal hier auf der Erde.

Und dass ausgerechnet du es geschafft hast, ist noch auf einer anderen Ebene etwas Besonderes. Denn die Samenzelle, aus der du ursprünglich zur Hälfte bestehst, hatte im Schnitt 500 Millionen Konkurrenten. Keine Frage: Du bist ganz schön stark und brauchst niemandem mehr etwas zu beweisen. Die Tatsache, dass du da bist, ist Beweis genug.

Egal, wie sich dein Leben anfühlt, mach dir immer wieder bewusst: Dass es dich gibt, ist entweder ein riesiger Zufall oder ein wahres Wunder, je nachdem wie du es sehen möchtest.

Jetzt sind wir auch schon bei einer ganz entscheidenden Zutat, die einen starken Einfluss darauf hat, ob sich unser Leben gut anfühlt und ob wir zufrieden sind oder eben nicht: nämlich unsere individuelle Sicht und unsere Bewertungen. Shakespeare legte seinem Hamlet in den Mund: »An sich ist nichts weder gut noch böse. Das Denken macht es erst dazu.« Unser Denken ist so wichtig, weil jede Veränderung im Kopf beginnt. Wenn wir uns anders verhalten möchten, wenn wir anders mit etwas oder jemandem umgehen möchten, müssen wir anfangen, anders zu denken. Das kann bedeuten, positiver zu denken oder auch die Opferrolle zu verlassen und uns dazu zu entscheiden, die eigenen Bedürfnisse ernst zu nehmen und das Leben bewusst zu gestalten. Das Leben ist ein riesiges Geschenk, und wir sollten es gut nutzen. Klar, manchmal fühlt es sich eher wie etwas an, das man beim Schrottwichteln bekommen hat, denn es gibt eine lange Liste von Dingen, auf die man gut verzichten könnte. Grundsätzlich lassen sich diese negativen Dinge in drei Kategorien einteilen:

1. Stress: Er macht sich zum Beispiel durch Nervosität, Schwitzen und dadurch bemerkbar, dass unser Gedankenkarussell in Fahrt kommt. Stress entsteht immer dann, wenn unsere Ressourcen gerade nicht für die Anforderungen auszureichen scheinen, denen wir gegenüberstehen – wenn also zu viel auf uns einprasselt und wir nicht wissen, wie wir alles schaffen sollen. Wenn wir sechs Monate am Stück gestresst sind, wird von chronischem Stress gesprochen. Dauerstress ist gesundheitsschädlich. Stress kann aber auch eine Superkraft sein, indem er uns ganz plötzlich Energie gibt, die uns wach und aktiv macht. Viele Dinge im Alltag können Stress auslösen: Prüfungen, Bewerbungen, zu viele Aufgaben, Zeitdruck, Konflikte mit Mitmenschen, Krankheiten und so weiter. Aber auch unser Denken kann ein Stressfaktor sein.

2. Krisen: Sie verschwinden meistens nicht so schnell wieder wie die meisten Stresssituationen, sondern kleben an uns wie ein alter Kaugummi an der Schuhsohle. Wo wir auch hingehen, sie sind ein ständiger Begleiter und können uns extrem belasten und lähmen. Sie haben einen großen Einfluss auf unsere Stimmung und können unseren Blick so stark verengen, dass wir keine Lösungsmöglichkeiten mehr sehen und die Hoffnung verlieren. Zu Krisen können zum Beispiel Krankheiten, Konflikte mit Mitmenschen, Trennungen, Mobbing und Arbeitslosigkeit gehören.

3. Schicksalsschläge: Im Gegensatz zu Krisen sind Schicksalsschläge meistens radikaler, und es gibt für sie oft keine Lösungen. Die Dinge lassen sich nicht rückgängig machen oder in Ordnung bringen. In diesen Fällen geht es vor allem darum, zu lernen, *mit* der neuen Situation zu leben und trotzdem ein gutes Leben zu führen. Zu Schicksalsschlägen gehören zum Beispiel Unfälle, Behinderungen, finanzielle Verluste, (sexualisierte) Gewalterfahrungen, schwerwiegende Krankheiten oder Todesfälle. Vieles davon platzt einfach so in unser Leben hinein, ganz ohne Vorwarnung. Und vieles davon passiert uns einfach, ohne dass wir etwas dafür können. Wir sind beispielsweise einfach zur falschen Zeit am falschen Ort gewesen.

Das Leben kann sich dadurch radikal verändern, teilweise so stark, dass ein riesiger Schatten über allem liegt, man keine Energie und keinen Sinn mehr verspürt.

Als sich Anfang des Jahres 2020 das Corona-Virus rasend schnell in der Welt verbreitet hat, haben wir einen globalen Schicksalsschlag erlebt. Die allgemeine Unsicherheit und die Maßnahmen, die getroffen wurden, haben das private und berufliche Leben von uns allen verändert. Anhand von Corona lässt sich sehr gut erkennen, auf wie vielen Ebenen gleichzeitig ein Schicksalsschlag einwirkt und wie radikal er ist. Schicksalsschläge triggern bei uns häufig vier grundsätzliche Lebensthemen und zwingen uns ganz plötzlich zur Auseinandersetzung damit. Dabei handelt es sich um Sicherheit, Freiheit, Wohlstand und unsere begrenzte Lebenszeit. Schicksalsschläge bedrohen das Leben, wie wir es kennen, indem sie unsere Gesundheit gefährden, uns mit unserer Endlichkeit konfrontieren, Fragen aufwerfen, uns Entscheidungen abverlangen und unser Handeln einschränken.

Vielleicht kennst du individuelle Schicksalsschläge auch aus deinem Leben oder bist sogar aktuell mit einem konfrontiert. Du bist nicht allein. Jedem Menschen geschehen im Laufe seines Lebens Dinge, die ihn aus der Bahn werfen, extrem belasten, traurig machen oder sogar nachhaltig schwächen. Sie können einem Lebensfreude und Hoffnung nehmen. Entscheidend ist deshalb, wie man damit umgeht. Wie kann man trotz allem weiterleben und ein gutes Leben haben? Auch das hat die Corona-Krise gezeigt: Obwohl wir alle davon betroffen waren, haben nicht alle Menschen auf die gleiche Weise darauf reagiert. Einige haben Klopapier gehortet, andere sind cool geblieben und haben darauf vertraut, dass es ausreichend Klopapier für alle gibt. Einige haben einen persönlichen Shut-down erlebt, der geprägt von Sorgen und Einsamkeit war, wohingegen andere kreativ geworden sind und sogar alte Freundschaften und Kontakte wiederbelebt haben. Einige haben die äußeren Umstände als nur belastend erlebt, andere haben darin auch Chancen gesehen und Neues ausprobiert. Was hat die Menschen voneinander unterschieden?

Hilfreich in schwierigen Zeiten oder bei radikalen Einschnitten im Leben ist psychische Stärke. Sie sorgt dafür, dass Schwierigkeiten uns nicht direkt umhauen. Und falls das doch mal passiert, können wir uns dadurch schneller und leichter wieder aufrappeln. In der psychologischen Fachsprache wird das als *Resilienz* bezeichnet. Es handelt sich dabei um die Fähigkeit, Probleme und Krisen zu bewältigen sowie mit Stress, Niederlagen, Rückschlägen und Schicksalsschlägen (besser) umzugehen.

Resiliente Menschen kommen zum Beispiel besser mit Stresssituationen klar, sie gehen Probleme aktiv und konstruktiv an, und sorgen dafür, dass es ihnen selbst gut geht. Auch in schwierigen Zeiten bewahren sie sich ihren Optimismus und ihre Lebensfreude. Resiliente Menschen sehen in Hürden eher Herausforderungen und gehen davon aus, dass sie einen Weg finden werden, damit umzugehen. Sie hadern weniger mit ihrem Schicksal und verfangen sich nicht in einer Opferhaltung, sondern akzeptieren die Dinge, wie sie sind, und übernehmen Verantwortung für ihre Lage und ihr Leben. Sie glauben an sich selbst und suchen nach Lösungen, wobei sie bereit sind, Hilfe anzunehmen. Dadurch können sie aus schwierigen Lebensphasen gestärkt hervorgehen oder trotz Problemen und Schicksalsschlägen ein selbstbestimmtes Leben führen, in dem Glück und Zufriedenheit keine Fremdwörter sind. Resilienz ist damit im übertragenen Sinne das Immunsystem der Psyche, denn sie macht uns stark gegenüber den Widrigkeiten des Lebens. So wie Bakterien und Viren unser körperliches Immunsystem belasten, belasten Stress und Probleme unser psychisches Immunsystem. Jemand, der resilient ist, würde von sich sagen: »Was auch immer auf mich zukommt, ich kann damit umgehen und werde eine Lösung finden. Ich selbst kann etwas tun, um die Krise, das Problem, die Niederlage oder den Fehlschlag zu bewältigen. Mein Leben gehört mir. Ich gestalte es.«

Das Schöne ist: Resilienz kann man lernen und trainieren. Natürlich ist es besonders gut, wenn man so früh wie möglich damit anfängt. Fahrradfahren lernen, Sprachen lernen, ein Instrument lernen; all diese Dinge klappen als Kind leichter, und so verhält es sich auch mit der Resilienz. Aber auch als Erwachsener, egal ob mit zwanzig, vierzig oder achtzig kann man etwas dafür tun, um Krisen besser bewältigen zu können. Es ist nie zu spät! Wirklich nie! Tagtäglich können wir an unserer Resilienz arbeiten.

Auch wenn du es vielleicht (manchmal) nicht glaubst: In deinen Genen steckt auch schon eine ganze Menge Resilienz, denn du stammst von Menschen ab, die es im Laufe der Evolution innerhalb von mehreren Millionen Jahren geschafft haben, sich fortzupflanzen. Dafür mussten sie unzählige Hungersnöte, Naturkatastrophen, Krankheiten und Konflikte überstehen. Dieses Erbe tragen wir alle in uns. Wir brauchen es nur zu aktivieren. Am besten fangen wir damit nicht erst an, wenn die Probleme bei uns an die Tür klopfen. Wenn wir regelmäßig, ganz selbstverständlich etwas für unsere psychische Gesundheit tun, zucken wir beim ersten Klopfen nicht direkt zusammen. Und wer weiß: Vielleicht ist das, was vor der Tür steht, ja gar kein Problem, sondern etwas Positives.

Ganz vorne im Buch hast du wahrscheinlich schon das Zitat des schottischen Schriftstellers Robert Louis Stevenson entdeckt, der unter anderem »Der seltsame Fall des Dr. Jekyll und Mr. Hyde« und »Die Schatzinsel« geschrieben hat. »*Im Leben geht es nicht darum, gute Karten zu haben, sondern auch mit einem schlechten Blatt gut zu spielen.*« Mit nur 44 Jahren ist Stevenson gestorben. Seit seiner Kindheit hatte er Atemwegsprobleme und musste mehrmals wegen verschiedener Krankheiten, die damals grassierten, umziehen oder war selbst davon betroffen. Trotz allem war er sehr produktiv, hat seine Leidenschaft ausgelebt und viele Bücher geschrieben, ist viel gereist und hat sich für andere Menschen eingesetzt. Auf Fotografien und Zeichnungen macht er einen gut gelaunten, verschmitzten Eindruck. Er wirkt auf mich wie jemand, der seine Karten nicht wütend über den Tisch geschleudert hat, sondern tatsächlich versucht hat, gut zu spielen.

Mir gefällt seine Kartenmetapher sehr, weil sie uns helfen kann, das Leben besser zu verstehen. Negative Dinge sind keine Ausnahme, vor der man sich zu 100 Prozent schützen kann. Sie sind ein Teil des Lebens. Außerdem kann sich das Blatt wenden. Karten, die anfangs katastrophal wirken, können sich als gut erweisen und sogar zum Sieg führen. Und selbst wenn man am Ende nicht als Gewinner hervorgeht, kann das Spiel an sich Spaß gemacht haben und schön gewesen sein. Nicht zu vergessen: Mit der Zeit lernt man besser zu spielen, seine Karten also besser einzusetzen. Erkennst du die Parallelen? In den nachfolgenden Kapiteln werde ich dir viele Übungen und Gedanken vorstellen, die dir dabei helfen können, das Beste aus deinem Blatt zu machen und ein schönes Spiel zu haben.

Psychische Erkrankungen sind normal

Jeder, der einen Arm hat, kann ihn sich brechen. Klaro! Und jeder, der eine Psyche hat, kann eine psychische Krankheit bekommen. So einfach ist das. Unser Gehirn ist ja auch ein Organ, das krank werden kann, so wie jedes andere auch. Psychische Krankheiten sind keine Schande und auch kein Zeichen dafür, dass man schwach oder verrückt ist. Psychische Krankheiten sind genauso normal wie körperliche Krankheiten. Normal im Sinne von: Sie treten auf.

Die Weltgesundheitsorganisation geht davon aus, dass weltweit jede vierte Person, die zu einer Ärztin oder einem Arzt geht, (eigentlich) eine psychische Krankheit hat, die behandelt werden sollte. Viele psychische Erkrankungen machen sich nämlich körperlich bemerkbar, werden als solche aber leider oft nicht erkannt oder ernst genommen. Am häufigsten treten Angststörungen, Depressionen und somatoforme Störungen auf. *Soma* bedeutet Körper. Gemeint sind zum Beispiel Migräne, Bauchschmerzen, das Reizdarm-Syndrom, Schlafstörungen, Atembeschwerden oder Herzstolpern.

Schätzungen der TU Dresden gehen davon aus, dass die Wahrscheinlichkeit, im Laufe seines Lebens an einer psychischen Erkrankung zu leiden, sogar bei über fünfzig Prozent liegt. Genau lässt sich das nicht sagen, weil sie bei vielen Menschen entweder nicht erkannt wird oder weil die Betroffenen sich davor scheuen, professionelle Hilfe in Anspruch zu nehmen. Niemand würde sich, wenn er sich den Arm gebrochen hat, im Baumarkt ein paar Stangen und etwas Gips besorgen, um den Bruch selbst zu richten. Wenn die Seele allerdings angeknackst ist, versuchen viele, damit allein klarzukommen. Sie verheimlichen es vor anderen, ziehen sich zurück oder kompensieren es. Sie strengen sich also sehr an, damit es nicht auffällt und sie ihren Alltag weiterhin halbwegs bewältigen können – und leiden häufig im Stillen, nicht selten mit zusätzlichen Schuldgefühlen. Nicht allen ist übrigens bewusst, dass sie eine ernst zu nehmende Erkrankung haben. Sie wollen es nicht wahrhaben, verdrängen es oder haben den Eindruck, dass eher das Umfeld komisch (geworden) ist.

Wie bei körperlichen Erkrankungen gibt es auch bei psychischen Erkrankungen viele verschiedene Formen. Daher lässt sich nicht allgemeingültig sagen, woran man erkennt, dass man möglicherweise eine psychische Erkrankung hat. Es gibt aber einige Hinweise. Dazu gehören: – Du leidest. – Du fühlst dich unwohl. – Du bist antriebslos. – Du vernachlässigst Dinge, die dir früher Freude bereitet haben.

- Du vernachlässigst Freunde und andere Menschen in deinem Umfeld und ziehst dich immer stärker zurück.
- Du bist oft traurig und antriebslos.
- Du denkst stark negativ.
- Du denkst darüber nach, dir das Leben zu nehmen.
- Dich plagen Ängste, Sorgen oder Gedanken, die dich immer wieder heimsuchen.
- Du nimmst Drogen, die dir Energie oder gute Gefühle geben, oder du brauchst sie, um abzuschalten.
- Dinge, die dir früher leicht gefallen sind oder die anderen Menschen leichtfallen, sind für dich sehr anstrengend.
- Du isst extrem viel oder extrem wenig oder unternimmst Dinge, um nicht zuzunehmen.
- Du verletzt dich selbst.

Kurzum: Psychische Erkrankungen beeinträchtigen das Wahrnehmen, Denken, Fühlen und Verhalten. Die gute Nachricht lautet: Es gibt viele anerkannte und gut erforschte Therapiemöglichkeiten, die von den Krankenkassen bezahlt werden. Außerdem gibt es viele Beratungsangebote und Selbsthilfegruppen, sodass man auf verschiedenen Wegen Informationen und Unterstützung bekommen kann. Im Kapitel zum vierten Resilienz-Baustein, der Lösungsorientierung, schlage ich dir vor, wie du dich auf die Suche nach einer Therapeutin oder einem Therapeuten machen kannst.

Die Frage, warum die Psyche krank wird, ist nicht leicht zu beantworten. Auch hier lohnt sich ein Ausflug in die Medizin. Wieso bekommt jemand Krebs? Vielleicht weil er viele Jahre geraucht hat? Na gut, aber was ist mit dem Onkel, der fünfzig Jahre lang jeden Tag eine Schachtel Zigaretten geraucht hat, und sonntags zwei, und der mit 99 Jahren topfit ist? Man kann davon ausgehen, dass äußere Faktoren das Risiko für eine Krankheit erhöhen, aber nicht allein für sie verantwortlich sind. In der Medizin schaut man sich deshalb auch an, welche Anlagen eine Person mitbringt. Es gibt genetische Grundausstattungen, die anfälliger für Erkrankungen machen, und andere, die einen robuster machen. Die Gene können also ein weiterer Risikofaktor, aber auch ein Schutzfaktor sein. Und schließlich kommen noch viele Risiko- und Schutzfaktoren durch die individuelle Lebensweise hinzu. Kommen viele Risikofaktoren zusammen, dann erhöht sich die Wahrscheinlichkeit für eine Krankheit, kommen viele Schutzfaktoren zusammen, können sie negative Einflussfaktoren abpuffern. Vielleicht hatte der Onkel einfach Glück und richtig gute Gene. Vielleicht waren die Zigaretten aber auch sein einziges Laster und ansonsten hat er sich sehr gesund ernährt, viel bewegt und dafür gesorgt, dass er nicht zu viel Stress hat.

Auch bei psychischen Krankheiten gibt es viele äußere Faktoren, die uns belasten. Und es gibt genetische, also innere Faktoren, die entweder günstig oder ungünstig sind, also Risiko- oder Schutzfaktoren darstellen. Diese sogenannte Disposition beeinflusst, wie wir mit Belastungen umgehen und wie anfällig wir für psychische Erkrankungen sind. In der Psychologie spricht man von der Vulnerabilität, also der Verwundbarkeit. Das ist das Gegenteil von Resilienz. Jeder von uns durchläuft im Laufe seines Lebens vulnerable Phasen (zum Beispiel die Pubertät) oder erlebt vulnerable Dinge (zum Beispiel Scheidung der Eltern, Unfall, Kündigung, Trennung, Todesfall). Das Vulnerabilitäts-Stress-Modell geht davon aus, dass es zwei Faktoren braucht, damit es zu einer Krankheit kommen kann: 1. Stressfaktoren und 2. eine Verwundbarkeit oder Krankheitsneigung. Wer also psychisch sehr stabil und damit resilient ist (also nicht vulnerabel), wird Belastungen leichter wegstecken und einen Weg finden, damit umzugehen. Diese Person kann den Stress gut abfedern, weil sie ausreichende Ressourcen hat, um darauf zu reagieren. Dagegen ist bei einer Person, die (gerade) psychisch instabil ist, das Risiko höher, bei belastenden Faktoren eine Krankheit zu entwickeln. Wenn viele belastende Faktoren zusammenkommen, kann dementsprechend schneller die Schwelle zur Erkrankung überschritten werden, da Belastungen sich aufsummieren. Man hat dann keine Kraft mehr, mit ihnen gesund umzugehen. Beeinflusst werden diese Prozesse von:

1. biologischen Faktoren (zum Beispiel Gene, Hormone, Schilddrüsenunterfunktion)
2. psychologischen Faktoren (zum Beispiel Denk- und Bewertungsmuster)
3. sozialen Faktoren (zum Beispiel Unterstützung, Mobbing).

Bei diesen drei Aspekten kann es Risikofaktoren und Schutz-faktoren geben. Man kann sich also fragen: Was schwächt mich und was stärkt mich? Wir haben nicht auf alle Faktoren einen Einfluss, aber können versuchen, für so viele Faktoren wie möglich Verantwortung zu übernehmen.

So wie es eine erbliche Anfälligkeit für Krebserkrankungen gibt, gibt es auch eine erbliche Anfälligkeit für bestimmte psy-chische Erkrankungen. Daran lässt sich nichts ändern. Man kann aber an den Ressourcen arbeiten und darauf achten, dass sich der Stress in Grenzen hält und man ihn rechtzeitig aus-gleicht. Außerdem kann man sich bei psychischen Belastungen (professionelle) Unterstützung suchen, um Probleme zu be-arbeiten und wieder aktiv am Leben teilzunehmen zu können.

Im Gegensatz zu vielen körperlichen Erkrankungen begin-nen psychische Erkrankungen oft früh und betreffen über-proportional häufig Jugendliche und junge Erwachsene. So brechen rund 50 Prozent aller psychischen Erkrankungen vor dem 15. Lebensjahr und 75 Prozent vor dem 25. Lebensjahr aus[1,2]. Viele Menschen verwundert das, weil sie denken, dass Kinder und Jugendliche ein unbeschwertes Leben führen, noch viel spielen können, nur zur Schule gehen und noch keine ernsthaften Probleme haben, da sie ja noch nicht so viel Ver-antwortung tragen. Schließlich leben sie noch zu Hause und für sie wird gesorgt. Das ist allerdings ein Trugschluss, denn auch als Kind und Jugendlicher kann man großen Belastun-gen ausgesetzt sein, die einen besonders hart treffen können, weil man sowieso gerade in einer vulnerablen Phase ist, in der sich viel verändert. Außerdem können die Ressourcen, also die resilienten Faktoren, noch gering ausgeprägt sein, da man diese teilweise erlernen muss. Nach dem Motto »Was einen nicht umbringt, macht einen stärker« wird man im mittleren oder hohen Alter mit Belastungen wie zum Beispiel Verlusten besser umgehen können, wenn man im Laufe des Lebens Strategien dafür entwickelt hat. Viele negative Dinge erlebt man als Kind, Jugendlicher oder junger Erwachsener hingegen zum ersten Mal. Und die kleine Welt der Familie erscheint einem da oft noch als die einzige Welt, die es gibt. Man hat oft den Eindruck, höchstens einen kleinen Gestaltungsspielraum zu haben, und dass das Lebensglück stark von anderen abhängt. Diese scheinbare Ausweglosigkeit führt auch dazu, dass Suizid die zweithäufigste Todesursache bei den 15- bis 24-Jährigen ist. Das Suizidrisiko von homosexuellen Jugendlichen ist vier- bis siebenmal höher als von Jugendlichen im Allgemeinen.[3] Fast jeder Mensch denkt im Laufe seines Lebens darüber nach, was wäre, wenn man nicht mehr lebt. Die Auseinandersetzung mit dem eigenen Tod ist normal. Bedenklich wird es allerdings, wenn daraus ein Todeswunsch entsteht oder der Tod als Ausweg aus den Problemen, ja geradezu als Erlösung gesehen wird. Wenn das bei dir der Fall ist, wende dich an Vertrauenspersonen und nimm in akuten Phasen Kontakt zu Beratungsstellen auf oder hab keine Hemmungen, die 112 anzurufen. Eine ausführliche Übersicht verschiedener Hilfsangebote findest du auf Seite 315. Und wenn du merkst, dass es Menschen aus deinem Umfeld gerade so geht, sprich offen mit ihnen darüber. Oftmals gibt es die Sorge, dass das Thematisieren erst dazu führt, dass sich jemand was antut. Dieses Phänomen ist in der Psychologie auch bekannt als der »Werther-Effekt« und geht zurück auf ein berühmtes Buch: Nachdem Johann Wolfgang von Goethe 1774 »Die Leiden des jungen Werther« veröffentlicht hatte, kam es zu vermehrten Suizidversuchen. Offenbar identifizierten sich einige Leser mit der Hauptfigur Werther, der sich aus Liebeskummer das Leben nimmt. Die Stadt Leipzig hat das Buch deshalb damals für mehrere Jahrzehnte verboten. Andere Städte machten es ihr nach.

Der sogenannte Werther-Effekt ließ sich später auch in den Medien finden, wenn es Berichte oder Spielfilme gab, in denen es um Suizid ging. Im journalistischen Kodex wurde deshalb vereinbart, dass über Suizide nicht berichtet werden soll, um Nachahmungen zu vermeiden.

Der Papageno-Effekt, dessen Name Wolfgang Amadeus Mozarts Oper »Die Zauberflöte« entlehnt ist, zeigt allerdings, dass ein offenes Ansprechen und Aufzeigen von Hilfsmöglichkeiten Suizide verhindern kann. Die Hauptfigur Papageno hat ebenfalls Liebeskummer und plant den eigenen Tod, entscheidet sich jedoch nach einem Gespräch dagegen. Forschung hat gezeigt, dass das Reden über suizidale Gedanken und Absichten helfen kann, Suizide zu vermeiden, wenn klar aufgezeigt wird, welche Alternativen die jeweilige Person hat, wenn der Tod nicht romantisiert dargestellt wird, wenn über Suizide nicht zu detailreich berichtet wird und wenn die individuelle Problematik im Mittelpunkt steht und Betroffene oder Angehörige interviewt werden. Für Betroffene kann sich das Reden also entlastend anfühlen und dazu führen, dass sie einen Blick für einen gesunden und konstruktiven Umgang mit ihren Problemen, Gedanken und Emotionen entwickeln. Und genau das ist auch Ziel dieses Buchs, denn Resilienz gibt uns ein mächtiges Werkzeug an die Hand, mit uns, unserem Leben und auch dem Negativen besser umzugehen.

Die Geschichte der Resilienz

Das Wort Resilienz stammt vom lateinischen *resilire* ab, was zurückspringen oder abprallen bedeutet. Dieser Begriff wird

In vielen Fachgebieten verwendet. Auch wenn er sich konkret immer auf etwas anderes bezieht, wird dadurch die grundsätzliche Bedeutung klar. Ingenieure meinen damit die Fähigkeit von technischen Systemen, bei einem Teilausfall nicht völlig zu versagen. Ein Ökologe bezeichnet damit die Fähigkeit eines Ökosystems, nach einer Störung wieder in den Ausgangszustand zurückzukehren. Und ein Betriebswirtschaftler beschreibt damit, wie robust ein Unternehmen gegenüber äußeren Einflüssen ist. Im Projektmanagement wird von Resilienz gesprochen, wenn trotz Pannen und Verzögerungen das Ziel erreicht wird. Zusammengefasst geht es also immer darum, wie widerstandsfähig ein System bei äußeren Einwirkungen, also Störungen ist. Auf psychologischer Ebene lässt sich das mit Stressfaktoren, Problemen, Krisen, Krankheiten und Schicksalsschlägen übersetzen.

Eine Metapher, die häufig verwendet wird, ist das Stehaufmännchen. Vielleicht hattest du als Kind auch eines. Man schubst es an oder legt es auf den Boden, doch nach kurzer Zeit pendelt es sich wieder in seine ursprüngliche Position ein. Auch wenn das Bild einleuchtend ist, sehe ich es etwas skeptisch. Es tut nämlich so, als ob man alles völlig unbeschadet übersteht. Dadurch werden falsche Erwartungen aufgebaut. Natürlich können uns negative Erlebnisse oder psychische und körperliche Belastungen verändern, und sie können ihre Spuren hinterlassen. Die Kraft von Resilienz ist nicht, alles wieder in den Originalzustand zu versetzen, sondern daran nicht zu zerbrechen, Wege herauszufinden, diese zu gehen und schließlich auch trotz oder sogar *mit* allem (wieder) glücklich zu sein. Deshalb lass uns zum besseren Verständnis noch darauf schauen, wie ein Physiker Resilienz erklären würde. Er würde vielleicht einen Luftballon aufblasen und uns dadurch zeigen, wie strapazierfähig das Material ist, dass es sich also dehnen kann, wenn mit Druck Luft reinkommt. Und dann würde er die Luft rauslassen. Der Luftballon zieht sich wieder zusammen. Er wird wieder kleiner und nimmt eine ähnliche Form wie zu Beginn an. Wenn wir ihn uns ganz genau anschauen, werden wir sehen, dass das Aufblasen den Ballon verändert hat. Aber er ist noch heil, weil er etwas aushält, auch wenn er vielleicht etwas verbeulter als vorher aussieht. Mit Beulen und Narben zu leben, finde ich allerdings nicht schlimm, so lange wir uns nicht von ihnen blockieren lassen.

Allein in Deutschland nehmen sich jedes Jahr rund 10.000 Menschen das Leben. Das sind dreimal so viele wie durch Verkehrsunfälle sterben. Diese Zahlen sind schockierend, aber leider Realität. Deshalb ist es so wichtig, dass junge Menschen mit ihren Problemen und Sorgen gesehen und ernst genommen werden und Unterstützung bekommen, sodass sie Hoffnung und Wege aus der Krise entwickeln können. Psychische Belastungen und Suizid dürfen keine Tabus sein. Wir dürfen nicht wegschauen, sondern sollten bereit sein, offen darüber zu reden. In der Psychologie hat wohl zum ersten Mal der US-amerikanische Persönlichkeitspsychologe Jacob »Jack« Block (1924–2010) den Begriff Resilienz verwendet[4]. Er untersuchte bei kleinen Kindern, wie stark sie ihr Ego, also ihren inneren Drang, im Griff hatten. Sogenannte hoch-Ego-resiliente Kinder wurden von ihren Kindergärtnern und Lehrern als einfühlsamer, neugieriger, kreativer und als weniger ängstlich und misstrauisch beschrieben. Außerdem fanden sie heraus, dass diese Kinder besser mit Stress umgehen konnten, sich angemessener in verschiedenen Situationen verhielten und weniger Konflikte mit anderen Kindern hatten.

Der US-Psychologe Norman Garmenzy (1918 – 2009) wird häufig als Großvater der Resilienz bezeichnet. Er machte in den 1960er-Jahren eine Langzeitstudie mit Kindern von schizophrenen und psychisch kranken Eltern. In seiner sogenannten Kompetenz-Studie fand er heraus, dass die Entwicklung von Resilienz davon abhängt, wie viele negative Dinge die Kinder zu bewältigen haben und welche Schutzfaktoren ihnen zur Verfügung stehen. Eine schützende Kompetenz waren beispielsweise gut ausgeprägte soziale Fähigkeiten[5].

Die deutschstämmige Amerikanerin Emmy Werner (1929 – 2017) gilt als »Mutter der Resilienz«. In den 1950er-Jahren begann sie zusammen mit ihrem Team auf der hawaiianischen Insel Kauai eine Studie, die rund vierzig Jahre dauern sollte. Sie untersuchte darin die Entwicklung von allen 698 Kindern, die dort im Jahr 1955 geboren wurden. Dafür schaute sie sich an, in welchen familiären Verhältnissen die Kinder lebten, welche Probleme es dort gab und was die Kinder für Erfahrungen machten. Die ersten Befragungen wurden noch vor der Geburt durchgeführt und dann im Alter von einem, zwei, zehn, achtzehn, zweiunddreißig und vierzig Jahren. Dabei zeigte sich, dass rund ein Drittel der Kinder besonderen Belastungen ausgesetzt war. So gab es teilweise Komplikationen vor oder während der Geburt, einige Kinder wurden in extreme Armut geboren oder wuchsen bei Eltern auf, die mit dem Gesetz in Konflikt kamen, sich trennten oder psychische Erkrankungen hatten, wie zum Beispiel eine Alkoholabhängigkeit. Einige Kinder machten Gewalt- oder Missbrauchserfahrungen oder waren von Todesfällen im näheren Umfeld betroffen.

Emmy Werners Schlussfolgerung nach den ersten 25 Jahren[6] war, dass sich Kinder, die biologischen, medizinischen oder sozialen Risikofaktoren ausgesetzt waren, im Schnitt schlechter entwickelten. Sie hatten häufiger mit psychischen oder körper-lichen Belastungen zu kämpfen, waren eher verhaltensauffällig oder wurden straffällig und waren später weniger erfolgreich als Kinder, die diesen Risikofaktoren nicht ausgesetzt waren. Diese Erkenntnisse verwundern erst einmal nicht. Belastungen in der Familie und eigene negative Erfahrungen in der Kindheit können das Leben stark überschatten. Selbst wenn man schon lange kein Kind mehr ist, kann es sein, dass man einen sehr schweren Rucksack mit sich herumschleppt und man merkt, dass frühere Erlebnisse einen belasten.

Das bahnbrechende Ergebnis in der Forschung von Emmy Werner war, dass solche Belastungen in der Kindheit nicht zwingend zu Auffälligkeiten und Problemen führen. Als sie die Kinder im Erwachsenenalter untersuchte, stellte sie fest: Ein Drittel der Kinder, die ungünstige Startbedingungen hatten, entwickelte sich trotzdem positiv, führte also ein eher stabiles Leben.[7] Im Alter von vierzig Jahren gab es bei ihnen weni-ger chronische Gesundheitsprobleme oder Todesfälle, weniger Scheidungen, keiner war straffällig, keiner brauchte Sozialhilfe, alle hatten einen Job und blickten eher positiv in die Zukunft.

Die spannende Frage ist also, was bei diesem Drittel an-ders verlief als bei den anderen zwei Dritteln? Wie haben die Kinder es trotz der Belastungen geschafft, sich so gut zu ent-wickeln? Für Emmy Werner standen drei Schutzfaktoren im Mittelpunkt:

1. Eine feste Bezugsperson mit enger emotionaler Bindung: Diese Bezugsperson muss kein Elternteil sein. Es kann sich um die ältere Schwester oder den Cousin handeln, um einen Onkel oder eine Oma, einen Freund der Familie, Eltern von Freunden, Lehrer, Sporttrainer oder einen Nachbarn. Entscheidend ist, dass das Kind die Erfahrung macht, dass es jemanden gibt, der es mag und dem es vertrauen kann.

2. Soziale Unterstützung: Auch hierzu können Bezugspersonen zählen, allerdings auch Menschen aus dem erweiterten Bekanntenkreis oder Vereinen, Organisationen, staatliche Institutionen. Dabei handelt es sich um Menschen, die einem Hilfe anbieten oder an die man sich bei Fragen und Problemen wenden kann.

3. Intelligenz und Temperament: Probleme lassen sich leichter lösen, wenn man nachdenkt, sich informiert, realistisch plant und die Bereitschaft aufbringt, auf Verbesserungen hinzuarbeiten. So ist eine gute Bildung, vor allem so grundlegende Fähigkeiten wie Lesen und Schreiben, ein wichtiger Schutzfaktor.

Der israelisch-amerikanische Soziologe Aaron Antonovsky (1923–1994) kam zu ähnlichen Erkenntnissen bei seinen Studien mit Erwachsenen. Er untersuchte Frauen, die das Konzentrationslager überlebt hatten, und stellte fest, dass 29 Prozent von ihnen trotz dieser Erfahrungen in guter psychischer Verfassung waren. Auch er fragte sich, was diese Frauen von den anderen unterschied, und entwickelte das Konzept der *Salutogenese*[8]. Das Wort setzt sich aus dem lateinischen Begriff *salus* (Gesundheit, Wohlbefinden) und dem griechischen Begriff *genesis* (Entstehung) zusammen und meint so etwas wie »Gesundheitsentstehung«. Diesen Begriff wählte er bewusst als Gegenentwurf zur *Pathogenese*, bei der die Entstehung und Entwicklung einer Krankheit beschrieben wird.

Bei der Salutogenese geht es also nicht um die Frage, »Was macht den Menschen krank?«, sondern darum, die Fragen zu beantworten, »Was macht den Menschen gesund?«. Was stärkt den Menschen? Was lässt ihn gesund bleiben oder werden? Antonovsky ging davon aus, dass wir alle in uns Ressourcen haben, die uns helfen, mit Risikofaktoren umzugehen. Allerdings unterscheiden sich Menschen darin, in welchem Umfang sie diese Ressourcen nutzen.

Forscher fanden heraus, dass die Selbstwahrnehmung für die eigene Resilienz ganz entscheidend ist. So erleben sich resiliente Menschen nicht als passiv, sondern als aktive Gestalter ihres Lebens[9]. Eine deutsche Studie zu Resilienz aus den Neunzigerjahren mit Kindern und Jugendlichen, die im Heim lebten, hat ergeben, dass sie mehr Probleme hatten, wenn sie ihre Belastungen als negativer wahrnahmen. Der Studie zufolge hatten resiliente Jugendliche nicht nur ein positiveres Selbstkonzept und fühlten sich seltener hilflos, sondern sie hatten auch eine höhere Selbstwirksamkeitserwartung und waren bereit, sich anzustrengen, waren in der Tendenz intelligenter, netzwerkorientierter und hatten mindestens eine feste Bezugsperson außerhalb der Familie[10, 11]. Die Bedeutsamkeit davon, wie wir unsere Belastungen selbst bewerten, wurde auch von Studien des Deutschen Resilienz Zentrums der Johannes Gutenberg-Universität bestätigt.[12]

Sicher hast du nun eine gute Vorstellung davon, was Resilienz ist und was sie bewirken kann. Doch wie entsteht sie und wie lässt sie sich trainieren? Darum geht es im nächsten Abschnitt. Ich schlage dir dafür acht verschiedene Aspekte vor.

Acht Bausteine für Stabilität im Leben

Es gibt nicht die eine Methode, die dazu führt, dass man psychische Stärke entwickelt. Die besten Chancen hat man mit einem Mix aus verschiedenen Ansätzen. Lass dich daher auch nicht von verschiedenen Aussagen dazu und einer unterschiedlichen Anzahl von Resilienzfaktoren verunsichern, die du im Internet oder in Büchern findest. Konzentrier dich vor allem auf die Methoden und Übungen an sich. Probier sie aus und achte darauf, was sie mit dir machen. Es wird sicher auch etwas Geduld erfordern. Gib also den Übungen mehrere Chancen. Du würdest deine Mitgliedschaft im Fitnessstudio ja auch nicht direkt nach der ersten Stunde wieder kündigen, nur weil dein Bizeps nicht deutlich größer geworden ist. Alles was ich dir vorstelle, kannst du gerne auch anpassen. Vielleicht hast du eigene Ideen, wie du eine bestimmte Übung gestalten möchtest. Dann wandle sie ruhig ab. Kochrezepte musst du schließlich auch nicht eins zu eins umsetzen, sondern du kannst sie deinem eigenen Geschmack entsprechend verfeinern.

Aus meiner Sicht können wir unsere Resilienz stärken – sowohl im Vorfeld, als auch im Krisenfall – wenn wir acht Bereiche im Blick haben. Ich nenne sie die acht Bausteine für ein stabiles Leben. Sie stellen das Fundament eines resilienten Lebens dar. Wenn das Fundament stark ist, kann es viel aushalten. Für ein starkes Fundament sollte jeder einzelne Baustein stabil sein, weshalb es sinnvoll ist, für alle acht Bausteine etwas zu tun und darauf zu achten, dass sie im Gleichgewicht sind. Du wirst auch merken, dass einige der Bausteine eng zusammengehören und sich gegenseitig stützen.

Stell dir mal einen echten Baustein vor, vielleicht einen roten Backstein, der am Straßenrand liegt. Er besteht aus sechs Seiten. Manche Backsteine sind länglich, andere sind eher wie ein Würfel. Einige sind leicht und andere so schwer, dass du beide Hände benutzen musst, um sie hochzuheben. So ähnlich ist es auch mit den Bausteinen für ein stabiles Leben.

Sie haben auch mehrere Seiten, die ich in den nachfolgenden Kapiteln genau beleuchte. Du kannst dir immer direkt alle Seiten anschauen und an allen arbeiten, du kannst dich aber auch dazu entscheiden, dich ganz bewusst mit bestimmten Seiten des Bausteins auseinanderzusetzen. Einige Bausteine werden sich für dich vielleicht leichter anfühlen als andere. Das ist absolut okay. Wenn sich ein Baustein für dich leicht anfühlt, bedeutet es, dass er bei dir schon stark ausgeprägt ist. Jedes Mal, wenn du merkst, dass einer der Bausteine schwer ist, kannst du dich selbst beglückwünschen, denn genau hier gibt es für dich viel zu entdecken und zu lernen.

Weil jeder Baustein für sich genommen so wichtig ist, widme ich auch jedem ein einzelnes Kapitel. Ich stelle dir auf den nächsten Seiten immer ganz genau vor, was damit gemeint ist und wie du daran arbeiten kannst. Hier möchte ich dir schon einmal einen kurzen Überblick über die Bausteine geben.

1. Baustein: Verantwortungsübernahme

Solange wir in einer Opferhaltung verharren, sind wir schwach und handlungsunfähig. Wir leiden und geben anderen die Schuld. Es kann durchaus sein, dass andere sogar schuld daran sind, wie es einem geht, beispielsweise bei (sexualisierter) Gewalt, Überfällen, Unfällen und Mobbing. Dennoch haben wir die Verantwortung für unsere eigenen Emotionen, Gedanken und unser Verhalten und somit die Verantwortung für unsere Gegenwart und Zukunft. Wir sollten nicht nur darauf hoffen, gerettet zu werden, sondern selbst für uns und unser Leben sorgen. Dieser Baustein hilft uns, ein selbstbestimmtes Leben zu führen, selbst wenn die Dinge nicht nach Plan laufen. Resiliente Menschen nehmen ihr Schicksal in die Hand und verfolgen ihre Pläne auch bei Rückschlägen und Niederlagen.

2. Baustein: Akzeptanz

Auch wenn ich denke, dass alle Bausteine wichtig sind, so hat dieser gerade im Krisenfall eine besondere Bedeutung. Ohne ihn ist keine Veränderung möglich. Solange wir der Realität nicht in die Augen blicken, hängen wir in einer Fantasiewelt fest. Wir müssen die Dinge akzeptieren, um sie entweder verändern oder um mit ihnen ein gutes Leben führen zu können. Man könnte auch sagen: Um trotz dieser Dinge ein gutes Leben zu führen. Resiliente Menschen können auch das Negative in ihrem Leben akzeptieren und loslassen. Sie können anderen verzeihen und haben realistische Erwartungen an sich, andere Personen und die äußeren Umstände.

3. Baustein: Zukunftsorientierung

Ziele im Leben zu haben, schützt davor, an der Vergangenheit zu kleben. Ziele helfen uns, nach vorne zu schauen, und sie können unserem Leben Sinn geben. Wer mehrere Ziele hat, setzt sein Lebensglück nicht nur auf eine Karte. Resiliente Menschen haben eine Vorstellung davon, wie sie leben und arbeiten wollen. Sie machen sich Gedanken über ihre Zukunft und planen ihre Schritte. Hilfreich ist es dafür, die eigenen Werte zu kennen. Sie sind wie ein innerer Kompass, der uns in guten und in schlechten Zeiten Orientierung gibt.

4. Baustein: Lösungsorientierung

Resiliente Menschen kennen ihre Probleme, verbeißen sich aber nicht darin, sondern suchen nach Lösungen. Sie halten sich nicht mit Gründen, Schuldzuweisungen oder Ausreden auf, sondern konzentrieren sich darauf, was anders und besser werden soll. Sie sind bereit, Neues auszuprobieren und sich anders zu verhalten, damit sich etwas ändern kann. Dazu gehört auch die Bereitschaft, sich (professionelle) Hilfe zu suchen.

5. Baustein: Netzwerkorientierung

Resiliente Menschen sind in der Lage auf andere zuzugehen und zwischenmenschliche Bindungen zu knüpfen. Sie arbeiten an stabilen Beziehungen, die wichtige Anker in stürmischen Zeiten sein können. Das Miteinander gibt ihnen Kraft und Lebensfreude.

6. Baustein: Optimismus

Unser Denken hat einen riesigen Einfluss darauf, wie wir uns verhalten, ob wir überhaupt handeln. Resiliente Menschen glauben daran, dass das Leben grundsätzlich gut ist, und verhalten sich entsprechend. Sie denken nicht nur in Problemen, sondern eher in Chancen. Indem sie positiv denken, sind sie weniger misstrauisch, sondern bringen sich selbst und anderen mehr Offenheit entgegen, empfinden mehr Leichtigkeit und treffen mutigere Entscheidungen.

7. Baustein: Selbstwirksamkeit

Resiliente Menschen gehen davon aus, dass sie etwas bewirken können. Deshalb resignieren sie nicht so schnell. Sie haben eine sogenannte Kontrollüberzeugung. Natürlich kann man nicht alles im Leben kontrollieren, aber wir haben oft mehr in der Hand, als wir glauben. Daher ist es wichtig, uns selbst gut zu kennen und zu wissen, was wir können und wissen, denn unsere Kompetenzen sind die Werkzeuge, mit denen wir Probleme lösen können.

8. Baustein: Erholung

Stress ist ein enormer Risikofaktor für unsere Gesundheit. Viele psychische und körperliche Erkrankungen entstehen durch zu viel Stress oder durch fehlende Strategien im Umgang mit dem Stress. Stress kann ein Mitauslöser und gleichzeitig eine Begleiterscheinung von Problemen und Krisen sein. Resiliente Menschen sorgen regelmäßig für Phasen der Erholung, um ihre Batterien aufzuladen.

Besonders wirksam ist das Resilienztraining, wenn du diese drei Schritte im Hinterkopf behältst:

1. Achtsamkeit – fahr deine Antennen aus:

Lern bewusst wahrzunehmen, wie es dir gerade geht und was sich in dir auf emotionaler oder gedanklicher Ebene und in deiner Umgebung verändert. Nur wenn wir die Zeichen erkennen, richtig deuten und ernst nehmen, können wir uns darauf einstellen oder darauf reagieren.

2. Reflexion – sei wie ein Detektiv:

Versteh dich selbst besser, indem du bereit bist, über dich und dein Leben nachzudenken. Versuch deine Emotionen, dein Denken und dein Handeln zu analysieren, um mehr Klarheit auf deinem Weg zu erlangen und ein bewusstes Leben führen zu können.

3. Entwicklung – komm ins Machen:

Mach Dinge bewusst anders und erlaub dir, dich selbst zu verändern. Dadurch machst du den Weg frei für neue Erfahrungen. Außerdem wird sich dein Bild von dir selbst und der Welt verändern.

Diese drei Schritte kannst du dir als stetigen Kreislauf vorstellen. Es geht immer darum, erst einmal wahrzunehmen, was ist, seine Schlüsse daraus zu ziehen, dementsprechend zu handeln und schließlich wieder wahrzunehmen, was sich dadurch verändert hat beziehungsweise wie es sich jetzt anfühlt oder was man jetzt darüber denkt. Das bedeutet, dass man nicht mit einem Mal alles verändern muss, sondern auch viele kleine Veränderungen eine Menge bewirken können. Wenn du dich nach der Theorie nun mit dem ersten Resilienz-Baustein, der Verantwortungsübernahme, näher beschäftigen möchtest, dann blätter gern direkt zum nächsten Kapitel. Wenn du mich erst noch etwas kennenlernen und meine Motivation, dieses Buch zu schreiben, genauer verstehen möchtest, dann lies gerne dieses Kapitel zu Ende. Auf den nächsten Seiten nehme ich dich in mein Leben mit und beschreibe dir einige meiner Herausforderungen. An einigen Stellen werden auch schon Resilienz-Bausteine deutlich, die mir besonders geholfen und dafür gesorgt haben, Stabilität im Leben zu entwickeln und mit Belastungen und Negativem besser umzugehen.

Eine kleine Reise durch die Schwierigkeiten in meinem Leben

Gerne möchte ich dir einen kleinen Einblick in mein Leben und die Dinge geben, die mich in besonderer Weise beschäftigt haben. Wichtig finde ich an dieser Stelle zu erwähnen, dass all unsere Schwierigkeiten subjektiv sind. Wir sollten sie nicht mit denen anderer Menschen vergleichen. Jeder von uns kommt mit anderen Anlagen auf die Welt und erlebt unterschiedliche Dinge. Dadurch nimmt jeder Mensch auch die Belastungen verschieden wahr. Was eine Person herunterzieht oder sogar umhaut, ist für eine andere Person völlig unproblematisch. Spannend ist daher vor allem die Frage, wie andere Menschen mit ihren ganz individuellen Schwierigkeiten umgegangen sind, sie für sich gelöst haben oder gestärkt daraus hervorgegangen sind. Daraus können wir am meisten für uns selbst lernen. Das ist auch der Grund, warum ich beschlossen habe, meinen persönlichen Weg mit dir zu teilen. Ich hoffe, du ziehst Kraft daraus, wenn du siehst, dass manche meiner Themen für dich gar kein Problem darstellen, und dass ich andere Schwierigkeiten, mit denen du auch klarkommen musst, gut überstanden habe. Okay, los geht die Zeitreise. Als kleines Kind war ich sehr anfällig für Krankheiten. Ich hatte öfter eine Mittelohrentzündung, weshalb ich nicht so gut hören konnte. Eine Erinnerung an meine frühe Kindheit ist, dass meine Mutter mir ihre Armbanduhr an die Ohren gehalten hat und ich sagen sollte, ob ich das Ticken höre. Wenn man nicht gut hört, lernt man auch Sprechen nicht so gut und entwickelt Sprachfehler. So war das auch bei mir, und deshalb war ich für ein Jahr in einem sogenannten Sprachheil-Kindergarten. Später in der Pubertät bekam ich dann wieder Probleme mit dem Sprechen. Mein Stimmbruch war so intensiv, dass mir die Stimme immer wieder weggebrochen ist. Deshalb musste ich regelmäßig zum Logopäden und bekam ein Attest, dass ich im Musikunterricht nicht mitsingen darf (was ich damals eigentlich ganz cool fand). Wenn man nicht selbstbewusst mit anderen reden kann, weil man komisch klingt oder damit rechnen muss, dass jeden Moment die Stimme wegbricht, dann kann das sozial hemmen, und ich war sowieso schon ein eher schüchternes Kind. Wenn man darauf schaut, was ich inzwischen beruflich mache, dann passt das gar nicht zusammen. Ich arbeite seit rund zwanzig Jahren als Radiomoderator, bin Podcast-Host, habe einen Youtube-Kanal und halte Vorträge vor vielen Menschen. Der Begründer der Individualpsychologie Alfred Adler ging davon aus, dass Minderwertigkeitsgefühle oder auch körperliche Problematiken ein ungeheurer Motor in unserem Leben sein und großen Einfluss auf unseren Charakter haben können. Mit diesem Ansatz kann ich mich sehr gut identifizieren. Die häufige Beschäftigung mit den Stimm- und Sprechproblemen und das Erleben, dass sich etwas verändern kann, wenn man übt, war ein wichtiger Lerneffekt in meinem Leben. Apropos Pubertät: Eine starke Erinnerung habe ich an ein Buch, das ich damals gelesen habe. Es war ein Ratgeber für Jugendliche. Dort stand sinngemäß: »Wenn man merkt, dass man schwul oder lesbisch ist, soll man zu Gott beten, dass er einem dabei hilft, vom falschen Weg wegzukommen und wieder normal zu werden.« Und so gab es eine Zeit, in der ich gebetet habe, obwohl ich nicht einmal gläubig war. Zu der Zeit hatte ich niemanden, dem ich mich anvertrauen konnte. Und in meinem Umfeld gab es niemanden, der offen homosexuell gelebt hat. Es waren die Neunzigerjahre. In den Nachmittags-Talkshows wurden Schwule und Lesben häufig noch als Paradiesvogel oder als fetischorientiert dargestellt. In Filmen oder Serien waren Homosexuelle oft nur in Nebenrollen zu sehen und häufig stereotyp überzeichnet. Ich fand es deshalb sehr spannend, als in den Seifenopern die ersten schwulen Storys eingebaut wurden und viele der Figuren als ganz »normal« dargestellt wurden. Auch die Sitcom von Ellen DeGeneres vermittelte mir damals einen Funken von Normalität. Man kann es sich heute kaum noch vorstellen, aber das war eine Zeit, in der es kein Internet gab und man nicht schnell mal Dinge googeln konnte (und nein, Dinosaurier liefen damals nicht an meinem Fenster vorbei, so lange ist es auch wieder nicht her). In der Bibliothek gab es Bücher über Homosexualität und das Coming-out, aber ich habe mich nicht getraut, mir eins auszuleihen oder vor Ort zu lesen. Was wenn mich jemand gesehen hätte? Und was würden die Mitarbeiter der Bibliothek über mich denken? Deshalb habe ich eines der Bücher heimlich mitgehen lassen (sorry Ehm-Welk-Bibliothek!).

Extrem wichtig wurde für mich in der Zeit ein Radiomoderator von Radio *Fritz*. Den Sender habe ich als Teenie ständig gehört, weil sich dadurch in meinem Kinderzimmer eine ganz neue Welt aufgetan hat, denn die Themen und Moderatoren waren ganz anders als sonst in den Medien, und ich bekam mit, wie vielfältig und bunt die Welt ist. Eine Sendung habe ich besonders gerne gehört: den *Blue Moon*. Abends war jeden Tag ein anderer Moderator im Studio, und die Hörer konnten anrufen und zu verschiedenen Themen mit ihm sprechen. Oft lag ich mit einer Lautsprecherbox von meiner Hi-Fi-Anlage unter der Decke im Bett und habe zugehört, obwohl ich am nächsten Tag wieder um acht Uhr in der Schule sein musste. Manchmal moderierte Jürgen Büsselberg den *Blue Moon*. Er redete ganz offen darüber, dass er schwul ist und wie sein Coming-out gewesen ist. Das hat mir viel Mut gemacht und mir das Gefühl gegeben, dass Homosexualität gar nicht so schlimm sein kann, sondern doch okay sein muss, denn schließlich redete er ganz selbstverständlich darüber und wurde deshalb nicht rausgeschmissen. Vielleicht klingt das für dich komisch, vielleicht verstehst du es aber auch sehr gut: Wenn man niemanden sonst kennt, der homosexuell ist, wenn es keine echten Vorbilder gibt und man in seiner Familie auch keine Offenheit spürt, dann kann man sich extrem falsch und schlecht, ja geradezu pervers, deswegen fühlen. Viele Jahre später habe ich dann übrigens für einige Jahre selbst den *Blue Moon* moderiert und ganz bewusst auch darüber gesprochen, dass ich schwul bin. Vorbildhaft und mutmachend war für mich auch das Coming-out von dem späteren Regierenden Bürgermeister Berlins, Klaus Wowereit. Zu der Zeit habe ich ein Praktikum beim *Berliner Rundfunk* gemacht. Das Outing war *das* bestimmende Thema der nächsten Wochen. Heutzutage wäre es schnell wieder vergessen, aber damals im Jahr 2001 war das eine Sensation. Was mich vor allem fasziniert hat, war, dass Wowereit trotz des ganzen Hasses, der ihm plötzlich entgegengeschwemmt ist, weitergemacht hat. Er hat sich von den vielen negativen Schlagzeilen, von den Beschimpfungen auf der Straße, von den Vorurteilen und Diskriminierungen nicht kleinkriegen lassen.

Kommen wir zu einem anderen großen Thema meines Lebens: meinem beruflichen Weg. Das Spannende daran ist, dass er nicht geradlinig verlaufen ist, sondern dass ich immer wieder rechts und links abgebogen bin und Neues entdecken und lernen konnte. Die Karriere darf sich verändern, weil man sich als Mensch natürlich auch

verändert. Du hast ja schon gemerkt, dass das Radio eine
große Rolle in meinem Leben spielt. Während des Abi-
turs habe ich in meiner Freizeit im Berliner *Offenen Kanal*
Radio (heute: Alex-Radio) gemacht: Wenn man vorher
einen Kurs mitgemacht hat, konnte man zwei Stunden
pro Monat gestalten. Das hat mir riesigen Spaß gemacht.
Dass mich fürs Sprechen im Radio aber mal jemand bezahlen wird, hätte ich nie für möglich gehalten. Deshalb
habe ich mich nach dem Abitur fürs Psychologiestudium
beworben und wäre sogar bereit gewesen, dafür Berlin zu
verlassen. Allerdings hatte ich kein Einser-Abi und bekam deshalb nur Absagen. Für Ausbildungen war es dann
schon zu spät. Und so richtig wusste ich auch gar nicht,
was für eine Ausbildung ich machen sollte. Was will ich
denn überhaupt mal arbeiten? Und wer bin ich eigentlich? Ohne Studium und Ausbildung bin ich also automatisch ins System des Arbeitsamtes gerutscht. Dort
wurde mir vorgeschlagen, einen Überbrückungslehrgang
zu besuchen, was rückblickend ein riesiges Glück war.
Der Lehrgang bei der Deutschen Angestellten Akademie
ging ein Jahr und hat junge Leute auf eine Ausbildung
in den Medien vorbereitet. Wir haben gelernt, wie Me-
dienunternehmen arbeiten, haben eine eigene Homepage
(mit HTML und ohne Wordpress, hehe) erstellt und be-
suchten die Berufsschule, um Buchführung und Rech-
nungswesen zu lernen. Während des Lehrgangs mussten
wir auch ein Praktikum in den Medien absolvieren. Ich
habe mich dafür natürlich beim Radio beworben. Die Bedingungen waren denkbar schlecht, denn an mindestens
einem Tag pro Woche hatten wir ja Berufsschule. Als
Praktikant wird man meistens aber sehr stark in Redak-

tionen eingebunden, so dass man auch verlässlich da sein muss. Außerdem sollte unser Praktikum nur einige Wochen dauern. Ich schickte also ein Demotape (ja, das war wirklich eine Kassette) von einer meiner Radiosendungen vom *Offenen Kanal* zum *Berliner Rundfunk* und wurde tatsächlich zu einem Vorstellungsgespräch eingeladen und bekam das Praktikum. Aus heutiger Sicht empfinde ich das als kleines Wunder, denn ich habe inzwischen in vielen Redaktionen gearbeitet: Es gibt sehr viele Bewerber für Praktika, viele haben schon studiert und viele sind vor allem bereit, mehrere Monate dort zu arbeiten. Wie so oft im Leben braucht es aber auch eine Portion Glück, man muss zur richtigen Zeit am richtigen Ort sein und auf Menschen treffen, die an einen glauben und einem Chancen geben.

In den Wochen des Praktikums habe ich sehr viel übers professionelle Radiomachen gelernt, habe nach Feierabend oft im Ersatzstudio gestanden und moderieren geübt und irgendwann erfahren, dass bei dem Schwestersender *KissFM* bald ein Volontariat in der Nachrichtenredaktion zu besetzen ist. Also habe ich mich dort beworben und am Ende des Medienlehrgangs für mehrere Monate noch ein Praktikum absolviert. Schließlich bekam ich das Volontariat und wurde tatsächlich zum ersten Mal dafür bezahlt, dass ich im Radio spreche. ;-)

Am Ende meines Volontariats wurde ich sogar übernommen und hatte plötzlich einen unbefristeten Vertrag. Eines Tages, ich hatte gerade Osterurlaub, bekam ich einen Anruf vom Sekretariat.

Ich müsse in den Sender kommen und etwas unterschreiben, das nicht bis nach meinem Urlaub warten

könne. Es gehe um ein paar Formalien, die mit dem Zu-
sammenschluss unserer Nachrichtenredaktion mit der
unserer beider Schwestersender zu tun habe.

Als ich hinfuhr, stellte ich fest, dass es sich um einen
Aufhebungsvertrag handelte. Ich hatte noch nie von so
etwas gehört: Wenn beide Seiten unterschreiben, ist
der ursprüngliche Arbeitsvertrag mit einem Mal nichts
mehr wert. Hintergrund war die Zusammenlegung. Man
brauchte nun nicht mehr so viele Leute, ich war einer
von den Jungen mit dem kürzesten Vertrag und außerdem war ich wohl einer von denen, die sich in der letzten
Zeit etwas zu kritisch geäußert hatten. Man würde mir
für meine tolle Arbeit auch eine Abfindung zahlen, wenn
ich sofort unterschreibe. Sonst würden sie mich einfach
so kündigen, ohne Abfindung. Ich war völlig überfordert,
aber entschlossen, damit zu einem Anwalt zu gehen. Ich
bekam 24 Stunden Überdenkzeit. Dann würde die Abfindung aber entfallen.

Ich wurde durch die Hintertür hinausgebeten und bin
zum nächsten Internetcafé gefahren. Dort habe ich Ad-
ressen von Anwälten rausgesucht, habe rumtelefoniert
und bekam super schnell einen Termin. Mein Osterurlaub
hat sich also leider etwas anders entwickelt, als ich ursprünglich dachte. Der Anwalt klärte mich erst mal darüber auf, dass die Abfindung viel zu klein sei und dass ich
durch einen Aufhebungsvertrag vor allem für drei Monate kein Arbeitslosengeld bekommen würde. Von da an
übernahm er die Kommunikation mit meinen Chefs. Ich
bekam schließlich eine deutlich höhere Abfindung. Aber
ich war nun arbeitslos. Die ersten Tage war ich wie aus
der Bahn geworfen. Ich habe kaum noch was gegessen,

habe unzählige Filme und Serien geguckt, war bis spät in die Nacht wach, habe bis mittags geschlafen und fand alles so wahnsinnig sinnlos. Ich hatte kaum Energie, um mich aufzuraffen, rauszugehen und Freunde zu treffen. Ich fühlte mich schlecht und schuldig. Hätte ich weniger kritisch sein sollen bei der Arbeit? Werde ich jetzt jemals wieder einen Job beim Radio bekommen? Kann ich denn überhaupt irgendwas anderes? Ich war Mitte zwanzig und hatte eigentlich meinen Traumjob gefunden, hatte viele nette Kollegen, aus denen Freunde geworden sind, eine Arbeit, die mir Spaß machte, und ein gutes Gehalt. So hätte es weitergehen können. Von einem Tag auf den anderen war aber alles vorbei. Ich fühlte mich beraubt. Zum Glück bin ich schnell aus dieser Stimmung herausgekommen, denn schon einen Monat später hatte ich einen neuen Job. Eine Freundin von mir arbeitete inzwischen bei einem anderen Sender und erzählte mir, dass ich mich dort einfach mal bewerben sollte, weil die gerade jemanden für die Nachrichtenredaktion suchten. Und so war ich plötzlich bei *NRJ Berlin* und happy, wieder mit vielen netten Menschen im Radio arbeiten zu dürfen. Nach einigen Jahren stellte ich fest, dass ich nun schon lange nichts Neues mehr gelernt hatte. Jeden Tag machte ich die gleichen Dinge und fing an, mich zu langweilen. In mir entstand der Drang, beruflich etwas anderes zu machen. Allerdings hatte ich nach rund acht Jahren im Radio das Gefühl, eigentlich nichts anderes so richtig zu können. Okay, ich rede in ein Mikrofon. Aber was ist das schon? Ich habe nie studiert. Ich habe keine klassische Ausbildung gemacht. Interessanterweise erlebe ich diese Haltung bei vielen meiner Radiokollegen immer wieder. Heute weiß ich, dass ich durch die Arbeit beim Radio ganz viele tolle Dinge gelernt und viele verschiedene Fertigkeiten trainiert habe. Manchmal sieht man aber den Wald vor lauter Bäumen nicht. Also bin ich mit einer inneren Kündigung jeden Tag weiter zum Sender geradelt. Auf der 45-minütigen Strecke hatte ich viel Zeit zum Nachdenken. Das Thema Psychologie blitzte immer wieder auf, und ich habe mich gefragt, ob ich es vielleicht doch noch mal wagen sollte, mich für das Studium zu bewerben. Immerhin hatte ich inzwischen gefühlt eine Million Wartesemester. Doch was mache ich dann nach dem Studium? Will ich Therapeut werden? Wie finanziere ich mir so ein Studium überhaupt? Und ist es nicht total irre, den aktuellen Job einfach so aufzugeben und noch mal in eine ganz andere berufliche Richtung zu gehen? Eines Tages haben sich meine Aufgaben und Arbeitszeiten durch Umstrukturierungen im Sender stark verändert. Von da an fiel es mir noch schwerer, Tag für Tag in die Pedale zu treten. Und als dann auch noch zwei Kolleginnen von mir, die ich sehr mochte, gekündigt haben, ist in mir der Gedanke, auch zu kündigen und studieren zu gehen, immer größer geworden. Eine Schulfreundin von mir, die ganz in der Nähe wohnt, war an genau dem gleichen Punkt. Und so trafen wir uns oft und recherchierten, wie und wo man sich für ein Studium bewirbt und welche finanziellen Unterstützungen es gibt. Wochenlang machten wir bibbernd den Briefkasten auf und hielten uns auf dem Laufenden. Haben wir eine Zusage? Öffnet sich eine neue Tür für uns? Tatsächlich bekamen wir beide unsere Studienplätze. Und so habe ich dann um einen Aufhebungsvertrag gebeten. Bis Freitag stand ich noch am Mikrofon und am Montag war ich plötzlich in der Uni. Um mich herum viele junge Leute um die zwanzig. Ich war vor drei Monaten dreißig geworden. Ohje! Während des Bachelors habe ich mich komplett aufs Studium und auf meine Zusatzausbildung als Coach konzentriert und kein Radio mehr gemacht. Ich wollte nicht mehr in den Medien arbeiten, sondern diesen klaren Cut. Ich lebte von Ersparnissen, arbeitete als studentische Hilfskraft, begann erste Coachings und Workshops zu geben und bekam Wohngeld. Und ich schränkte mich ein: keine Urlaube, keine Restaurants und Klamotten nur noch, wenn sie wirklich nötig waren.

Nach drei Jahren ohne Radio merkte ich aber, dass ich wieder Lust bekam, außerdem wurde mein Geld immer knapper und die Frage war, ob ich mir meinen Master überhaupt leisten kann. Einen teuren Kredit wollte ich nämlich nicht aufnehmen. Eine Freundin erzählte mir, dass sie über ein paar Ecken mitbekommen hat, dass Radio *Fritz* gerade männliche Sprecher für die Nachrichten sucht, und schlug vor, dass ich mich da mal bewerbe. Das war übrigens die gleiche Freundin, die mir damals auch schon den Tipp mit *NRJ* gab. Danke Manu! Ich zögerte aber erst etwas, denn *Fritz* war für mich in meiner Jugend so wichtig, und als ich dann selbst Radio machte, hatte ich mich schon zweimal dort beworben und jedes Mal eine Absage bekommen. Beim ersten Mal wurde mir im Vorstellungsgespräch gesagt, dass man von dem Sender, wo ich jetzt bin, nicht viel halte und man mir deshalb keinen richtigen Job anbieten werde, ich aber ein Praktikum machen könne. Und beim zweiten Mal wurde ich nicht mal mehr eingeladen, sondern bekam einen

Brief, dass gerade niemand gebraucht werde, man meine Unterlagen aber aufhebe und falls man mal Leute suche, würde man auf mich vielleicht zurückkommen. Sehr viel Konjunktiv. War ich also bereit, mir noch mal eine Absage zu holen? In mir gab es einen Mix aus großer Lust, wieder Radio zu machen, Lust bei *Fritz* zu sein und eben auch einer inneren Distanz, dass mein Lebensglück nicht davon abhängt, denn ich habe quasi meinen Bachelorabschluss und sehe schon jetzt viele neue berufliche Möglichkeiten. Also schickte ich ein mp3 zu *Fritz* (diesmal also keine Kassette mehr) und wurde zum Gespräch und zu Probeaufnahmen eingeladen. Die damaligen Chefs Gabi und Mandy machten es mir super leicht, waren sehr offen und boten mir eine freie Mitarbeiterschaft an. So arbeitete ich an sehr vielen Wochenenden und Feiertagen und in den Semesterferien wieder beim Radio, verdiente mir dadurch den Master und hatte viel Freude mit den vielen netten Menschen, die da beschäftigt sind. Noch immer dachte ich, dass ich direkt nach dem Studium aufhören und dann nur noch als Psychologe arbeiten würde. Ich bekam aber immer mehr Möglichkeiten, auch außerhalb der Nachrichten journalistisch zu arbeiten, und durfte innerhalb des *rbb* Beiträge zu psychologischen Themen machen, und irgendwann wurde mir der *Blue Moon* angeboten. Ich war voller Dankbarkeit und Freude, und ich habe diese Sendung sehr gern gemacht. Es war fantastisch, für mehrere Jahre jeden Sonntag mit Menschen über deren Leben, Gedanken und Probleme live sprechen zu können. Irgendwann kam aber das Ende, was mich auch nicht sonderlich geschockt hat, denn durch die vielen Jahre beim Radio war mir klar, dass alle

Sendungen irgendwann enden oder überarbeitet werden. Dennoch war ich natürlich traurig, als diese Zeit für mich zu Ende ging, weil der Sender einen Relaunch mit ganz vielen Veränderungen gemacht hat. Ich versuche die Dinge aber immer positiv zu sehen. Und so bin dankbar für die tollen Erfahrungen, die ich durch die Sendung machen durfte, für all das, was ich in der Zeit gelernt habe. Außerdem ist keine Langweile danach aufgekommen, denn dann hatte ich Zeit, um endlich Podcasts zu machen, für mehr Workshops und Vorträge und eben auch für dieses Buch. ;-)

So, das waren die großen Baustellen in meinem bisherigen Leben. Ich hätte dir natürlich auch noch von einigen Liebesgeschichten erzählen können, aus denen dann doch nichts wurde, von Freundschaften, die sich im Laufe der Jahre verändert haben, von Konflikten und Dramen in der Familie, die teilweise seit Generationen vorhanden sind, und von vielen alltäglichen Problemen, Sorgen und natürlich von stressigen Phasen im Studium und in meiner Selbstständigkeit. Aber ich denke, dass du jetzt schon einen ungefähren Eindruck davon bekommen hast, was meine Themen im Leben waren und sind.

Viele der Bausteine, die jetzt folgen, sind schon durchgeschimmert und haben mir an unterschiedlichen Punkten in meinem Leben geholfen. Wenn du sie jetzt im Einzelnen kennenlernst, wirst du bestimmt merken, dass sie zum Teil auch in deinem Leben schon wirken. Es geht immer wieder darum, das Beste aus dem Blatt zu machen, das jeder Einzelne von uns vom Leben bekommt.

1. Resilienz-Baustein: Verantwortungsübernahme –
Wenn dir das Leben Zitronen gibt, kannst du trotzdem Erdbeeren essen

>> *Der ideale Tage wird nie kommen.*
Der ideale Tag ist heute, wenn wir ihn dazu machen. <<
HORAZ (65 V. CHR. – 8 V. CHR.), RÖMISCHER DICHTER

Wer einzelne Augenblicke bewusst gestaltet, geht verantwortungsbewusst mit seinem Leben um. Und genau dazu möchte ich dich in diesem Kapitel motivieren. Das bedeutet, die Opferrolle abzulegen und bereit zu sein, aktiv zu werden und etwas (anders) zu machen oder zu sehen. Nur wenn wir Gestalter unseres Lebens sind, haben wir einen Einfluss darauf, wie sich die Dinge entwickeln. Negative Emotionen können dir übrigens dabei helfen, denn alle Emotionen sind gut, wie du in diesem Kapitel erfahren wirst.

Bei den Wikingern hieß es »Über den Wind können wir nicht bestimmen, aber wir können die Segel setzen«. Wenn man mitten in einer Krise steckt, ist das oftmals gar nicht so leicht, Verantwortung zu übernehmen. Hat man starke Verletzungen erlebt oder ist plötzlich mit Negativem konfrontiert, spürt man vor allem die Kraft des (Gegen-)Windes und ist sich seiner eigenen Kraft meist nicht bewusst. Wenn wir anfangen, uns mit unseren Segeln auseinanderzusetzen und uns trauen, sie neu auszurichten, verliert der Wind die Macht über unser Schiff, mehr noch: Wir können die Energie des Windes nutzen, um dorthin zu kommen, wo wir hinwollen. Warte nicht auf den perfekten Zeitpunkt. Er wird nicht kommen. Und wenn du noch so kreativ bist, dir Dinge zu überlegen, die erst noch passieren müssen, bevor du anfängst, dann sei dir darüber bewusst, dass dich dein innerer Schweinehund gerade austrickst. Er will dich mit aller Macht in deiner Komfortzone festhalten. Erkenn deine Widerstände, komm ins Handeln und leb dein wahres Ich. Dafür ist es wichtig, auf allen Ebenen Verantwortung zu übernehmen. Übernimm Verantwortung für deine Probleme, deine Ziele, deine Bedürfnisse, Emotionen, Gedanken und für dein Handeln. Kurzum: Übernimm Verantwortung für dein Leben.

Ich bin ein Freund von kleinen Schritten. Verantwortung zu übernehmen, bedeutet nicht, auf Knopfdruck eine Lösung zu haben. Es bedeutet vor allem, nicht in der Opferhaltung zu versinken, sondern sich als Gestalter seines Lebens zu begreifen und das Schicksal in die eigenen Hände zu nehmen.

Dazu möchte ich dir eine Zauberfrage vorstellen, die dir dabei helfen kann, zu realisieren, wo du gerade stehst und wo es (mehr) Verantwortung von dir braucht. Es handelt sich um den simplen Satz »Will ich das?«

Die Kraft des Satzes liegt in seinen unterschiedlichen Betonungen.

Will ich **das**?

Will **ich** das?

Will ich das?

Probier diese Zauberfrage direkt einmal aus: Denk an ein aktuelles Problem oder an die größte Herausforderung in deinem Leben. Du kannst auch an Ängste und Sorgen denken, die dich plagen. Überleg einmal, was wohl passieren wird, wenn du dich weiterhin so verhältst wie jetzt. Und nun frag dich: Will ich **das**? Stell dir danach vor, was passieren könnte, wenn du anders reagierst. Frag dich wieder: Will ich **das**?

Werde dir auf diese Weise darüber bewusst, dass du Verantwortung für dein Leben übernehmen *darfst* und dass du durch dein Verhalten Einfluss auf dein Hier und Jetzt und auch auf deine Zukunft hast. Natürlich haben wir keinen hundertprozentigen Einfluss, weil es im Leben so viele Variablen gibt, aber wir müssen dem Schicksal nicht die kompletten hundert Prozent überlassen.

Denk nun noch einmal an deine konkrete Situation und frag dich: Will **ich** das? Vielleicht merkst du, dass du nur im Sinne von anderen handelst. Wie geht es dir damit? Ist das okay für dich? Wenn nicht, dann frage dich: »Ja, was will ich denn?« Verantwortung für sich zu übernehmen bedeutet eben auch, sich die Zeit zu nehmen und die Mühe zu machen, Antworten auf diese Frage zu bekommen, wenn man sie aktuell nicht beantworten kann.

Und schließlich achte mal darauf, welche Assoziationen in dir entstehen, wenn du auf deine Situation bezogen die Frage so betonst: **Will** ich das? Man kann sich vieles wünschen und erträumen, aber ist man auch bereit, dafür wirklich etwas zu tun? Träume allein sind wertlos. Man muss Verantwortung für sie übernehmen und ins Machen kommen. Und wenn man auf die Nase fällt, muss man immer noch Verantwortung dafür übernehmen und weitermachen, wenn es einem wichtig ist. Dass es nicht sofort den gewünschten Effekt hatte, ist kein Grund, direkt hinzuschmeißen.

☛ **Und nun bist du dran.** Beantworte dir die Zauberfrage(n):

Will ich **das**? ....

Will **ich** das? ....

Will ich das? ....

Nimm keine Opferhaltung ein

Die wichtigste Message dieses Kapitels lautet: Sei kein Opfer. Was für Superman Kryptonit ist, ist für uns Menschen die Opferhaltung. Sie schwächt und lähmt uns, sie lässt uns passiv und misstrauisch werden und sie nimmt uns den Glauben daran, dass wir unsere Zukunft gut gestalten können. Wir neigen dazu, anderen Menschen oder den Umständen die Schuld für unsere Lage zu geben, wenn wir leiden. Indem wir uns sagen, dass wir nichts dafür können, können wir uns zumindest teilweise besser fühlen. Erst einmal schützen wir dadurch unser Selbstwertgefühl, denn wir sind ja schließlich unschuldig. Tief im Herzen wissen wir aber, dass die Dinge oft nicht so einfach sind.

Es kann durchaus sein, dass andere sogar in sehr großem Umfang Schuld daran haben, wie es uns geht, beispielsweise bei (sexualisierter) Gewalt, Überfällen, liebloser Erziehung oder einem Unfall. Und damit keine Missverständnisse entstehen, möchte ich es ganz deutlich sagen: Man ist oft nicht dafür verantwortlich, was andere einem angetan haben oder was einem passiert ist. Man war einfach nur zur falschen Zeit am falschen Ort oder wurde in eine Familie mit vielen Problemen geboren. Schicksalsschläge passieren. Für all das hat man natürlich keine Verantwortung, einzig und allein für den Umgang damit. Man selbst trägt also nicht die Verantwortung für die Vergangenheit, aber für die Gegenwart und für die Zukunft. Diese Verantwortung beginnt schon bei den eigenen Emotionen und Gedanken, betrifft vor allem aber auch das eigene Verhalten. Man sollte nicht nur darauf hoffen, gerettet zu werden oder dass sich ohne unser Zutun etwas verändert, man muss selbst für sich und sein Leben sorgen. Keine Opferhaltung anzunehmen, kann man ganz wunderbar tagtäglich üben.

☛ **Überprüfe unangenehme Situationen, von denen du meinst, dass du keine Schuld trägst:**
Bist du zu spät zur Arbeit gekommen, weil du im Stau standest?
Hast du den Flieger verpasst, weil die Bahn zu spät kam?
Hast du schlecht geschlafen, weil dein Partner dich mit etwas konfrontiert hat?
Findest du keine Arbeit, weil du in der falschen Stadt wohnst oder du zu alt bist oder dir der richtige Abschluss fehlt?
Kannst du dir keinen Urlaub leisten, weil du zu wenig verdienst?
Traust du dich nicht, deine Meinung zu sagen, weil deine Eltern dir kein Selbstbewusstsein vermittelt haben?
Ja? Ist es genau so?
Könnte es auch andere Gründe dafür geben? Oder zumindest zusätzliche?

Welche deiner früheren Entscheidungen könnten dazu beigetragen haben? Hätte es Alternativen gegeben? Welche Alternativen gibt es jetzt noch, um darauf konstruktiv zu reagieren und etwas zu verändern?

Du siehst: Es geht darum, Verantwortung für sich selbst zu übernehmen. Erst einmal sollten wir besser verstehen, was zu einer Situation geführt hat oder möglicherweise einen Einfluss hatte, anstatt sich mit einfachen Antworten oder sogar Schuldzuweisungen zufriedenzugeben. Anschließend können wir schauen, welche Möglichkeiten es gibt, etwas zu verändern.

☛ **Überprüfe auch regelmäßig deine Gefühle:**
Bist du unsicher, weil dich auf der Straße jemand komisch angeguckt hat?
Bist du schlecht gelaunt, weil dein Chef etwas Kritisches gesagt hat?
Bist du sauer, weil ein Verkäufer dich herablassend behandelt hat?
Bist du traurig, weil ein Freund deinen Geburtstag vergessen hat?
Bist du ängstlich, weil ein Mitarbeitergespräch ansteht?

Ist es genau so? Könnte es nicht auch ganz anders sein? Könnte es tiefer liegende Gründe geben, wieso du so fühlst? Was sagen diese Gefühle über dich aus? Wären alle anderen Menschen in der gleichen Situation auch unsicher, schlecht gelaunt, sauer, traurig und ängstlich? War es überhaupt so gemeint, wie es bei dir ankam? Was kannst du tun, um dir etwas nicht so sehr zu Herzen zu nehmen? Und was kannst du tun, um dich anders, dich wieder besser zu fühlen oder auch auf bestimmte Situationen anders zu reagieren?

Du siehst: Selbst wenn man keinen Einfluss auf die Situation nehmen kann oder keine Schuld an der Situation hat, so kann man immer noch Verantwortung für die eigenen Gefühle und Gedanken übernehmen.

Und noch ein wichtiger Gedanke dazu: Wenn wir uns im Recht sehen, ja sogar wenn wir im Recht sind, bringt uns die Opferrolle rein gar nichts. Im Gegenteil sogar: durch die Passivität wird sich nichts verändern.

Um die Opferhaltung zu verlassen, egal ob es sich um Kleinigkeiten des Alltags handelt oder um Schicksalsschläge, ist es wichtig, dass die Opferhaltung einem erst einmal bewusst wird und dass man sich entschließt, diese Haltung aufzugeben. Das wird meist nicht sofort gelingen, und es wird sicher auch nicht einfach sein. Der feste Wille ist die halbe Miete. Denn dadurch verändern sich die Gedanken und die Wahrnehmung. Man gewinnt Freiheit, der Horizont öffnet sich und damit kann man auch wieder Lichtblicke sehen. Echte Reflexion, aber auch Mitgefühl sind ein guter Anfang dafür.

Verwandle dein Selbstmitleid in Mitgefühl

Kennst du den Unterschied zwischen Mitleid und Mitgefühl?

Mitleid empfinden, bedeutet, dass man tatsächlich mitleidet. Jemand ist traurig, und man selbst empfindet ebenfalls eine Traurigkeit. Man verbindet sich also emotional mit der anderen Person. *Mitgefühl* mit jemandem zu haben, heißt dagegen, dass man sich in eine andere Person hineinversetzen kann. Man hat eine Idee davon, wie es ihr gerade geht, ohne dass man selbst traurig werden muss. Man hat also einen emotionalen Abstand.

Wenn man Mitleid empfindet, besteht die Gefahr, dass man zu sehr bei sich und den eigenen Emotionen ist und so von den Emotionen überwältigt wird. Außerdem kommt es leicht vor, dass man die Person, der es nicht gut geht, in eine Opferrolle drückt. Durch das Mitleid können Hoffnungslosigkeit und Hilflosigkeit bei ihr entstehen.

Wenn du auf der Straße zum Beispiel eine ältere Frau siehst, die schon ganz gebückt an einem Krückstock geht und dabei nur mühsam in kleinen Schritten vorankommt, denkst du vielleicht: »Ohje, die Arme. Die hat ein sehr schweres Leben. Ich hoffe, dass es mir später mal nicht so gehen wird.« Dann empfindest du Mitleid, da du dich selbst in ihr siehst und die Situation und ihr Leben als ausschließlich negativ und problematisch bewertest.

Beim Mitgefühl geht es dagegen nicht um dich, sondern um Anteilnahme. Du nimmst die Frau wahr. Und wenn du den Eindruck hast, dass sie Hilfe brauchen könnte, bietest du sie an. Man kann dadurch angemessener auf die Person und die Situation reagieren.

So wie wir in Bezug auf andere Menschen unser Mitleid am besten in Mitgefühl umwandeln, sollten wir auch uns selbst gegenüber eher eine mitfühlende Haltung einnehmen. Wenn wir also mitfühlend auf das schauen, was in unserem Leben schiefgeht, was wir erleben oder erleiden mussten, mit welchen Problemen, Ungerechtigkeiten und Widrigkeiten wir klarkommen mussten oder immer noch müssen, dann können wir all das leichter akzeptieren. Mitgefühl mit sich selbst zu haben, kann bedeuten, dass man sich darüber bewusst ist, was passiert ist und was für Auswirkungen es hat. Das kann auch bedeuten, dass man deshalb traurig ist, den Schmerz und die Verletzung spürt und dass man sich etwas anderes gewünscht hätte. Mitgefühl bedeutet vor allem aber auch, dass man möchte, dass es einem gut geht, dass man sich um sich selbst kümmert, dass man darauf verzichtet, sich auf das Negative zu konzentrieren oder hart mit sich ins Gericht zu gehen. Dass man bereit ist, etwas dafür zu tun, dass die Dinge sich ändern. Es bedeutet, dass man die Gegenwart gestaltet, damit die Zukunft besser wird. Und die Zukunft beginnt ja schon in der nächsten Sekunde. Die Zukunft ist nicht erst in drei Jahren da. Von Moment zu Moment können wir unser Leben verändern. Mitgefühl bedeutet also Fühlen *und* Fürsorge und ist wichtig, um eine aktive Haltung einzunehmen.

Diese Haltung gelingt leichter, wenn man sich auf die Bereiche fokussiert, die man beeinflussen kann. Frag dich aber auch, wie du diese Bereiche noch erweitern kannst.

Eine andere sehr schöne Möglichkeit, das Selbstmitgefühl im Alltag zu üben, ist Folgende: Wenn das nächste Mal etwas schiefgeht und du merkst, dass dein innerer Kritiker sich zu Wort meldet, alte Geschichten rauskramt, verallgemeinert und dich kleinredet, dann stell dir vor, es würde gerade nicht um dich gehen, sondern um den liebsten Menschen, den du kennst. Würdest du mit deiner besten Freundin genauso reden, wenn sie dir von ihrem Unglück oder Missgeschick erzählt? Wärst du dann genauso hart und abwertend? Würdest du die Latte bei ihr genauso hoch ansetzen? Reagier auch auf dich selbst liebevoll und einfühlsam. Sei dir selbst ein Freund.

Oder wenn das nächste Mal etwas nicht klappt, nimm dich einfach mal selbst in den Arm. Das klingt vielleicht komisch, aber probier es mal aus. Und auch wenn du das nächste Mal selbstzerfleischende Gedanken hast, unterbrich sie ganz bewusst und umarme dich selbst für einen kurzen Moment. Spüre deine Hände und deine Arme auf deinem Körper, nimm die Wärme wahr und realisiere, dass Liebe und Verständnis uns Menschen immer weiterbringen als Vorwürfe und Strafen. Dieses kleine Ritual kann dir helfen, negative Gedanken zu stoppen und sie in eine verständnisvolle, mitfühlende und konstruktive Richtung umzulenken.

Scheitern, also zu stolpern oder hinzufallen, liegt oft aber auch an unseren eigenen Hürden. Vielleicht hängen wir die Latte selbst viel zu hoch. Vielleicht erwarten wir einfach zu viel in zu kurzer Zeit. Werde dir deiner Erwartungen bewusst und hinterfrage sie kritisch. Wie kannst du das Ziel realistischer formulieren? Wie kannst du den Weg dahin realistischer gestalten? Geh kleine Schritte und sei auch auf kleine Erfolge stolz.

Wenn mal alles schiefgeht und das auch große negative Konsequenzen hat, dann finde das ruhig scheiße, aber finde nicht dich scheiße. Ärger dich also über das Ergebnis, aber nicht über dich selbst. Sei ruhig traurig, beweine das Ergebnis, bemitleide aber nicht dich selbst. Die Dinge sind wie sie sind: Die Prüfung kann man nicht rückgängig machen. Der Job ist weg. Das Ding ist kaputt. Das Wochenende ist nun ein Arbeitswochenende. Daran lässt sich nichts verändern, aber Du bist wandelbar. Du kannst daraus etwas lernen und dich beim nächsten Mal anders verhalten. Im Leben geht es nicht darum, wie oft wir scheitern, sondern wie wir damit und vor allem mit uns umgehen. Schau also nach vorne und erkenne das Lernfeld, das vor dir liegt. Sage »doch«, auch wenn dir im Leben ein dickes fettes »Nein« begegnet.

Immer dann, wenn uns etwas klar wird, wenn der Groschen fällt, wenn wir verstehen, warum wir so handeln, haben wir einen Aha-Moment. Freue dich über Aha-Momente, statt dich dafür zu verurteilen. Denn wenn wir uns selbst verstehen, können wir uns weiterentwickeln. Wenn wir wissen, warum wir bestimmte Dinge tun oder eben nicht tun, dann können wir bewusst gegensteuern und uns von alten Denk- und Verhaltensmustern verabschieden. Scheue deshalb nicht den Blick nach innen. Frag dich ganz offen und ehrlich: Warum bin ich so? Warum tue ich das? Warum traue ich mich das nicht?

- Aha, ich kompensiere meine Einsamkeit oder meinen Stress gerade mit Essen.
- Aha, ich fühle mich schuldig, wenn ich meine Bedürfnisse ausspreche.
- Aha, ich brauche Zeit für mich und bin dem nicht nachgegangen.
- Aha, ich habe versucht es allen recht zu machen, außer mir selbst.

Du brauchst nicht direkt für alles Lösungen. Das Erkennen und das Verstehen reichen erst einmal völlig aus. Wenn dir Dinge klar werden, wird sich dein Gehirn ganz automatisch mit diesem Thema beschäftigen, mal bewusst, mal unbewusst. Vielleicht wird dir eine ähnliche Situation beim nächsten Mal schon viel leichter fallen und du wirst sie besser meistern. Vielleicht braucht es aber auch noch ein paar weitere Aha-Momente. Lasse sie durch einen achtsamen und liebevollen Umgang mit dir selbst zu. Wenn Dinge nicht so laufen, wie du es möchtest, hast du die Wahl: du kannst dich dafür selbst verurteilen oder du kannst einen Aha-Moment daraus machen und versuchen, daraus etwas zu lernen. Wofür willst du dich beim nächsten Mal entscheiden?

Alle Emotionen sind gut, auch die schlechten

Es gibt keine negativen Emotionen. Es gibt aber Emotionen, die sich negativ anfühlen. Das ist ein riesiger Unterschied. Emotionen haben zwei wichtige Funktionen.

1. Sie machen uns auf etwas aufmerksam: durch negative Emotionen wird uns bewusst, dass etwas nicht in Ordnung ist.
2. Sie geben uns Energie zum Handeln.

Wenn du »negative Emotionen« in dir verspürst, jogge sie nicht einfach weg oder verdränge sie nicht, sondern frag dich, welche Botschaft sie für dich haben, und nutze die Energie konstruktiv. Es ist wichtig, dass wir Verantwortung für unsere Emotionen übernehmen, statt sie zu verneinen oder uns von ihnen blockieren zu lassen.

- Die Wut zeigt uns, dass etwas Ungerechtes passiert ist oder zu passieren droht. Sie gibt uns Kraft, um uns zu wehren.
- Die Angst weist uns auf Gefahren hin. Sie lässt uns wachsam und vorsichtig sein.
- Die Trauer reagiert auf einen Verlust. Sie hilft uns beim Verarbeiten.
- Die Scham schützt uns davor, seltsame Dinge zu tun, durch die zwischenmenschliche Probleme entstehen können.
- Die Schuld macht uns darauf aufmerksam, dass wir uns falsch verhalten haben, und hilft uns wieder Anschluss zu finden.
- Der Ekel macht uns darauf aufmerksam, dass etwas verdorben ist, und hält uns so von gefährlichen Dingen fern.

Emotionen leiten uns also durchs Leben. Deshalb ist es wichtig, die Emotionen erst einmal anzunehmen und sich dann zu fragen, was sie einem sagen wollen. Allerdings sind Emotionen keineswegs objektiv. Die Angst kann beispielsweise so stark ausgeprägt sein, dass sie uns vom Leben abhält. Es gibt die schöne Geschichte von dem Kommunikationswissenschaftler Paul Watzlawick von dem Mann, der auf einem Baum sitzt und alle zehn Sekunden in die Hände klatscht. Als ihn jemand fragt, warum er das denn mache, antwortet der Mann: »Um die Elefanten zu verscheuchen.« Auf den Hinweis, dass es hier doch gar keine Elefanten gebe, sagt der Mann: »Na, also! Sehen Sie?«

Eine ungesunde Angst kann so groß werden und uns über-behüten, bis wir uns immer weiter zurückziehen. Jeder weitere Rückzug führt zu Erleichterung, sodass sich die Fluchtreaktion selbst bestätigt.

Daher ist es wichtig, sich zu fragen, wie man mit der Ener-gie, die uns die Emotionen zur Verfügung stellen, umgeht: Destruktiv oder konstruktiv, also (selbst-)zerstörerisch oder lösungsorientiert? Genau das ist das Spielfeld, auf dem wir Verantwortung übernehmen können.

Die Kraft, die uns die Wut gibt, können wir nutzen, um je-manden (verbal) anzugreifen. Wir könnten aber auch unseren Mut zusammennehmen und eine Ungerechtigkeit (mehrmals) ansprechen, Argumente sammeln, uns Unterstützung suchen, zur Polizei gehen oder einen Anwalt einschalten.

Die Kraft, die uns die Angst gibt, können wir nutzen, um eine Verteidigungshaltung einzunehmen oder auch um uns Ausreden einfallen zu lassen, Dinge nicht zu tun. Sie kann uns aber auch die Kraft geben, um uns realistisch mit Gefahren auseinanderzusetzen und Lösungsideen zu erarbeiten.

Die Kraft, die uns die Trauer gibt, können wir nutzen, um uns nur noch mit dem Verlust zu beschäftigen, uns an alles zu klammern, was uns geblieben ist und uns in unser Schnecken-haus zu verkriechen. Wir können die Kraft aber auch nutzen, um den Schmerz zu verarbeiten, uns abzunabeln und nach vorne zu schauen.

Diese Beispiele verdeutlichen auf einfache Weise, dass die Emotion erst einmal nur eine Energie ist und wir die Wahl haben, wie wir diese Energie einsetzen.

☛ **Frag dich, welche Emotion gerade bei dir vorherrschend ist.** Worauf weist dich deine Emotion hin? Wie nutzt du die Energie bislang? Und: Wie könnte ein verantwortungsbewusster(er) Umgang mit dieser Energie in deinem Fall ganz konkret aussehen, der konstruktiv und lösungsorientiert ist?

....

....

....

Drei Möglichkeiten, verantwortungsbewusst mit Stimmungsschwankungen umzugehen

Stell dir vor, du willst dir zu Hause einen gemütlichen Tag machen. Du hast deine bequemste Jogginghose und den Kuschelpulli an, im Kühlschrank liegen leckere Snacks bereit, und du freust dich schon auf ein paar Serien und Filme. Plötzlich klingelt es an der Tür. Vielleicht der Postbote? Du machst auf und erblickst Tante Erna. Sie dachte sich, dass es doch schön wäre, einfach mal so vorbeizuschauen.

Wenn wir nun die ganze Zeit innerlich gegen diesen spontanen Besuch ankämpfen, wird der Nachmittag garantiert richtig ätzend. Wenn wir die Situation aber annehmen und offen bleiben, kann es vielleicht ein interessantes und lustiges Treffen werden, obwohl sich der Tag nun ganz anders entwickelt, als wir dachten.

Eine weitere Möglichkeit ist natürlich auch, Tante Erna zu sagen, dass es jetzt gerade ungünstig ist, sie aber gerne übermorgen noch mal vorbeikommen kann.

Genau das sind auch die 3 Möglichkeiten, die wir haben, mit Stimmungsschwankungen umzugehen:

1. Wir können versuchen, gegen sie anzukämpfen. Das klappt allerdings selten und führt eher zu Stress und trotzdem schlechter Stimmung.

2. Wir können erst einmal versuchen, die Emotionen anzunehmen, die gerade da sind, und sie besser zu verstehen. Wodurch wurden sie ausgelöst und was wollen sie von uns?

3. Wir können versuchen, anzuerkennen, dass gewisse Emotionen da sind und Aufmerksamkeit wollen, weil es Themen oder Dinge gibt, die wir uns genauer anschauen sollten. Wir können aber mit uns vereinbaren: Nicht jetzt! Jetzt arbeite ich, bin am Strand oder treffe mich mit Freunden, aber nachher, morgen Abend, am Sonntag, werde ich mir eine Stunde Zeit nehmen, um mich mit den Auslösern und den Hintergründen genau zu befassen. Tut man das nicht, hält man die Verabredung mit sich selbst also nicht ein, werden die Emotionen einen immer wieder besuchen. Passende Zeiten suchen sie sich dafür nicht aus. Die muss man selbst finden.

Bei Stimmungsschwankungen geht es also darum, auf zwei Ebenen Verantwortung zu übernehmen: Einerseits für die Bedürfnisse, die sich durch die Stimmungsschwankungen bemerkbar machen. Andererseits für die Dinge im Leben, die uns wichtig sind und die unter den Stimmungsschwankungen leiden. Denn Stimmungsschwankungen sind wie ein feiner Schleier, durch den wir die Welt und uns selbst wahrnehmen. Nur ist der Schleier so leicht, dass wir den Stoff gar nicht spüren. Uns ist also nicht klar, dass wir mit einem Filter herumlaufen. Alles wirkt so real. Einer der Hauptgründe für diesen Schleier ist übrigens Stress. Deshalb ist es so wichtig, für regelmäßige Erholung zu sorgen, ganz besonders in schweren Zeiten. Im Kapitel zum achten Resilienz-Baustein stelle ich dir verschiedene Techniken und Methoden vor, die dir beim Erholen helfen.

Stimmungsschwankungen, die oft kommen und sich heftig anfühlen, die einen stark in Beschlag nehmen, sollte man unbedingt als Hinweis dafür verstehen, dass es eine tiefer liegende Problematik gebe könnte, über die man mit einem Experten sprechen sollte. Ärger dich nicht über sie, sondern sieh sie als Schubs auf den Weg der Veränderung an.

☛ **Falls du Stimmungsschwankungen kennst: Welche Auslöser und tieferen Gründe kannst du erkennen?** Welche Muster siehst du? Und wie könntest du damit konstruktiv(er) umgehen?

....

....

....

Womit betäubst du dich? Achte auf deine Alltagsdrogen!

Man kann sich viel vornehmen, stellt aber nach einiger Zeit fest, dass man nichts dafür getan hat. Die Joggingschuhe stehen nur in der Ecke, den Pizzaboten trifft man öfter als die Freunde, der Roman ist immer noch nicht geschrieben, die Dinge, die einen nerven, hat man noch nicht angesprochen, und die Bewerbungsunterlagen sind noch auf dem Stand von »Ach herrje, was hatte ich denn auf dem Foto für eine schreckliche Frisur?«. ;-)

Kennst du das auch? Falls ja, könnte es notwendig sein, dich von deinen Alltagsdrogen zu verabschieden. Bei Drogen denken viele direkt an Koks und Crystal Meth. Dazu gehören aber natürlich auch Alkohol, Rauchen und Kiffen, und auch Shoppen, Fernsehen, Internet, Spiele und sogar Essen können zu einer Sucht werden. Nämlich dann, wenn man diese Dinge sehr regelmäßig und exzessiv konsumiert oder macht. Das Verlockende ist, dass diese Dinge uns dabei helfen, unsere Sorgen zu vergessen, negative Emotionen auszublenden und uns quasi auf Knopfdruck gut zu fühlen.

Suchtverhalten beginnt selten von heute auf morgen. sondern ist ein Prozess, der sich über mehrere Jahre entwickeln kann. Im Zentrum kann ein Problem stehen, das man nicht bearbeitet und mithilfe der guten Gefühle verdrängt. Alkohol ist besonders gefährlich, weil er unsere Wahrnehmung verändert. So wie der Glühwein auf dem Weihnachtsmarkt dafür sorgt, dass wir die Kälte nicht mehr so intensiv spüren, führt der Alkohol dazu, dass negative Gedanken und Emotionen nicht mehr so intensiv wahrgenommen werden. Durch den Glühwein ist es auf dem Weihnachtsmarkt aber kein Grad wärmer geworden, es ist immer noch eiskalt, und wir bleiben möglicherweise zu lange draußen und erkälten uns. Und so haben sich durch den Alkohol die Sorgen und Ängste ebenfalls nicht verändert, sie wirken nur kleiner oder weniger bedrohlich. So ähnlich ist es auch mit anderen Alltagsdrogen. Schauen wir uns mal das Essen an:

Hier mag ich den Begriff des »emotionalen Essens« sehr, denn dieser Begriff kann ein Lackmustest für uns sein, wenn wir erkennen wollen, warum wir gerade etwas essen möchten. Sind wir wirklich hungrig? Ist also unser Magen leer? Oder fühlen wir uns eher innerlich leer? Wollen wir die Leere in uns mit dem Essen ausfüllen? Beim emotionalen Essen geht es schließlich nicht nur darum, *dass* gegessen wird, obwohl man nicht hungrig ist, sondern auch *was* gegessen wird. Niemand isst aus Frust noch einen zweiten oder dritten Salat. :-) Sondern noch eine Pizza, noch einen Schokoriegel, noch eine Packung Eis. Es geht immer um süß und fettig beim emotionalen Essen. Das ist ein altes Muster aus der Steinzeit, das unseren Vorfahren geholfen hat, zu überleben, denn Nahrungsmittel, die süß oder fettig sind, enthalten besonders viel Energie. Und so hat sich im Laufe der Evolution bei uns Menschen eine Vorliebe dafür entwickelt.

Hier kann Achtsamkeit sehr wirksam sein. Lerne achtsam zu essen. Lerne aber auch erwachsen, konstruktiv und lösungsorientiert mit Stress und negativen Dingen, mit Unsicherheiten, Verletzungen, Fehlern und Rückschlägen umzugehen. Die überschüssigen Kalorien können für ernsthafte Gesundheitsprobleme sorgen und erzeugen einen Kreislauf, denn Schuldgefühle oder Unzufriedenheit mit den körperlichen Veränderungen feuern das Essen nur weiter an.

Dieses Muster, das ich skizziert habe, lässt sich auch beim lustvollen Shopping, beim exzessiven Nutzen von Handy, Onlinespielen oder Medien und auch bei einer regelrechten Arbeitssucht finden. Das Verhalten ist immer eine Art Ersatz, ein Ausgleich für ein Bedürfnis, das nicht befriedigt wird. Eine Lücke soll dadurch gefüllt werden. Häufig geht es darum, negative Gedanken und Emotionen schnell durch positive zu ersetzen. Versuch dieses Muster bei dir genauer zu verstehen, denn es hält dich vom wahren Leben ab. Abhängigkeiten sind wie Handschellen und Fußfesseln. Kümmer dich um deine wirklichen Bedürfnisse, um dich frei zu machen. Komm also davon weg, ständig auf dem Sprung von einem guten Gefühl zum nächsten zu sein, um die Anstrengung zu vermeiden, die es bedeutet, sich mit etwas auseinanderzusetzen. Genau das verbirgt sich auch hinter dem Phänomen des Prokrastinierens. Wenn du merkst, dass du prokrastinierst, frag dich, wovor du dich gerade drückst und was zum Beispiel die Angst dahinter ist.

Der wissenschaftliche Befund der sogenannten intrakranialen Selbstreizung unterstreicht das eindrücklich. Dabei sind Ratten Elektroden ins Gehirn eingepflanzt worden. Diese wurden mit Hirnarealen verbunden, die gute Gefühle auslösen und häufig als Belohnungszentren oder Suchtzentren bezeichnet werden.[13] Das Besondere war, dass die Ratten selbst auf eine Taste drücken und die Elektrode aktivieren konnten. Das Ergebnis: Die Ratten machten irgendwann fast nichts anderes mehr, als alle paar Sekunden auf die Taste zu drücken. Selbst Futter ließen sie links liegen, und auch für Sex interessierten sie sich nicht mehr. Einige Ratten brachen sogar zusammen, weil sie lieber auf die Taste drückten als zu fressen oder zu trinken. Um an die Taste zu kommen, waren sie sogar bereit, einen schmerzhaften Weg entlangzugehen, auf dem sie leichte Stromstöße bekamen.

Kannst du Parallelen zu deinem eigenen Verhalten erkennen, mit dem du dich ablenkst? Werde dir darüber klar, auf welche Tasten du ständig drückst, um schnell gute Gefühle und Leichtigkeit zu erzeugen, und entferne die Elektroden in deinem Kopf. Das ist natürlich nicht leicht, weil Gewohnheiten stark verankert sind. In der wunderbaren Netflix-Serie *Dark* sagt die Hauptfigur Jonas an mehreren Stellen: »Wir sind nicht frei in dem, was wir tun, weil wir nicht frei sind, in dem, was wir wollen.« Diesen Satz finde ich klasse – man kann lange darüber nachdenken und philosophieren. Aber würdest du ihn auch für dich unterschreiben? Im Grunde genommen bedeutet er ja: Wir können uns alles Mögliche vornehmen, am Ende haben wir aber kaum einen Einfluss darauf, ob wir es umsetzen oder nicht. Ganz einfach, weil es in uns so starke Bedürfnisse und Mechanismen gibt – das könnte Jonas mit dem »Wollen« meinen. Dazu gehören der Drang nach Spaß und Leichtigkeit, nach Genuss, das Verdrängen, das Vermeiden von Anstrengung. Wie Tarzan hangeln wir uns von einem kurzfristigen Ziel zum nächsten: Fernsehen, Essen, Schlafen, Sex, und noch mal von vorne. Hier gehören auch die Alltagsdrogen hinein. Es ist häufig nicht einmal so, dass wir keine langfristigen Ziele im Leben haben. Es ist leider oft so, dass wir uns zu stark auf die kurzfristigen Ziele konzentrieren.

Dieser Satz ist also eine sehr gute Beschreibung von der Falle, in die wir ganz leicht im Alltag tappen können. Wenn wir uns aber bewusst mit unserem »Wollen« beschäftigen, also unseren Bedürfnissen, und außerdem unsere großen Ziele vor Augen haben, werden wir auch freier in unserem Tun, was übrigens auch Jonas macht, der gegen die Logik des Satzes rebelliert. Richte deine Energie bewusst auf das, was dich weiterbringt, und auf deine Werte. Dazu erfährst du im Kapitel zur Zukunftsorientierung noch mehr. Hier schon mal ein kleiner Tipp: Wie wäre es mal mit einer »Not-to-do-Liste«? ;-) Was müsste da wohl in Großbuchstaben und neongelb unterstrichen draufstehen?

Die größte Lüge der Menschen

Eine der größten Lügen ist der Satz: »Ich habe keine Zeit.« Denn: Oft sind wir kein Opfer von zu wenig Zeit, sondern wir opfern die Zeit, die wir haben, häufig für Dinge, die nicht notwendig wären. Wir machen diese Dinge, weil wir denken, wir müssten sie machen, weil (wir glauben, dass) andere das von uns erwarten, weil wir nicht strukturiert genug sind oder einfach weil sie so viel mehr Spaß versprechen.

Ich habe diesen Satz natürlich auch schon gesagt. Du auch? Ganz ehrlich, wofür hast du »eigentlich« keine Zeit?

Ich habe keine Zeit, um regelmäßig Sport zu machen.
Ich habe keine Zeit, um bei mir zu Hause mal so richtig auszumisten.
Ich habe keine Zeit, um meine Bewerbungsunterlagen auf Vordermann zu bringen.
Ich habe keine Zeit, um zu meditieren, um mich mal zu erholen, um mal in den Urlaub zu fahren oder einfach länger eine Pause zu machen.

Subjektiv gesehen stimmt das vielleicht. In der eigenen Wahrnehmung hat man dafür keine Zeit, weil es so viele andere Dinge gibt, die man zu tun hat oder tun will.

Objektiv betrachtet ist es aber natürlich nicht so. Wir drücken uns einfach nur davor. Die Herausforderung besteht darin, sich dessen in dem Moment, in dem man es sagt oder denkt, bewusst zu sein und sich dann selbstkritisch zu hinterfragen: »Wieso habe ich dafür keine Zeit? Stimmt das überhaupt? Womit verbringe ich stattdessen meine Zeit?«

Die spannende Frage ist nämlich: Wieso *nehme* ich mir dafür nicht die Zeit?

Frag dich also beispielsweise: »Wieso nehme ich mir keine Zeit, um regelmäßig Sport zu machen?«

Zeit zu haben, ist immer eine Entscheidung. Den Satz zu verändern, macht einen großen Unterschied: »Ich habe keine Zeit« versus »Ich nehme mir dafür keine Zeit«. Der eine Satz lässt uns passiv sein und die Opferhaltung einnehmen. Der andere Satz lässt uns aktiv und ehrlich sein. Wenn wir sagen: »Ich habe dafür keine Zeit«, dann machen wir uns zum Opfer der Umstände. Wir sollten uns aber immer darüber bewusst sein, dass wir uns dann selbst einschränken. Unsere Ängste, Unsicherheiten, Mutlosigkeit und Erwartungen fesseln uns. Und manchmal ist es auch schlicht unsere Bequemlichkeit. Erkenne deine wahren Widerstände, warum du nicht ins Handeln kommst, und gib dich nicht mit Ausreden oder Lügen zufrieden Wir alle haben jeden Tag 24 Stunden zur Verfügung. Nutze deine Zeit verantwortungsbewusst. Wenn du merkst, dass dich Ängste abhalten, dann befasse dich mit deinen Ängsten. Wenn du merkst, dass du kein klares Ziel hast, dann entwickle eins. Wenn du merkst, dass dir das Selbstvertrauen fehlt, dann arbeite daran. Nimm dir die Zeit für Dinge, die dir wirklich wichtig sind, und mach was draus. Der Schriftsteller Mark Twain (1835–1910) hat gesagt: »In 20 Jahren wirst du mehr enttäuscht sein über die Dinge, die du nicht getan hast, als über die Dinge, die du getan hast. Also löse die Knoten, laufe aus aus dem sicheren Hafen. Erfasse die Passatwinde mit deinen Segeln. Erforsche. Träume.«

Ergreife Augenblicke und werde zum Gestalter deines Lebens

Das Leben ist eine Aneinanderreihung von Zeit, also von Jahren, Monaten, Wochen, Tagen und Augenblicken. Jahre haben wir vielleicht wenige, aber Augenblicke haben wir viele. Die Schriftstellerin Marie von Ebner-Eschenbach, die übrigens Uhrmacherin gelernt hat, schrieb: »Die Herrschaft über den Augenblick ist die Herrschaft über das Leben.« Auf viele Dinge haben wir keinen Einfluss. Wir haben nicht die Garantie, hundert zu werden und noch halbwegs fit zu sein. Unser Leben hängt von so vielen Faktoren ab, die wir nicht beeinflussen können. Wir können aber die Augenblicke gestalten. Selbst im

Angesicht des Todes bleiben uns noch Augenblicke, in denen wir Dinge machen können, die uns guttun und Freude machen. Daran sollte man auch denken, wenn Angehörige oder Freunde (sterbens-)krank sind. Neben all der Traurigkeit sollte man die Bereitschaft pflegen, schöne Momente zu gestalten. Das kann bedeuten, einfach nur beisammen zu sein, zu reden, zuzuhören, Musik vorzuspielen, eine Geschichte oder ein Gedicht vorzulesen, gemeinsam einen Film zu schauen oder in Fotoalben zu blättern. Sei bewusst im Hier und Jetzt und gestalte die Augenblicke des Lebens, egal ob es sich um gute oder schlechte Zeiten handelt.

☛ **Wie lang, würdest du sagen, ist ein Augenblick?** Ein Bruchteil einer Sekunde, einige Sekunden oder sogar Minuten? Was hilft dir dabei, dich immer wieder darauf zu besinnen, Augenblicke bewusst zu gestalten und die Zeit nicht einfach so ablaufen zu lassen?

....

....

....

....

☛ **Beschreibe, was für dich ein guter Augenblick bedeutet.** Wie fühlt er sich an? Was machst du? Mit wem verbringst du ihn?

....

....

☛ **Angenommen, du würdest 200 Jahre alt, wie ein Grönland-wal, oder 1000 Jahre alt, wie eine Eiche, werden: Welche Dinge würdest du in deiner aktuellen Situation anders machen?** Würdest du andere Entscheidungen treffen? Würde es sich anders für dich anfühlen? Und was würde dir wahrscheinlich auch in 200 oder 1000 Jahren immer noch Freude machen und dir Kraft oder zumindest ein Lächeln schenken? Und wie würdest du darüber denken, wenn dein Leben so kurz wäre wie das einer Eintags-fliege?

....

....

☛ **Was ist *dein* allergrößter Traum im Leben?** Was ist *dein* größ-ter Wunsch? Was ist *dein* größtes Ziel?

Und wenn dich dieser Superlativ einschüchtert, sodass es dir schwerfällt, eine Antwort darauf zu finden, dann frage dich, was dir im Leben wichtig ist, wo du hinwillst und welche kleinen Träume, Wünsche und Ziele du (schon lange) hast. Und was würde es konkret bedeuten, wenn du noch heute dafür Verantwortung übernimmst?

....

....

☛ **Das Wertvollste, das wir im Leben haben, ist unsere Zeit.** Nicht der Porsche vor der Tür, nicht die Dachgeschosswohnung, nicht die Uhren-Sammlung und auch nicht unsere berufliche Position: Das Wertvollste ist unsere Lebenszeit. Gehe so verantwortungsbewusst wie möglich mit *deiner* Zeit um. Was kann das konkret für dich heute bedeuten? Was solltest du sein lassen und was solltest du tun (und sei es nur für eine halbe Stunde)?

....

....

....

Die Gehirne von Frauen sind nicht dazu gemacht, nachzudenken. Wenn sie das zu intensiv tun, kann sich sogar die Gebärmutter entzünden und sie werden unfruchtbar.

Huch, bist Du nun innerlich zusammengezuckt bei diesen Sätzen und hast gedacht: »Was schreibt der denn für einen Quatsch«?

Dieser Quatsch hat dazu geführt, dass Frauen über Jahrtausende von Bildung ausgeschlossen wurden. Frauen war es beispielsweise nicht gestattet, zu studieren. Dorothea Christiane Erxleben (1715 – 1762) wollte sich mit den Regeln zu ihrer Zeit nicht zufriedengeben. Sie interessierte sich sehr für Medizin und wurde von ihrem Vater, der Arzt war, schon seit ihrer Kindheit gefördert. Er sorgte für Privatunterricht und nahm sie zu Patienten mit. Dorothea durchlief damit die gleiche Ausbildung wie ihr Bruder, doch durfte sie, trotz ihres breiten medizinischen Wissens, nicht an die Universität. Daraufhin schrieb sie dem preußischen König Friedrich dem Großen (1712 – 1786) und bat ihn darum, sich für sie einzusetzen. Das machte er tatsächlich und wies die Universität Halle an, sie zumindest zur Promotion zuzulassen, damit sie die Möglichkeit hatte, einen Titel zu bekommen. Und so wurde sie die erste deutsche promovierte Ärztin, oder wie es damals noch hieß: Doktor der Arzeneygelahrtheit.

Ungefähr 100 Jahre vorher schaffte es die Niederländerin Anna Maria von Schürmann (1607 – 1678) an Vorlesungen der Universität Utrecht teilzunehmen, ohne dass sie eingeschrieben war. Allerdings musste sie in einem Holzverschlag sitzen, der von einem Vorhang verdeckt wurde, damit ihr Anblick die Studenten nicht störe. Es ist überliefert, dass sie sich trotzdem an den Diskussionen beteiligt haben soll.

Bis die erste Frau an einer deutschen Universität studieren durfte, dauerte es noch eine ganze Weile. Johanna Kappes (1873 – 1933) absolvierte zusammen mit Rahel Straus (1880 – 1963) als eine der ersten Frauen ihr Abitur am Mädchengymnasium Karlsruhe. Johanna wurde später die erste deutsche Studentin. Allerdings musste sie dafür zu den Professoren der Universität Freiburg gehen und sie darum bitten, an ihren Vorlesungen teilnehmen zu dürfen. Erst einmal war übrigens nicht vorgesehen, dass sie dann auch ihr Examen ablegen durfte, denn sie bekam nur die Erlaubnis, die Vorlesungen zu besuchen. Aber auch dafür kämpfte sie und wurde schließlich rückwirkend immatrikuliert. Rahel gehörte dann einige Jahre später zu den ersten vier Frauen, die sich an der Universität Heidelberg einschrieben. Auch sie wurde Medizinerin und engagierte sich als Frauenrechtlerin. Warum erzähle ich dir diese Geschichte am Ende dieses Kapitels? Ich will dir dazu Mut machen, dass wir auch in Situationen Verantwortung übernehmen können, die schon seit Langem falschlaufen. Wer weiß, was auf einmal möglich wird, wenn wir es einfach mal ausprobieren.

Fazit to go

Wir Menschen sind Gewohnheitstiere. Unser Gehirn liebt Gewohnheiten, weil sie dabei helfen, kostbare Energie zu sparen. Wenn wir auf Autopilot handeln, muss unser Gehirn sich nicht aktiv mit den Dingen auseinandersetzen. Allerdings unterscheidet es nicht zwischen guten und schlechten Gewohnheiten. Übernimm also Verantwortung für die Dinge, die dir wichtig sind, für die Veränderungen und auch, wenn du scheiterst. Nur wenn man Verantwortung für sich und sein Lebensglück übernimmt, lebt man wirklich bewusst und aktiv. Ansonsten ist man wie eine Feder im Wind. Und nur weil dir das Leben Zitronen gibt, heißt es nicht, dass du lediglich Limonade machen kannst. Wenn du Erdbeeren möchtest, dann frag dich, was du für Erdbeeren tun kannst.

- Überwinde die Opferhaltung. Lass aus Selbstmitleid ein Mitgefühl entstehen. Mitgefühl bedeutet Fühlen und Fürsorge. Erkenne die echten Widerstände. Gestalte das Hier und Jetzt. Und schau nach vorne.
- Übernimm Verantwortung für deine negativen Emotionen. Sie wollen dich nicht nerven und dir das Leben schwer machen. Sie wollen dir etwas sagen, und sie geben dir Energie.
- Nutze die Kraft der Emotionen konstruktiv und lösungsorientiert.
- Übernimm Verantwortung für deine Gedanken. Glaube nicht jeden Quatsch, der dir in den Sinn kommt, rede dir nichts ein und belüge dich nicht selbst, um es dir angenehm zu machen.Überprüfe deinen (Alltags-)Drogen-Konsum. Drogen sind immer ein Ersatz. Sie geben uns ein schnelles gutes Gefühl und verdrängen negative Emotionen und Gedanken, allerdings halten sie uns vom echten

Leben ab. Werde dir darüber klar, welche Bedürfnisse bei dir gerade nicht befriedigt sind und kümmere dich um sie. Komm ins Handeln! Tu etwas, damit es dir besser geht, damit du vorankommst, damit sich etwas verändern kann. Sei nicht der Zuschauer vom Film deines Lebens, sondern sei der Drehbuchautor, der Regisseur, Schauspieler, der Cutter!

- Mache auch bei Niederlagen und Rückschlägen weiter. Sie sind kein Zeichen dafür, dass du wieder aufhören solltest, sondern eine Einladung, dein eigenes Verantwortungsbewusstsein dir selbst gegenüber weiter zu trainieren.

Wenn du an den nachfolgenden Resilienz-Bausteinen arbeitest, übernimmst du automatisch Verantwortung für dein Leben. In den nächsten Kapiteln bekommst du dafür viele verschiedene Übungen vorgestellt, die du direkt umsetzen kannst. Also tu etwas für deinen Plan A im Leben, sonst wirst du immer nur nach Plan B leben. Dieser Gedanke lag mir in diesem Kapitel besonders am Herzen. Welche Gedanken und Ideen fandest du besonders wertvoll? Welche Erkenntnisse hast du gewonnen? Was willst du damit nun konkret anstellen? Und welche Aha-Momente hattest du beim Durcharbeiten dieses Kapitels?

....

....

....

....

2. Resilienz-Baustein:
Akzeptanz –
Schicksal, ich wär dann so weit!

*» In jeder Schwierigkeit
lebt die Möglichkeit. «*
ALBERT EINSTEIN (1879 – 1955), PHYSIKER

In diesem Kapitel erfährst du, wie durch inneres und äußeres Ausmisten, durch Vergeben und Verzeihen, durch Selbstreflexion und eine klare Haltung das Akzeptieren und Loslassen gelingen können, und wie man damit dem eigenen Leben neue Chancen gibt. Außerdem geht es um die Kraft, die freigesetzt wird, wenn man sich selbst akzeptiert, so wie man ist.

Ich möchte dir eine Geschichte aus meinem Leben erzählen. Ich hatte eine Freundin namens Sookie. Leider ist Sookie vor einigen Jahren gestorben. Als wir uns zum ersten Mal gesehen haben, waren wir noch weit entfernt davon, eine Freundschaft zu beginnen. Damals hatte ich sogar kurz Angst um mein Leben. Doch mit den Jahren haben wir uns immer besser kennengelernt, haben Vertrauen aufgebaut und viele schöne Erlebnisse gehabt. So hat sich eine Freundschaft entwickelt, die für mich etwas ganz Besonderes war. Und wahrscheinlich auch für sie. Schon wenn sie mich von Weitem mit meinem Fahrrad sah und meine Klingel hörte, lief sie schwanzwedelnd auf mich zu. Ach so, hatte ich schon erwähnt, dass Sookie eine Hündin war?

Sookie war der Hund meiner Freundin Mia, die ein großes Herz für Lebewesen hat, die es schwer haben. Und so hat sie Sookie adoptiert. Was sie in ihren ersten Hundejahren erlebt hatte, haben wir nie herausgefunden. Klar war aber, dass sie sehr menschenscheu war und auch zu aggressivem Verhalten neigte, besonders wenn Fremde sie anfassen wollten. Bei unserer ersten Begegnung fletschte sie ihre Zähne und bellte mich auf eine Art an, die mich fürchten ließ, im nächsten Moment zu Hundefutter zu werden. Mit der Zeit wurden die Treffen aber entspannter, und sie kam sogar von selbst zu mir, um gestreichelt zu werden. Als Sookie im Hundeseniorinnenalter war und Mia sie nicht mehr mit in den Urlaub nehmen konnte, erfüllte sich mein Kindheitstraum: Plötzlich hatte ich einen Hund, zumindest für ein paar Tage. Wir machten viele lange Spaziergänge, und abends schlief sie mit ihrem Kopf auf meinem Schoß beim Filmgucken ein. Auf einem unserer Spaziergänge, es war ein schöner Frühlingstag nach einem langen Winter, passierte etwas, das sich stark in mein Gedächtnis eingebrannt hat, denn Sookie hat mir in diesem Moment etwas Wichtiges über das Leben beigebracht. Immer wenn ich mit Dingen hadere, denke ich daran zurück und versuche mir ein Beispiel an ihr zu nehmen.

Wir spazierten wieder mal durch die Straßen Berlins. Sookie nahm ein Geräusch hinter sich wahr, drehte ihren Kopf um, damit sie herausfinden konnte, was es war, und lief dabei weiter. Als sie ihren Kopf wieder nach vorne drehte, knallte sie gegen eine Laterne. Es schepperte heftig in der Laterne. Und vermutlich schepperte es auch heftig in ihrem Kopf. Doch was tat sie? Oder besser: Was tat sie nicht? Sie sagte nicht: »Oh man, wie peinlich. Hoffentlich hat das jetzt kein anderer Hund gesehen.« Sie sagte auch nicht: »Immer passiert mir so was. Ich ziehe das Pech wie ein Magnet an. Ich bin ein richtiger Unglücksrabe.« Und sie sagte auch nicht: »Dieser dumme Berliner Senat. Da platzieren die mitten auf dem Weg eine Laterne. Die kriegen aber auch gar nichts gebacken.«

Zugegeben: Dass sie all das nicht gesagt hat, ist natürlich nicht verwunderlich. Sie war ja ein Hund. Aber ich glaube, dass sie all das auch nicht gedacht hat. Sie hat akzeptiert, dass sie einen kurzen Schock erlebt hatte und es wehtat. Sie hat es abgehakt und keine große Sache daraus gemacht. Ein paar Minuten später waren wir im Park. Nachdem sie ausgiebig überall geschnüffelt hat, brachte sie mir ein Stöckchen und wir spielten miteinander.

Tiere sind wahre Meister darin, in der Gegenwart zu leben. Wir Menschen gehen mit negativen Dingen im Leben oft völlig anders um. Uns beschäftigt das Erlebte lange emotional und gedanklich. Wir erzählen anderen davon und gehen dadurch immer wieder zurück in den Schmerz. Wir laden das Negative immer wieder neu mit Energie auf. Manchmal bekommt unser Selbstvertrauen einen nachhaltigen Knacks, sodass wir

Dinge vermeiden oder uns zurückziehen. Oder wir schreiben Beschwerdemails und führen über Jahre nervenaufreibende Kämpfe, statt unseren Frieden damit zu machen und es somit zu akzeptieren.

Warum Akzeptanz so wichtig ist

Akzeptanz gehört zu den Voraussetzungen für ein gutes Leben. Sie ist die Basis dafür, sich überhaupt resilient verhalten zu können. Das gilt für Kleinigkeiten im Alltag genauso wie für die großen Dinge des Lebens. Von Bus verpasst und versetzt werden, über Fahrrad geklaut und gekündigt zu werden, bis hin zu einer schweren Krankheit oder dem Verlust eines lieben Menschen: Solange wir nicht akzeptieren, was passiert oder nicht passiert ist, hängen wir in einer parallelen Fantasiewelt fest. Wir leugnen die Realität mit all ihren Konsequenzen und verpassen das Hier und Jetzt. Es kostet sehr viel Energie, sich entweder ständig mit dem »Gestern« auseinanderzusetzen oder aber so zu tun, als hätte es das »Gestern« nicht gegeben. Ohne Akzeptanz kann man keinen inneren Frieden finden, keine Freiheit gewinnen, nicht verzeihen und auch nicht nach vorne schauen. Das Leben kann sich dann anfühlen, als würde man versuchen, mit angezogener Handbremse Vollgas zu fahren.

Akzeptanz findet auf drei (zeitlichen) Ebenen statt:
1. Vergangenheit: Ich akzeptiere die Dinge, die mir passiert sind, die ich getan habe oder die mir angetan wurden. All das gehört zu meinem Leben, ist Teil meiner Biografie. Daran kann ich nichts ändern. Es ist, wie es ist.
2. Gegenwart: Ich akzeptiere, dass es mir (also meinem Körper und meiner Psyche) gerade so geht, wie es mir geht. Ich akzeptiere all die Emotionen und Gedanken, die in mir sind.

Ich nehme all das wahr, verleugne es nicht und verurteile mich nicht dafür. Außerdem akzeptiere ich, dass ich im Leben gerade da bin, wo ich bin.

3. Zukunft: Ich akzeptiere, dass Dinge sich grundsätzlich immer verändern. Ich akzeptiere auch das Negative, das bevorsteht, und blende es nicht aus.

Auf den ersten Blick erscheint es vielen völlig irre, etwas Negatives zu akzeptieren, das einem vielleicht Leid zugefügt hat und das man nicht als Teil seines Lebens möchte. Egal, ob es sich um Traurigkeit, Angst, innere Unruhe oder um eine Krankheit, einen Unfall, eine Trennung oder sogar einen Todesfall handelt: Häufig kämpfen wir dagegen an. Das ist auch erst einmal völlig normal, weil uns diese Energie ermöglicht, weiterzumachen und vielleicht noch das Ruder rumzureißen. Auf lange Sicht kann es uns aber zu viel Kraft kosten, lähmen und krank machen, wenn wir es nicht hinbekommen, *Ja* zu dem zu sagen, was (passiert) ist oder passieren wird. Der Kampf mit uns selbst, mit anderen Menschen oder den Dingen im Außen ist der falsche Weg. Akzeptanz bedeutet, die Dinge und sich selbst so zu sehen, wie die Realität ist, und nicht an einer Idee, Wünschen oder der Vergangenheit festzukleben.

Wer längerfristig mit einem negativen Ereignis oder einer Person hadert, gibt sehr viel Macht über sein Leben ab und befindet sich mit einem Bein in der Vergangenheit. Man fühlt sich dann als Opfer und ist nicht handlungsfähig. Wenn man dagegen loslassen und verzeihen kann, steht man mit beiden Beinen im Heute. Dafür ist es auch wichtig, keine Scheuklappen aufzuhaben und drohende Dinge nicht zu verleugnen, zum Beispiel dass man bald arbeitslos sein wird oder eine Krankheit das Leben verändert.

Wer zum Beispiel vor einem Bewerbungsgespräch aufgeregt ist, aber dagegen ankämpft, versetzt sich selbst in Stress. Besser ist es, die momentane Aufregung bewusst wahrzunehmen und sich eher zu sagen: »Puh, ich spüre, wie aufgeregt ich bin. Das zeigt mir, dass mir der Job wichtig ist. Ich kann aber darauf vertrauen, dass die Aufregung mit der Zeit verschwindet. Und auch jetzt im Vorfeld kann ich durch Atemübungen, meine Lieblingsmusik oder durch morgendliches Joggen einiges dafür tun, um mich besser zu fühlen.« Das kann helfen, mit der Aufregung besser umzugehen, weil man sie nicht verleugnet oder sich selbst etwas vorspielt. Man hat dann Energie, um darauf reagieren zu können. Das Gleiche gilt natürlich auch für Emotionen wie Angst, Wut, Trauer oder Hoffnungslosigkeit.

Wer ein Ziel erreichen möchte, aber nicht akzeptiert, dass er noch meilenweit davon entfernt ist, gerät schnell in Selbstvorwürfe, macht sich selbst klein und beraubt sich seiner Motivation. Wenn man dagegen ehrlich zu sich ist, und sich erlaubt, genau hinzuschauen, erkennt man leichter, woran es liegt, dass man noch nicht weiter ist und kann lösungsorientiert die nächsten Schritte planen und umsetzen.

Akzeptanz ist eine Entscheidung

Die gute Nachricht ist: Man kann etwas fürs Akzeptieren tun. Entscheide dich bewusst dafür, Dinge zu akzeptieren, und lass dich auf den Prozess, auf die Arbeit, die das bedeutet, ein. Du wirst merken, dass du dadurch wie von selbst immer stärker wirst und dass du plötzlich neue Wege einschlagen kannst. Es braucht häufig eine große Portion Mut, um wirklich hinzuschauen, auch wenn das wehtun oder ängstigen kann. Akzeptieren bedeutet übrigens nicht, dass du das Negative gut finden musst. Es bedeutet vor allem, dass du es als Teil deines Lebens ansiehst.

Mit dieser Checkliste kannst du ganz leicht überprüfen wie gut dir das Annehmen gelingt oder ob du noch im Widerstand bist. Du erkennst dadurch, an welchen Punkten du arbeiten kannst, was also dein Weg zur Akzeptanz ist.

So merke ich, dass ich mich gegen die Realität wehre	So merke ich, dass ich die Realität akzeptiere
Ich verdränge die Gedanken dazu. Wenn ich allein bin, mache ich viel, um mich abzulenken (zum Beispiel TV, Musik, PC-Spiele, Essen, Drogen, Party, extremer Sport etc.). Sprechen andere mich darauf an, blocke ich ab oder reagiere verärgert.	Ich weiß, dass eine bestimmte schmerzhafte Sache zu meinem Leben dazugehört, und ich habe mich damit schon öfter konstruktiv be=asst. Wenn plötzlich Gedanken dazu aufkommen, bedeutet das keine Stimmungsschwankungen. Mit anderen kann ich darüber reden.
Der Schmerz lässt mich verzweifeln. Oder: Ich betäube den Schmerz, weil ich ihn nicht spüren will.	Ich nehme die Traurigkeit, die manchmal kommt, bewusst wahr, sie beherrscht mich aber nicht.

So merke ich, dass ich mich gegen die Realität wehre	So merke ich, dass ich die Realität akzeptiere
Ich frage mich oft, wie es (heute) wäre, wenn das, was mich belastet, nicht passiert wäre.	Ich gestalte meine Tage bewusst und plane meine Zukunft. Ich erkenne vielleicht sogar, was durch die Vergangenheit oder durch mein Problem meine »Superkraft« oder meine positive Besonderheit ist.
Mich machen die Gedanken an die Sache, das Ereignis oder die Person wütend oder traurig.	Ich kann darüber nachdenken, ohne ins Gedankenkarussell zu kommen oder extrem emotional zu werden.
Unerwartet können mich Gedanken oder Emotionen überfallen und mir den Tag vermiesen.	Es gibt längere Phasen, in denen das alles gar keine Rolle für mich spielt.
Ich hadere mit dem Schicksal und mache mir Vorwürfe.	Ich sehe alles, was mir passiert ist, als Teil meines Lebens an. Ich kann daran nichts mehr ändern. Ich habe nur Einfluss darauf, wie ich hier und heute mit etwas Vergangenem umgehe.

So merke ich, dass ich mich gegen die Realität wehre	So merke ich, dass ich die Realität akzeptiere
Ich habe Rachegedanken.	Ich verzeihe der anderen Person. Oder: Es tut mir für die Person leid, dass sie sich nicht anders verhalten konnte. Oder: Ich versuche die Person zu verstehen. Oder: Die Person hat keine Macht mehr über meine Emotionen und Gedanken.
Ich bin ständig in einer Angriffs- oder Verteidigungshaltung.	Ich kann mich frei und entspannt fühlen. Ich erlaube mir, ich selbst zu sein.
Ich spreche ständig und ausschließlich negativ von dem, was mich belastet, und möchte, dass andere mir recht geben.	Ich verspüre nicht den Drang, ständig darüber zu reden, sondern sehe so viele andere Themen, mit denen ich mich beschäftigen möchte.

☛ **Vielleicht hilft dir die Tabelle dabei, herauszufinden, in welchen Bereichen deines Lebens du die Dinge noch nicht akzeptierst und dich im Kampf befindest.** Was glaubst du, könnten ein zeitweiser Waffenstillstand oder sogar innerer Frieden bewirken und in deinem Leben verändern? Und wie kannst du leichter die weiße Fahne schwenken? Was würde wohl passieren, wenn du dich mal testweise für ein paar Tage so verhältst? Außerdem kannst du dich fragen, was an dem Nicht-Akzeptieren für dich gerade gut ist? Wovor schützt es dich (scheinbar)? Welche Sicherheit gibt es dir?

....

....

Wenn du durch das Tor der Akzeptanz gehst, wirst du überrascht sein, wie viele Wege sich plötzlich aufzeigen. Akzeptanz ist der erste Schritt zur Lösung. Nur wenn wir etwas akzeptieren, uns also erlauben, genau hinzuschauen und etwas zumindest für den Moment anzunehmen, können wir auch Lösungen entwickeln. Helfen kann uns auf dem Weg des Akzeptierens ein innerer und äußerer Frühjahrsputz.

Loslassen durch Ausmisten

Die Realität zu akzeptieren, fällt manchmal so schwer, weil wir an Gegenständen aus der Vergangenheit kleben. Diese erinnern uns ständig an frühere Zeiten, an negative Erlebnisse oder geplatzte Träume. Wenn wir uns von materiellen Dingen trennen, können wir auch leichter die Gedanken und Emotionen loslassen, die uns belasten. Äußeres Sortieren kann zu innerer Aufgeräumtheit führen. Und durchs Ausmisten können wir auch einen inneren Freiraum schaffen.

Mach dir vor dem Ausmisten am besten klar, was dein Ziel ist. Wovon willst du dich (innerlich) befreien? Was in deinem Leben empfindest du als Last? Welche negativen Ereignisse sollen nicht mehr im Vordergrund sein? Versuch zu verstehen, mit welcher Zeit in deinem Leben all das zusammenhängt, auch mit welchen Personen und eben mit welchen Gegenständen. Nimm dir ganz bewusst einen Raum, einen Schrank oder eine Kiste vor und lass dich auf die Gedanken und Emotionen ein, die kommen. Ausmisten kann sich so anfühlen, als würde man in eine Zeitmaschine steigen. Wenn dir die Tränen kommen oder alte Geschichten aufflackern, ist das völlig normal. Stell dir am besten einen Wecker und vereinbare mit dir selbst im Vorfeld, wann du die Rückreise antrittst. Um dir die Zeit angenehmer zu machen, kannst du dir eine große Kanne Tee kochen und deine Lieblingsmusik anmachen.

Okay, ich bin nicht Marie Kondō, aber ich habe denselben Rat wie sie: Nimm jedes Teil einzeln in die Hand und achte darauf, was es in dir auslöst. Dabei geht es gar nicht mal so stark darum, ob es Freude entfacht und du es unbedingt behalten möchtest, sondern vor allem um die negativen Emotionen und Gedanken. Was verbindest du mit diesem Gegenstand? Für welche Zeit in deinem Leben steht er? Für welche Personen und Situationen? Möchtest du dich von diesem Gegenstand trennen?

Viele Menschen erleben plötzlich, dass sie Gegenstände seit Jahren von Umzug zu Umzug mitgeschleppt haben, um sie dann in die hinterste Ecke zu schieben, weil sie ihnen ein ungutes Gefühl geben. Weil die Gegenstände aber inzwischen gar keine so große Bedeutung mehr für sie haben, können sie sich sogar leicht trennen, und ihnen wird bewusst, dass sie sich weiterentwickelt haben und nicht mehr die Person von damals sind. Das wird dir wahrscheinlich nicht mit allen Gegenständen so gehen.

☞ **Bilde deswegen am besten vier Stapel.**

A: Alle Gegenstände, die du leicht loslassen kannst

B: Alle Gegenstände, die du nicht loslassen möchtest

C: Alle Gegenstände, die du gerne loslassen möchtest, aber (noch) nicht (so leicht) loslassen kannst

D: Alle Gegenstände, bei denen du dir unsicher bist und denen du noch mal eine Schonfrist von einigen Wochen oder Monaten geben möchtest

Die Gegenstände vom A-Haufen kannst du direkt wegschmeißen, verkaufen oder spenden. Nimm die Freiheit wahr, die Stück für Stück entsteht, wenn du loslässt.

Für die Gegenstände vom B-Haufen findest du gute Plätze bei dir zu Hause.

Spannend wird es nun bei dem C-Haufen. Hier beginnt die eigentliche Arbeit. Setz dich nun in Ruhe mit den Gegenständen auseinander und versuch zu verstehen, was sie für dich bedeuten. Hierbei geht es gar nicht primär darum, zu entscheiden, ob sie zurück in den Schrank oder in die Mülltüte wandern, sondern welche Erlebnisse, Verletzungen, Ängste oder Enttäuschungen du damit verbindest und welchen Einfluss all das auf dein heutiges Leben hat und auf deine Zukunft haben könnte. Das sind ja nicht nur leblose Dinge, sondern sie sind aufgeladen mit Emotionen, Geschichten und Erinnerungen!

Jetzt kommt ein Psychologen-Tipp, der sich vielleicht erst mal verrückt anhört, aber gut funktioniert: Sprich mit den Gegenständen. Dadurch kannst du innere Blockaden und Glaubenssätze leichter erkennen.

Du könntest zum Beispiel sagen: »Oh liebes Tagebuch aus der Grundschule, dich habe ich ja lange nicht gesehen. In dir stecken so viele Gedanken von früher. Ich habe dir alles anvertraut, was mir wichtig war. Und wenn ich jetzt in dir lese, macht es mich traurig, was ich erlebt habe. Ich danke dir, dass ich das alles mit dir teilen konnte. Inzwischen bin ich aber nicht mehr das Grundschulkind.

Für meine Zukunft brauche ich dich nicht mehr. Im Gegenteil sogar: Wenn du hier in meinem Schrank liegst, bist du so präsent und erinnerst mich immer wieder an diese Zeit. Das möchte ich nicht. Vieles von dem, was ich dir anvertraut habe, weiß ich gar nicht mehr oder nur noch schemenhaft. Ich bin dankbar dafür, dass ich Dinge vergessen konnte. Ich möchte nun an meiner Zukunft schreiben, statt in meiner Vergangenheit zu leben. Danke für alles!«

Natürlich geht so ein Dialog auch bei weniger emotionalen Dingen, mit denen man sich aber schwertut: »Oh hallo liebe Vase. Das ist ja ein Ding, dass ich dich hier finde. Von Tante Erna habe ich dich mal bekommen. Aber wieso habe ich dich noch nie benutzt? Offenbar gefällst du mir nicht. Sorry, nimm es nicht persönlich. Jedes Mal, wenn ich dich sehe, löst du ein kleines Schuldgefühl in mir aus, weil ich dich nicht benutze. Deshalb werde ich mich jetzt von dir trennen.«

Beim Dialog mit den Gegenständen verhält es sich so, wie wenn man auf der Straße einen alten Bekannten trifft. Man unterhält sich kurz und spürt sehr schnell, ob man den Kontakt vertiefen will.

Miste auch mal in deinem Kopf aus

Es ist oftmals nicht nur schwer, sich von Gegenständen zu trennen. Auch das Loslassen von Überzeugungen, Glaubenssätzen, Wünschen und Zielen, die eigentlich nicht mehr zu uns passen oder uns nicht guttun, kann schwer sein. Wenn man sich zum Beispiel seit fünf Jahren an der Schauspielschule bewirbt, weil man Schauspieler werden will, kann loszulassen sich wie Aufgeben oder Scheitern anfühlen, schließlich hat man ja viel Zeit und Energie in diesen Traum investiert. Außerdem hatte man die Vorstellung, dass man irgendwann Schauspieler sein würde. Wer ist man und was wird man, wenn man das jetzt aufgibt?

Man sollte darauf achten, sich nicht in etwas zu verbeißen und sein Glück allein von einem Wunsch abhängig machen. Akzeptanz, also ein echtes Abschließen, kann hier der wichtige Schritt sein, um aus einem Tief herauszukommen und Energie für neue Ziele zu finden, um so neue Hochs möglich zu machen.

Dieses Prinzip gilt auch für viele andere Lebensbereiche: Einige Menschen trauern zum Beispiel einer Beziehung hinterher, die schon lange vorbei ist. Häufig trauern sie dabei allerdings der Vorstellung einer Beziehung nach, wie sie hätte sein können.

Andere halten seit Jahren an der Vorstellung fest, irgendwann mal sportlich und schlank zu sein und dann in diese enge Jeans zu passen, die schon seit Ewigkeiten ungetragen (noch mit Preisschild) im Schrank hängt. Dadurch verpassen sie aber das Hier und Jetzt und werten die Gegenwart ab.

Manchmal will man einfach nicht wahrhaben, dass die Dinge nun mal anders sind. Eine Weisheit der Dakota lautet: »Wenn du entdeckst, dass du ein totes Pferd reitest, steig ab.«

Das ganze Gerümpel im Kopf auszumisten, kann schwerfallen, weil Loslassen bedeutet, dass eine Lücke entsteht. Wenn wir bei uns zu Hause aufräumen, freuen wir uns über den Freiraum, der entsteht. Der Freiraum im Kopf kann sich hingegen auch erst einmal negativ anfühlen, denn man sortiert etwas aus, was zu einem Teil der eigenen Identität geworden ist. Deshalb kann es auch schwerfallen, sich von Problemen zu trennen. Die Probleme sind zu einem kleinen Dackel geworden, der uns auf Schritt und Tritt begleitet, der seltsame Dinge macht und über den man mit anderen reden kann.

Plötzlich frei zu sein, kann sich wie eine Art Schwerelosigkeit anfühlen. Es fehlt einem der Halt, das Vertraute, das gewohnte Denkkorsett. So erstrebenswert die Freiheit für viele Menschen erst einmal ist, so beängstigend kann sie auch sein. Mit Freiheit verbinden viele nämlich erst einmal die »Freiheit *von* etwas«: zum Beispiel Freiheit von Sorgen, von Pflichten, von Abhängigkeiten, von (gesellschaftlichen) Zwängen. Die andere Seite der Freiheit ist die »Freiheit *hin* zu etwas«. Wohin möchte ich mit meiner Freiheit? Was will ich nun mit meiner Zeit und mit meinem Leben machen? Welche der vielen Möglichkeiten kommen für mich in Frage? Loslassen zu können ist nämlich nur ein wichtiger Teil für ein gutes Leben. Zugreifen zu können ist mindestens genauso wichtig. Dazu hast du im Kapitel zu der Verantwortungsübernahme schon einiges erfahren, und ich werde dir in den nächsten Kapiteln noch mehr erzählen, wenn es um die Resilienz-Bausteine Zukunftsorientierung und Lösungsorientierung geht.

☛ **Schnapp dir doch mal einen Zettel und schreib dort die eine Sache auf, an der du schon so lange festhält, die dir aber immer wieder Kummer bereitet.** Zum Beispiel »Schauspieler sein« oder »Die Beziehung noch mal hinkriegen« oder auch den negativen Gedanken »ich bin zu dick«.

Nimm dann den Zettel, streck den Arm aus und lass den Zettel langsam fallen. Dabei geht es darum, bewusst wahrzunehmen, wie dieser Gedanke sich von dir löst. Du bist nicht diese Idee, sie ist etwas Externes, und es gibt dich auch ohne diese Vorstellung. Diese Übung kannst du mehrmals wiederholen. Fühlt es sich beim fünften Mal anders an als noch beim dritten Mal? Wird es einfacher? Ist es weniger schmerzhaft? Welchen Widerstand kannst du noch in dir wahrnehmen?

Alternativ kannst du den Zettel auch zusammenknüllen und ihn gegen die Wand feuern. Gerade bei Dingen, über die du wütend bist, egal ob auf andere oder dich selbst, ist diese radikalere Variante sinnvoll, um einen Schlussstrich zu ziehen und dich dann auch anders verhalten zu können. Probier es mal aus.

Innere Freiheit und innerer Frieden durch Verzeihen und Vergeben

Stell dir vor, du nimmst eine glühende Kohle in die Hand, um sie nach jemandem zu werfen; vielleicht nach einer Person, die dich wütend macht, die dich körperlich oder psychisch verletzt hat, die dich enttäuscht oder hintergangen hat, oder die einfach nur ein super nerviger Zeitgenosse ist. Was wird passieren? Ganz klar: Du bist derjenige, der sich auf jeden Fall verletzen wird. Es ist völlig unklar, ob du noch dazu kommst, die Kohle zu werfen, und ob du dein Gegenüber überhaupt triffst. Mit Sicherheit wirst du aber Brandblasen davontragen. Genauso ist es, wenn wir beispielsweise an Ärger festhalten. Ärger ist immer unser Ärger. Er ist in uns entstanden, völlig unabhängig davon, wodurch oder durch wen er ausgelöst wurde. Niemand kann uns Emotionen geben. Emotionen sind Zustände, die sich in unserem Körper abspielen. Wir selbst entscheiden darüber, ob wir die Emotionen und Gedanken weiter befeuern oder ob wir die Flamme des Ärgers löschen. Das gilt natürlich auch für andere innere Zustände wie Wut, Hass und Traurigkeit.

Übrigens: Diese Metapher von der glühenden Kohle stammt von einem chinesischen Philosophen, nämlich von Tschuang Tsi. Er hat vor weit mehr als 2000 Jahren gelebt. Es fällt also nicht nur dir schwer, loszulassen und dich nicht von deinen Emotionen beherrschen zu lassen. Das geht allen Menschen so. Wir alle müssen einen guten Umgang damit lernen. Und dafür können wir uns von anderen, wie eben von Tschuang Tsi, so manches abgucken.

Ohne zu verzeihen oder zu vergeben, haben andere permanent Macht über uns: Macht über unsere Gedanken und Gefühle und somit auch Macht über unser Verhalten. Das trifft sogar zu, wenn die Person das gar nicht weiß, wenn man sie noch nie getroffen hat, zu ihr seit Jahrzehnten keinen Kontakt mehr hat oder sie gar nicht mehr lebt. Denk daran: Du verzeihst und vergibst für dich. Du kannst dadurch inneren Frieden und eine neue Form der Freiheit erlangen. Wenn du die Fesseln des Beschuldigen löst, kannst du nach vorne schauen und deine Zukunft selbstbestimmt und aktiv gestalten, weil du dich nicht mehr an etwas oder jemanden kettest. Entscheide dich für *dein* Leben und versuche dich auf den Prozess des Verzeihens und Vergebens einzulassen. Auch wenn der natürlich nicht leichtfällt, so ist er der gesündere. Dr. Frederic Luskin von der Stanford University hat die Kraft des Vergebens wissenschaftlich untersucht. Er stellte fest, dass unter anderem der Blutdruck und das Stresshormon Cortisol sinken, dass Rücken- und Kopfschmerzen zurückgehen und dass angesammelte Kilos leichter verschwinden[14]. Es gibt übrigens einen kleinen Unterschied zwischen den Wörtern »verzeihen« und »vergeben«. »Verzeihen« bedeutet, dass du dem anderen nichts mehr vorwirfst. Man kann sich dazu entscheiden, dass eine Sache vom Tisch ist, auch wenn sie oder die Konsequenzen dadurch nicht einfach aus dem Leben gelöscht werden. Es bedeutet nicht, die Tat kleinzureden oder gutzuheißen, sondern nicht mehr in einem ständigen Kampf zu sein, so dass man sich dem Hier und Jetzt und der Zukunft zuwenden kann. »Vergeben« geht noch tiefer und bedeutet, dass du dem anderen die Schuld erlässt. Ein dritter wichtiger Begriff in diesem Zusammenhang ist die Versöhnung. Dafür müssen sich beide Parteien ihrer jeweiligen Schuld bewusst sein, sich gegenseitig verzeihen und eine unbelastete Zukunft wollen.

☛ **Folgende Übungen und Fragen können den Prozess des Loslassens durch Vergeben oder Verzeihen unterstützen.**

1. Versuch zu verstehen, was dir das Verzeihen oder Vergeben so schwer macht. Häufig sind es Stolz, unser gekränktes Ego, Hass, Angst und Schmerz. Was verspürst du? Realisiere auch, dass das Festhalten ein Schutzmechanismus ist. Dein inneres System möchte dich vor etwas bewahren.

2. Mal dir aus, wie sich dein Leben zum Positiven verändern könnte, wenn du verzeihen oder vergeben würdest. Lass dich von dieser Visualisierung motivieren.

3. Lass alle Gedanken und Gefühle raus. Schreib auf, was in dir los ist und rede mit anderen darüber. Dadurch erkennst du besser, worum es dir tief im Innern wirklich geht und warum dir das Loslassen bisher schwergefallen ist.

4. Versuch dich in die Person, der du vergeben möchtest, hineinzuversetzen und dir zu erklären, wieso sie sich so verhalten hat. Wenn du es möchtest und es möglich ist, erzähl ihr, wie es dir geht. Hör dir auch die andere Sichtweise an. Ganz wichtig: Zu verstehen, warum die andere Person auf eine bestimmte Weise gehandelt hat, bedeutet nicht, damit auch einverstanden zu sein. Es rechtfertigt das Verhalten oder die Tat auch nicht.

5. Erinnere dich an Fehler, die du selbst gemacht und mit denen du andere vielleicht verletzt hast. Lebst du immer nach den gleichen Moralvorstellungen, die du von anderen erwartest?

6. Verzeih auch dir selbst. Wenn wir von anderen enttäuscht oder verletzt wurden, machen wir häufig auch uns selbst Vorwürfe. Wir fragen uns zum Beispiel: Wieso habe ich der Person überhaupt vertraut und mich in diese Situation begeben? Wieso habe ich das nicht früher gemerkt? Wieso habe ich nicht eher oder entschiedener etwas dagegen unternommen? Mach dir bewusst, dass viele dieser Fragen irrational und unfair sind, und vor allem, dass sie dich jetzt nicht weiterbringen.

7. Versuch mehr als nur die eine Tat zu sehen. Erinnere dich auch an das Gute und Schöne im Miteinander, an die Gemeinsamkeiten und an das, was du durch den Menschen erleben und lernen konntest.

8. Sieh das alles als Prozess an und gib dir und vielleicht auch deinem Gegenüber die Zeit, das zu bearbeiten. Nimm die Fortschritte wahr und freu dich über jeden weiteren Zentimeter Freiheit, der dadurch entsteht.

9. Zum Vergeben kann gehören, die Vergangenheit intensiv aufzuarbeiten. Das brauchst du nicht alleine zu machen, sondern du kannst professionelle Unterstützung in Anspruch nehmen. Auf Seite 315 habe ich für dich eine Liste mit hilfreichen Kontaktadressen erstellt.

Veränderungen sind normal: nichts bleibt, wie es ist

Eines meiner Lieblingsgedichte ist das Stufen-Gedicht von Hermann Hesse. Ich lese es mir selbst immer wieder laut vor, weil die Worte, der Rhythmus und die Bilder, die Hesse wählt, so wunderschön sind, so versöhnlich positiv auf Veränderungen schauen und sie als natürlichen Kreislauf des Lebens darstellen. Er hat es übrigens am 4. Mai 1941 nach langer Krankheit und mitten im Zweiten Weltkrieg geschrieben. Wenn du magst, lies es auch mal laut.

Stufen
Wie jede Blüte welkt und jede Jugend
Dem Alter weicht, blüht jede Lebensstufe,
Blüht jede Weisheit auch und jede Tugend
Zu ihrer Zeit und darf nicht ewig dauern.
Es muss das Herz bei jedem Lebensrufe
Bereit zum Abschied sein und Neubeginne,
Um sich in Tapferkeit und ohne Trauern
In andre, neue Bindungen zu geben.
Und jedem Anfang wohnt ein Zauber inne,
Der uns beschützt und der uns hilft, zu leben.

Wir sollen heiter Raum um Raum durchschreiten,
An keinem wie an einer Heimat hängen,
Der Weltgeist will nicht fesseln uns und engen,
Er will uns Stuf' um Stufe heben, weiten.
Kaum sind wir heimisch einem Lebenskreise
Und traulich eingewohnt, so droht Erschlaffen,
Nur wer bereit zu Aufbruch ist und Reise,
Mag lähmender Gewöhnung sich entraffen.

Es wird vielleicht auch noch die Todesstunde
Uns neuen Räumen jung entgegen senden,
Des Lebens Ruf an uns wird niemals enden …
Wohlan denn, Herz, nimm Abschied und gesunde!

Im Mittelpunkt von Hesses Gedicht steht die Zeile »Und jedem Anfang wohnt ein Zauber inne«, die er von dem thüringischen Theologen und Philosophen Meister Eckhart geborgt hat. Den Zauber des Anfangs kann man aber nur empfinden, wenn man bereit zur Akzeptanz ist und abschließen kann. Ein Ende bedeutet nicht nur, dass etwas vorbeigeht, es bedeutet auch, dass etwas Neues beginnen kann. Wer loslässt, hat beide Hände wieder frei, heißt es. Diesen Gedanken rufe ich mir selbst immer wieder in Erinnerung, wenn ich merke, dass Gedanken, Emotionen oder Erwartungen mich gerade fest im Griff haben. Hesse macht deutlich, dass stetige Veränderungen ein natürlicher Teil des Lebens sind und wir jede neue Lebensstufe »heiter« akzeptieren sollen.

Wenn du ein Samenkorn in die Erde steckst, lässt sich das Prinzip der stetigen Veränderung wunderbar beobachten. Dagegen ist das Wachsen unserer Haare zu beobachten schon schwieriger. Wir schauen irgendwann in den Spiegel und stellen fest: »Ohje, sind die lang geworden. Ich muss mal wieder zum Friseur.« Und auch wenn man zwanzig Jahre lang immer neben der gleichen Person einschläft und wach wird, wird sich in diesen Jahren viel verändern. Nur weil man immer noch zusammen ist, heißt es nicht, dass alles gleich geblieben ist. Beide Menschen haben sich über die Jahre entwickelt, genauso wie auch die Beziehung an sich. Sie wird nicht zwingend schlechter, eben nur anders. Viele Menschen haben Angst vor Veränderungen, weil damit eine gewisse Unsicherheit einhergehen kann. Sie leben nach der Formel »anders ist schlecht«. Das führt aber dazu, dass sie sich an Altem festklammern, selbst wenn es ihnen nicht guttut.

Wenn man Veränderung als ein Prinzip des Lebens ansieht, wird man besser damit umgehen können. Genau das wollte der Philosoph Heraklit den Menschen schon vor mehr als 2000 Jahren mit seinem Ausspruch *panta rhei* – alles fließt – vermitteln. Er sagte: »Man kann nicht zweimal in denselben Fluss steigen.« »Doch, doch«, würde man ihm vielleicht spontan entgegenrufen wollen. »Ich war sogar schon viele Male in demselben Fluss schwimmen.«

Heraklit würde dann aber antworten: »Nein, denn erstens umgibt deinen Körper nun ganz anderes Wasser, und zweitens bist du auch nicht mehr genau derselbe, denn auch du hast dich verändert.« Veränderungen beschäftigen Menschen also schon seit Tausenden von Jahren, kein Wunder, dass es uns nicht immer leichtfällt, diese Tatsache des Lebens zu akzeptieren. Es kann aber eine große Erleichterung bringen. Diese sieben Dinge sollten wir im Leben einfach akzeptieren (lernen).

1. Unser Körper verändert sich und vieles können wir nicht beeinflussen.

Vielleicht fallen uns die Haare aus, wir wiegen ein paar Kilo mehr, als wir uns wünschen, Falten kommen dazu oder Krankheiten verändern uns. Sei dir immer bewusst, dass du, wenn du gegen deinen Körper ankämpfst, gegen dich selbst kämpfst. Mach dir bewusst, was für ein Wunder dein Körper ist und was er in jeder Sekunde deines Lebens für dich leistet. Deine Füße tragen dich im Laufe des Lebens zum Beispiel viermal um die Erde, denn ein durchschnittlicher Mensch läuft rund 200 Millionen Schritte und legt damit ungefähr 150.000 Kilometer zurück. Und einige gelangweilte Wissenschaftler haben noch etwas ausgerechnet: All deine Muskeln setzen jeden Tag so viel Kraft frei, wie ein Kran brauchen würde, wenn er einen 6 Tonnen schweren Laster mit Anhänger 50 Meter in die Höhe hebt. Wow!

Betrachte dich selbst also nicht als fehlerhaft, sondern akzeptier dein Aussehen und deinen Körper, wie er ist, betrachte ihn liebevoll und geh gut mit ihm um. Dein Körper ist keine Baustelle, sondern ein Wunderwerk.

2. Freundschaften und Beziehungen verändern sich. Punkt. Na okay, ein paar Sätze schreibe ich dazu noch: Da sich jeder Mensch verändert, verändert sich auch das Miteinander. Es ist schade, wenn man merkt, dass die Verbindung schwächer wird. Sei den anderen aber nicht böse. Sei eher dankbar für die Zeit, die ihr hattet, und erinnere dich an den gemeinsamen Weg mit Freude. Und denk auch daran: Nicht nur die anderen haben sich verändert, auch du hast dich verändert, selbst wenn dir das vielleicht gar nicht so klar ist. Brems deshalb auch niemals die Veränderung von anderen aus, sondern schau, wie ihr euch auch gemeinsam verändern könnt.

3. Scheitern, Niederlagen und Fehler sind völlig normal. Nicht alle unsere Wünsche gehen in Erfüllung. Erst einmal kann sich das blöd anfühlen, aber rückblickend ist es meistens in Ordnung. Unser Lebensweg ist keine gerade Autobahn, auf der wir mit 120 km/h entlangpreschen. Stau und Sackgassen gehören dazu, und manchmal springt der Motor nicht an. Dadurch können wir Dinge entdecken, die wir nicht auf dem Schirm hatten. Sei dir immer bewusst, dass niemand perfekt ist. Erwarte das deshalb nicht von dir. Das setzt dich bloß unter Druck. Gib dir mehrere Chancen und bleib bei den Dingen, die dir wirklich wichtig sind, am Ball. Mehr dazu erfährst du auch im Kapitel zur Lösungsorientierung. Verzeih dir deine Fehler. Und verzeih auch anderen Menschen, dass sie Fehler machen.

4. Negatives ist ein Teil des Lebens, für jeden!

Manchmal glauben wir, dass nur wir es schwer haben. Jeder Mensch erlebt aber Negatives. Manche mehr, manche weniger. Viele reden allerdings nicht darüber, weil sie besonders stark wirken wollen oder Angst haben, sich damit auseinanderzusetzen.

Beschäftige dich mal mit Biografien von bekannten Persönlichkeiten. Du wirst schnell merken, dass sie nicht nur preisgekrönte Schauspieler, erfolgreiche Musiker oder taffe Politiker sind, sondern dass alle Probleme, Krisen oder Schicksalsschläge hatten und dass es auch in ihrem Alltag Schwierigkeiten gibt. Man könnte wahrscheinlich Bücherregale, die bis zum Mond reichen, mit Geschichten voller Schicksalsschläge füllen. Es wäre blauäugig, davon auszugehen, dass man selbst eine Ausnahme ist. Erwarte deshalb erst gar nicht, dass du immer gut drauf bist und stets Glück hast. Die sogenannte erste edle Wahrheit im Buddhismus lautet frei übersetzt: »Leiden gehört zum Leben dazu.« Glückseligkeit lässt sich erst erlangen, wenn man das akzeptiert. Ansonsten ist das ständige Hadern mit dem Schicksal vorprogrammiert.

5. Die Welt ist nicht gerecht.

Gerechtigkeit ist ein Konzept, das sich Menschen ausgedacht haben. Die Natur, das Schicksal, der Zufall – nenn es, wie du willst – funktionieren nach anderen Prinzipien. Halt dich deshalb nicht mit Grübeleien über Gerechtigkeit auf. Verlier keine wertvolle Zeit damit, dich zu fragen, wieso ausgerechnet du davon betroffen bist. Darauf gibt es keine Antwort. Man kann sich dadurch nur jede Menge Quatsch einreden. Das heißt aber natürlich nicht, dass es sich nicht lohnt, selbst so fair wie möglich zu sein.

6. Es gibt keine absolute Sicherheit.
Auf sich zu achten ist natürlich gut, aber es gibt im Leben keine Garantien. Selbst wenn man sehr gesund lebt, kann einen eine schwere Krankheit treffen. Selbst wenn man gute Arbeit macht, kann man seinen Job verlieren. Selbst wenn man vorsichtig ist, kann man einen Unfall haben. Lass dich durch Ängste nicht vom Leben abhalten und sorg dafür, dass du stärker im Moment lebst und wichtige Dinge nicht zu oft und nicht zu lange aufschiebst. Das Leben ist ein Abenteuer und kein Bausparvertrag.

7. Menschen, die wir lieben, und auch wir selbst werden sterben.
Der Tod zum gehört zum Kreislauf des Lebens, genauso wie die Geburt. Er gilt für Bäume, Bakterien, Blattläuse und Bären, aber eben auch für uns und unsere Lieben. Die Vorstellung vom eigenen Tod oder dass Menschen aus unserem Umfeld und auch geliebte Haustiere sterben, kann lähmen. Aber: *Jetzt* lebst du. *Jetzt* leben Menschen und Tiere, die dir am Herzen liegen. Nutze die (gemeinsame) Zeit. Der einzig gute Umgang mit dem Tod ist ein ausgefülltes Leben. Und dafür kann man jeden Tag etwas machen. Hab keine Angst vor dem Tod, hab bloß Angst davor, nie so richtig gelebt zu haben. Der Schauspieler Tom Hiddleston hat gesagt: »Wir alle haben zwei Le-

ben. Das zweite beginnt, wenn wir realisieren, dass wir nur eins haben.« Also ergreife das zweite beim Schopfe!

Und wenn dich ein Verlust besonders hart trifft, finde Rituale und Momente, die dir helfen, die Person weiterhin in deinem Herzen zu tragen. Aber verfluche nicht den Tod, denn er ist absolut natürlich.

Akzeptiere dich selbst

Dieser Punkt ist bereits öfter angeklungen, aber er ist so wichtig, dass ich ihm hier noch einen eigenen Abschnitt widmen möchte. Wenn du lernst, dich selbst zu akzeptieren, so wie du bist, wirst du dir so manche Probleme ersparen und gestärkt durchs Lebens gehen. Dazu verabschiedest du dich am besten von der Vorstellung, dass du aus guten und schlechten Eigenschaften bestehst. Hör auf zu bewerten. Geh stattdessen davon aus, dass sehr viele verschiedene Eigenschaften zu deiner Persönlichkeit gehören und umarme die erst mal. Fang an, dich in deiner Fülle wahrzunehmen, statt Aspekte deiner Persönlichkeit zu verstecken oder zu verleugnen. Versuch eher zu verstehen, welche deiner Eigenschaften dir weiterhelfen und welche dir im Weg stehen.

Immer mehr Menschen nehmen an Persönlichkeitsseminaren teil. Sie ziehen also gegen eine ganze Reihe von Eigenschaften in den Krieg, und damit auch gegen sich selbst. Auch scheinbar negative Seiten haben oftmals einen Nutzen für uns. Erst wenn wir die Ursachen und den Sinn dieser Aspekte verstehen, können wir sie loslassen. Dazu möchte ich dir eine Geschichte aus Thailand erzählen. In den 1950er-Jahren sollte eine riesige Buddha-Statue transportiert werden, die rund fünf Tonnen wiegt. Beim Transport entstanden Risse. Eine große Aufregung herrschte. Doch es stellte sich heraus, dass nur eine Art Zementschicht geplatzt war. Darunter befand sich ein Buddha aus Gold. Der Zement war also nur eine Schutzschicht. Wie sich herausstellte, wurde die Schicht rund 200 Jahre vorher aufgetragen, um die Statue vor Diebstahl zu schützen. Bewundern kannst du sie nun im Wat Traimit, dem Tempel des Goldenen Buddha. Und nun wieder zu dir: Versteckst du dich auch unter einer Schicht Zement? Wovor hat sie dich mal geschützt oder wovor schützt sie dich aktuell? Traust du dich, sie allmählich abzulegen und der Welt dein wahres Ich zu zeigen? Was könnte dir dabei helfen?

☞ **Hast du Lust auf eine kleine Übung?**

Schnapp dir doch mal einen Zettel und einen Stift und schreibe einen Liebesbrief. Und zwar an dich selbst. Jawohl! Versuche in dieser Liebeserklärung mal so viele positive Aspekte über deinen Körper und deine Person einfließen zu lassen wie möglich. Was findest du gut und schön, worauf bist du stolz und wofür bist du dankbar? Schau dafür gern nicht nur auf den aktuellen Zustand, sondern auf dein komplettes bisheriges Leben. Was fällt dir alles ein? Für diese Übung solltest du dir mindestens zehn Minuten Zeit nehmen, besser eine halbe oder ganze Stunde.

Ich glaube, dass das eine ganz besonders starke Übung ist, denn die allermeisten Probleme haben wir, weil wir uns und unseren Körper nicht annehmen. Stell dir mal vor, was sich in deinem Leben alles ändern könnte, wenn du *big in love* mit deinem Körper und deiner Persönlichkeit wärst. Der Liebesbrief ist dafür ein guter Anfang. Los gehts. Idealerweise liest du erst weiter, wenn du den Brief geschrieben hast.

Okay, wie war diese Übung für dich? Vielen Menschen fällt es schwer, positive Dinge an sich zu entdecken. Einerseits kommen sie sich blöd vor, wenn sie sich selbst loben und hervorheben, was schön und gut an ihnen ist, anderseits können sie mit Leichtigkeit eine Million Dinge aufzählen, die sie doof an sich finden und anders wollen.

Zum Jahreswechsel nehmen sich viele vor, abzunehmen, und jedes Jahr werden Unsummen für Schönheits-OPs ausgegeben. Die Probleme in unserem Leben entstehen jedoch nicht durch unsere (abstehenden) Ohren, dadurch dass wir recht klein oder ziemlich groß sind, dass wir mehr wiegen als die Meeedchen bei Heidi Klum, dass wir Haarausfall oder keinen Bartwuchs haben, dass wir Cellulite oder Falten haben, dass, dass, dass … Unsere Probleme entstehen einzig dadurch, wie wir all das bewerten, dass wir es nicht akzeptieren, uns nicht so annehmen wie wir sind und anders sein wollen.

Wir füttern unsere Minderwertigkeitsgefühle, als wären es hungrige Babyspatzen. Doch wie können wir erwarten, dass andere uns akzeptieren und respektvoll mit uns umgehen, wenn wir es nicht einmal selbst machen? Schau in den Spiegel. Sag »Hi« zu dem, was du siehst. Und dann investier deine Gedanken und deine Zeit in Dinge, die dir Freude bereiten, die dich schlauer oder mutiger machen, die anderen helfen und die Welt besser machen. Mach die Selbstakzeptanz zu einer Lebensaufgabe, und du wirst merken, dass ein paar deiner Probleme sich direkt in Luft auflösen! Sei du! Es ist okay, du zu sein. :-)

Denk auch daran, dass vieles durch deine Gene bestimmt wird, worauf du keinen Einfluss hast. Ein Mops und ein Bernhardiner werden immer ein bisschen mehr auf den Rippen haben als ein Windhund, und ein Dackel wird nie die langen Beine und vielen Punkte eines Dalmatiners haben. Sie alle haben fast identische Hunde-Gene, unterscheiden sich aber in einigen Aspekten in ihrem Erbgut. So ist das auch bei uns Menschen, weshalb wir ungerecht sind, wenn wir uns mit anderen vergleichen und unseren genetischen Bauplan verfluchen. Wir können dafür nichts, wir können damit nur leben lernen. Vielleicht magst du noch mal in den Spiegel schauen und dir lächelnd zurufen: »Hey, ich bin ein Bernhardiner/Pudel/Boxer, und es ist völlig richtig, dass ich so aussehe, wie ich aussehe.«

Fazit to go
Akzeptanz bedeutet, die Dinge so zu sehen, wie sie sind. Wir gewinnen dadurch Klarheit. Widerstand, Kampf oder Verleugnung sind dagegen krasse Energiezieher, durch die du dich von der Realität abwendest und auch nicht handlungsfähig bist. Solange wir Dinge nicht akzeptieren, hängen wir in einem Fahrstuhl fest, der immer wieder hoch- und runterfährt. Der Boden der Realität kann zwar erst einmal hart sein, aber in einer Fiktion zu leben, ist doch keine echte Alternative, oder?

- Akzeptanz ist eine Entscheidung.
- Negative Dinge zu akzeptieren, bedeutet nicht, sie gut zu finden oder kleinzureden. Es bedeutet, sie als Teil deines Lebens anzunehmen und dich im Hier und Jetzt auf das konzentrieren zu können, was wichtig, gut und schön ist.
- Loslassen zu können ist eine wichtige Voraussetzung, um Akzeptanz zu bekommen.
- Der erste Schritt, um vergeben oder verzeihen zu können, ist die Einsicht, dass es mir selbst schadet, wenn ich es nicht tue. Du machst es also für dich und brauchst für diesen Prozess auch keine andere Person.
- Lern dich selbst zu akzeptieren, so wie du bist. Viele deiner Probleme werden sich dadurch in Luft auflösen und du wirst Kraft bekommen, um dein Leben aktiv zu gestalten.

Nimm dir ruhig einen Moment, um darüber nachzudenken, auf welche dieser Punkte du künftig stärker achten möchtest. Gibt es noch eine weitere Erkenntnis aus diesem Kapitel, die für dich besonders wichtig oder interessant war? Oder welche eigenen Ideen kamen dir beim Lesen? Dann schnapp dir einen Stift und ergänze meine Aufzählung.

....

....

....

....

....

....

....

....

....

....

....

3. Resilienz-Baustein: Zukunftsorientierung –
Mach das Leben zu einer Party, auch wenn du dich nicht eingeladen fühlst

>> *Kein Wind ist demjenigen günstig,*
der nicht weiß, wohin er segeln will. <<
MICHEL DE MONTAIGNE (1533–1592), JURIST,
POLITIKER, PHILOSOPH UND SCHRIFTSTELLER

Wenn ein Küken aus dem Ei schlüpft, dann ist das ein langer Prozess. Irgendwann will es raus. Irgendwann ist es stark genug. Es bearbeitet dann von innen die Schale, bis sie an einigen Stellen bricht und kämpft sich dann Stück für Stück heraus. Mit diesem Kapitel möchte ich dich dazu motivieren, aus deinem Ei zu schlüpfen. Leg das ab, was nicht zu dir gehört, und lass das zurück, was war. Mach die ersten Schritte in Richtung Zukunft und zeige dich in deiner ganzen Pracht. Hier in diesem Kapitel möchte ich dich dazu motivieren, mit Neugierde und Spielfreude auf deine Zukunft zu schauen, konkrete Pläne zu machen und vor allem (kleine) Schritte zu gehen, also ins Handeln zu kommen.

Zukunftsorientierung bedeutet, das Vergangene hinter sich zu lassen und nach vorne zu schauen. Es bedeutet, Ja zum Leben zu sagen und für das bereit zu sein, was es noch zu entdecken, erleben und erreichen gibt. Zukunftsorientierte Menschen erleben sich als Gestalter ihres eigenen Lebens und haben Ziele und eine Vorstellung davon, wie sie gerne leben und arbeiten möchten. Niederlagen und Rückschläge werden von ihnen nicht als Sackgasse wahrgenommen, die die Reise vorzeitig beendet, sondern lediglich als Umweg. Sie sind bereit, sich für ihre Ziele einzusetzen, weil sie ihr Warum kennen. Ihnen ist deshalb nicht so wichtig, ständig ihre kurzfristigen Bedürfnisse im Moment zu befriedigen, sondern sie können zurückstecken und hart für ihre Ziele in der Zukunft arbeiten. Dadurch lassen sie sich nicht so leicht ablenken und verschwenden keine wertvolle Zeit und Energie.

Wenn wir an unserer Zukunftsorientierung arbeiten möchten, gibt es vier Aspekte, die wir genauer beleuchten können. Dazu gehören:

1. Unsere Werte, also die Eckpfeiler unseres Lebens: zum Beispiel Ehrlichkeit, Treue, Dankbarkeit oder Tierwohl.

2. Alltägliche Ziele: zum Beispiel regelmäßig Sport treiben, sich ausgewogen ernähren, einen guten Kontakt zu Freunden und Geschwistern halten.

3. Viele kleine Ziele im Leben, also Dinge, die wir interessant und schön finden: zum Beispiel mal im Heu schlafen, einen Monat in Paris leben, Chinesisch lernen, wieder in die Hose vom letzten Sommer passen oder Teamleiter werden.

4. Unsere Lebensziele, also große und für uns wichtige Dinge, die wir unbedingt erreichen wollen: zum Beispiel auf dem Land leben, eine Familie gründen, ein Buch schreiben, Rockstar werden, den Jakobsweg gehen, ein eigenes Unternehmen gründen oder den Regenwald aufforsten.

Diese vier Aspekte kannst du dir wie eine Pyramide vorstellen, in der die einzelnen Schichten aufeinander bauen und sich stützen. Die Basis unseres Handelns sind unsere Werte. Oftmals sind sie uns gar nicht bewusst. Aber wer zum Beispiel den Wert Sicherheit hat und den im Alltag und durch seine kleinen Ziele lebt, wird sich vielleicht schwer damit tun, das Ziel »Rockstar werden« zu verfolgen, weil das erst einmal bedeutet, Geld zu investieren (in Instrumente, Technik, einen Proberaum usw.), die ersten Gigs vermutlich schlecht bezahlt sind und die Karriere von so vielen Dingen abhängt, die man nicht beeinflussen kann.

Wenn du deinen Zielen näher kommen möchtest, frag dich also, welche Werte du stärker im Fokus haben solltest und welche dich ausbremsen. Mach dir deine alltäglichen Ziele bewusst. Achte darauf, dass du dich nicht nur auf Dinge konzentrierst, die unmittelbar Lust und Freude auslösen, sondern dass sie zu den übergeordneten Zielen und deinen eigentlichen Werten passen. Es ist gut, mehrere kleine Ziele im Leben zu haben, denn dann hängt dein Glück nicht von einer Sache oder einer Person ab. Wenn Krankheiten oder Schicksalsschläge dich einschränken und gewisse Ziele nun unmöglich machen, bleibt deine Zukunft für dich trotzdem interessant und sinnvoll. Sorg dafür, dass du diese kleinen Ziele nicht zu lange aufschiebst, sondern regelmäßig einen Haken dahinter setzen kannst und dann weitere Ziele entwickelst. Auch bei den großen Lebenszielen ist es für ein stabiles Leben gut, wenn du mehrere Dinge hast, nach denen du strebst. Wenn ein Traum nämlich platzt, löst sich nicht deine ganze Zukunft in Luft auf.

☛ **Zeichne dir doch selbst einmal eine Pyramide auf und versuche im Laufe dieses Kapitels, und auch wenn du dich mit den anderen Resilienz-Bausteinen beschäftigst, alle vier Ebenen mit deinen Werten und Zielen zu füllen.**

1. Meine zentralen Werte, die mich leiten, sind:

....

....

2. Mein(e) Lebensziel(e) sind/ist:

....

....

3. Meine kleineren Ziele im Leben sind (aktuell):

....

....

4. Meine alltäglichen Ziele sind:

....

....

Findest du, dass deine Werte zu deinen Zielen passen? Welche Werte widersprechen deiner Vision vom Leben? Und welche alltäglichen Ziele verhindern, dass du deine größeren Ziele erreicht?

Gibt es Ziele, die du streichen und durch andere ersetzen möchtest? Auf welche Werte solltest du dich stärker konzentrieren, um voranzukommen?

Vielleicht wird jetzt auch noch mal deutlicher, dass die verschiedenen Resilienz-Bausteine zusammenhängen. Auch bei der Zukunftsorientierung können Ängste, vor allem vor dem Scheitern und davor, Fehler zu machen, eine Rolle spielen. Sie verstellen uns nämlich die Sicht auf die Zukunft, sodass wir uns gar nicht trauen, darüber nachzudenken oder Ziele zu formulieren. *Was nützt die Liebe in Gedanken* heißt ein toller deutscher Kinofilm aus dem Jahr 2004. Was also nützt die Zukunft in Gedanken? Man kann sich unglaublich schöne Luftschlösser bauen und in der Fantasie leben. Besser ist es, step by step etwas für die eigenen Ziele, Wünsche und Visionen zu tun. Damit übernimmst du Verantwortung für deine Zukunft. Frag dich deshalb immer wieder:

- Was tue ich eigentlich dafür, dass aus meinen Träumen Realität wird?
- Tue ich überhaupt etwas dafür?
- Wann zuletzt? Und wenn nicht: Warum eigentlich nicht?

Versteh die Ängste dahinter. Und mach es dir nicht zu leicht mit irgendwelchen Ausreden. Besonders beliebt ist es, sich einzureden, dass man auf den richtigen Moment wartet.

Du kannst immer mindestens tausend Gründe finden, weshalb du etwas nicht machen solltest. Und je länger du darüber nachdenkst, desto mehr werden dir einfallen. Die spannende Frage ist aber: Gibt es wenigstens einen Grund, weshalb du über deinen eigenen Schatten springen und es trotzdem tun solltest? Falls ja, lohnt es sich aktiv zu werden. Pippi Langstrumpf singt: »Ich mach mir die Welt – widdewidde wie sie mir gefällt.« Gestalte auch du dein Leben so, widdewidde wie es dir gefällt. ;-)

Arbeite am (Ur-)Vertrauen

Vertrauen ebnet uns den Weg in die Zukunft und führt dazu, dass wir uns im Hier und Jetzt fallen lassen können, dass wir uns gut und sicher fühlen, dass wir gute Entscheidungen treffen und ins Handeln kommen. Es gibt viele Möglichkeiten, wie du dein Vertrauen stärken kannst. Einige sind eher körperlich, andere sind emotional oder eher kognitiv. Schau, was dich mehr anspricht, und probier einfach mal etwas davon aus.

Unser Vertrauen hat viel mit unserer Vergangenheit zu tun. Es fällt nicht einfach vom Himmel, sondern entsteht und muss wachsen. Wir vertrauen, wenn wir positive Erfahrungen sammeln. Unsicher werden wir hingegen, wenn wir scheitern, enttäuscht oder hintergangen werden, oder irgendetwas Negatives passiert.

Hast du schon mal von dem Begriff *Urvertrauen* gehört? Das ist quasi die Mutter unseres Vertrauens. Diese Metapher sagt tatsächlich auch schon viel darüber aus, woher dieses Vertrauen kommt. Das Urvertrauen entwickeln wir als Baby. Wenn wir es in dieser Phase nicht oder nur sehr schwach entwickeln, dann müssen wir später als Teenager und Erwachsene aktiv am Vertrauen in andere und die Welt arbeiten.

Der deutsch-amerikanische Entwicklungspsychologe Erik H. Erikson ist davon ausgegangen, dass vor allem unser erstes Lebensjahr entscheidend ist. Vertrauen entsteht dann, wenn die Grundbedürfnisse des Säuglings befriedigt werden. Dazu gehören Nahrung, Wärme und Liebe. Fehlt davon etwas, so lernt das Baby, dass die Welt rau ist und das eigene Leben bedroht, vor allem dann, wenn die Bezugspersonen nicht auf die Signale des Kindes angemessen reagieren. Es wächst mit einem Mangel auf. Mangel bedeutet Angst und Stress, oder eben Unsicherheit. Nach Erikson entscheidet sich also sehr früh, ob ein Mensch eher vertrauensvoll oder misstrauisch ist. Auch wenn dieses Modell im Kern stimmt, so weiß man heute, dass nicht alles verloren ist, nur weil durch die Eltern kein Vertrauen vermittelt wurde. Unser ganzes Leben ist ein riesiger Entwicklungsprozess. Nicht nur das direkte Umfeld hat einen Einfluss auf unsere frühe Entwicklung, sondern auch der erweiterte Familienkreis, der Freundeskreis der Eltern, später dann die eigenen Freunde und Bezugspersonen und schließlich auch Paarbeziehungen. Vertrauen ist also ein lebenslanger Prozess, den wir aktiv fördern können, einerseits durch soziale Interaktionen, anderseits indem wir handeln und neue Erfahrungen machen.

Anstatt dich zu fragen, was alles schiefgehen könnte und was dir alles zum Erfolg fehlt, könntest du dich auch mal fragen, was du schon alles erreicht hast und welche Dinge du besonders gut kannst oder auch, welche Probleme du schon gemeistert hast. Die Angst wird sich dadurch vermutlich nicht direkt in Luft auflösen, aber du stellst ihr damit etwas entgegen. Dadurch kann Vertrauen entstehen. Du kannst dir das wie eine Wippe vorstellen. Auf der einen Seite sitzt die Angst, die sehr schwer wiegt. Wenn die andere Seite der Wippe leer ist, ist die Angst sehr mächtig. Packst du auf diese Seite aber Argumente, die für dich sprechen, kannst du die Situation ausbalancieren.

Wenn Unsicherheit aufkommt, versuch dich außerdem selbst zu spüren. Statt panisch zu werden, nimm dich und deinen Körper ganz bewusst wahr. Nimm dir die Zeit, dich mit den verschiedenen Regionen und Emotionen auseinanderzusetzen. Nimm sie wahr und lass sie auch wieder ziehen. Du kennst doch sicher diese kleinen Massagebälle, die Noppen haben. Wenn negative Gedanken oder Gefühle in dir aufkommen, kannst du so einen Ball in die Hand nehmen, konzentrier dich auf das, was du spüren kannst, lass den Ball über deinen Arm rollen und variiere den Druck, sodass es angenehm ist. Die Gedanken und Gefühle sind dadurch vielleicht nicht direkt verschwunden, aber sie sind mit etwas Übung nicht mehr so dominant. Du lernst darauf zu vertrauen, deine Gefühle und Gedanken beeinflussen zu können und sie nicht einfach nur aushalten zu müssen.

Vertrauen bedeutet nicht, für alles immer eine Lösung parat zu haben. Vertrauen bedeutet lediglich, in irgendeiner Ecke des Körpers die Zuversicht zu spüren, mit dem umgehen zu können, was passiert. Wenn du für dich also Strategien entwickelst, wie du mit Unsicherheit und Stress, mit Nervosität und Angst umgehen kannst, entsteht step-by-step Vertrauen.

Im Yoga gibt es die Geste der unerschütterlichen Zuversicht. Sie nennt sich *Vajrapradama Mudra*, was wie eine Zauberformel klingt, wenn man den Begriff laut ausspricht. Diese Geste geht ganz einfach und kann dir helfen, Vertrauen auf körperlicher Ebene aufzubauen und dir in schwierigen Situationen Kraft zu schenken. Du kannst dabei stehen oder sitzen, es kommt vor allem auf deine Hände an. Du nimmst sie vor deiner Brust zusammen, sodass sie übereinander liegen. Dann lässt du deine Finger zwischen die Finger der anderen Hand gleiten, sodass die Finger der rechten Hand den linken Handrücken berühren, und die Finger der linken Hand den rechten

Handrücken. Das klingt jetzt komplizierter, als es ist. Es ist eigentlich ganz intuitiv. Schau dir dazu mal ein Youtube-Video an. Nachdem du diese Haltung eingenommen hast, weitest du deine Arme etwas. Dabei werden sich deine Hände ebenfalls öffnen, aber die Finger bleiben zusammen. Vor deiner Brust befinden sich nun deine beiden Handflächen, deine Finger sind miteinander gekreuzt. Du wirst merken, dass deine Daumen sich dabei automatisch aufrichten. Die Finger können locker miteinander verschränkt bleiben, sodass auch die Zeigefinger leicht schräg nach oben zeigen. Diese Geste machst du vor deinem Herzen. Du schützt also dein Herz und bist nach oben ausgerichtet, was Wachstum bedeutet. Die Daumen stehen für Feuer und Energie. Diese Handhaltung kannst du übrigens auch beim Meditieren ganz bewusst nutzen oder immer dann, wenn Situationen anstehen, die dich verunsichern. Zieh dich für einen kurzen Moment zurück und nimm diese Haltung, die Geste der unerschütterlichen Zuversicht, ein. Mudra bedeutet übrigens Geste. Vajrapradama bedeutet streng übersetzt *diamantene Zuversicht,* man kann es aber auch noch feiner auseinandernehmen: *dama* bedeutet Ruhe des Geistes – und *pra* ist das, was zur Ruhe des Geistes führt. Zuversicht und die Ruhe des Geistes hängen also miteinander zusammen. Und das passt sehr gut zum Urvertrauen, denn Urvertrauen zu haben, bedeutet zu glauben. dass die Welt im Kern gut ist, dass die Dinge okay sind, so wie sie sind, und dass alles zu seiner Zeit geschieht.

Sieh Vertrauen als tägliche Übung, als tägliches Experiment an. Schenke anderen Vertrauen, gib ihnen das, was du dir von ihnen wünschst, und schenke auch dir selbst mehr Vertrauen. In welcher Situation oder bei welchem Thema könntest du direkt damit anfangen?

Finde dein Warum

Für alles was wir tun, gibt es Gründe. Sie sind uns nur nicht immer bewusst. Wenn du dir allerdings darüber bewusst wirst, warum du auf eine bestimmte Weise handelst und warum du dir bestimmte Ziele setzt, kommst du ihnen näher.

Klar, wir brauchen Geld, um die Miete zu bezahlen und Essen zu kaufen. Das können Gründe sein, weshalb wir arbeiten gehen und beruflich vorankommen wollen. Doch das allein reicht oft nicht aus, um langfristig motiviert und zufrieden zu sein. Was für tiefere Gründe motivieren dich, morgens aufzustehen und zu arbeiten? Eine Coaching-Klientin sagte mal zu mir, dass sie morgens nur aufsteht, weil sie so dringend pullern muss, aber dass ihre Arbeit sie null motiviert, aufzustehen. Worin besteht der Sinn für dich bei der Arbeit oder generell im Leben? Was ist dein tieferes Warum?

Wer sein Warum kennt, kann seine Ziele besser formulieren, und nicht umgekehrt. Fang deshalb am besten an, dich auf die Suche nach deinem Warum zu begeben.

Erfolgreiche Start-ups machen es ähnlich: Statt ihre gesamte Energie direkt in Produkte zu stecken und das scheinbar perfekte Produkt zu planen, klären sie, was sie in der Welt verändern möchten, klären sie den grundsätzlichen Nutzen ihrer Idee und definieren ganz klar, was das Problem ist, das sie damit lösen möchten. Kurz gesagt: Warum sie ein bestimmtes Produkt oder eine Dienstleistung entwickeln möchten. Erst dann beginnen sie mit der konkreten Ausarbeitung. Die Gefahr ist ansonsten, dass man sich in Details verliert, unterwegs keine Lust mehr hat weiterzumachen oder die Energie in falsche Ziele investiert.

☛ **Dein Warum kannst du aufspüren, indem du dein Ich besser verstehst.** Wer bist du? Was macht dich aus? Was ist dein Lebensthema? Denk dafür mal an Erlebnisse und Erfahrungen, die dich in besonderer Weise geprägt haben. Was waren in deinem Leben 180-Grad-Momente, in denen sich alles verändert hat? Vielleicht hast du jetzt beim Lesen schon eine spontane Idee dazu. Verfolg diese Spur und nimm dir Zeit, dich tiefergehend mit dieser Frage zu beschäftigen. Versuch dich selbst mal in wenigen Sätzen zu beschreiben und leite dann daraus dein Warum ebenfalls in wenigen Sätzen ab, vielleicht schaffst du es ja sogar, einen kurzen Slogan daraus zu kreieren. Diese 180-Grad-Momente können übrigens im Kern etwas Negatives, aber auch Positives haben oder sogar aus einem Mix bestehen, wenn man das Negative überwunden hat.

....

....

....

....

Wenn du dein Warum kennst, wird es dir nicht nur leichter fallen, deine Ziele zu formulieren, es wird dir auch leichter fallen, Entscheidungen zu treffen und ins Handeln zu kommen. Denn wenn dein Warum dich leitet, tappst du nicht in die Falle, dir jede Menge Kram vorzunehmen, weil du denkst, dass man sich das vornehmen müsste, der dir in Wirklichkeit aber nicht entspricht. Wie eine Löwenmama trittst du dann für das ein, was dir wichtig ist.

Sicher kennst du den Preußenkönig Friedrich II. (1712–1786). Er wird auch »Friedrich der Große« oder der »Alte Fritz« genannt. Er liebte das Zeichnen, Musizieren, seine Hunde, und wohl auch Männer.[15]

Sein Vater, der Soldatenkönig Friedrich Wilhelm I., bekam die homosexuelle Neigung des Kronprinzen mit und versuchte mit Gewalt gegenzusteuern, körperlich und psychisch.

Am 17. Oktober 1730 ließ er einen gewissen Andreas Lepsch in Potsdam lebendig verbrennen, um deutlich zu machen, was er von Homosexualität hielt.[16] Und einen Monat später ließ er den Jugendfreund und höchstwahrscheinlich Geliebten seines Sohnes, Hans Hermann von Katte, köpfen. Der offizielle Grund war, dass dieser seinem Sohn bei dem Versuch geholfen hatte, ins Ausland zu fliehen. Die Beziehung war Friedrich Wilhelm I. aber schon lange ein Dorn im Auge. Das Kriegsgericht im Schloss Köpenick verurteilte von Katte eigentlich »nur« zu lebenslanger Festungshaft. Der König ließ die Richter allerdings wissen, dass sie über das Urteil doch noch einmal nachdenken sollten, wodurch er ihnen zu verstehen gab, dass daraus ein Todesurteil zu machen sei. Weil es aber dabei blieb, änderte er es persönlich per Allerhöchster Kabinettsorder, wie Theodor Fontane in seinen »Wanderungen durch die Mark Brandenburg« berichtet.[17] Bei der Hinrichtung, morgens um 7 Uhr in der Festung von Küstrin, musste der Kronprinz dann sogar anwesend sein und sollte zuschauen, wie der Kopf rollte. Überliefert ist, dass Friedrich II., damals 18 Jahre alt, seinem Freund Luftküsse zugeworfen haben soll und schließlich in Ohnmacht fiel. Diese Erlebnisse und die strenge Erziehung durch den tyrannischen Vater hinterließen ihre Spuren: Als der »Alte Fritz« später selbst König war, änderte er nur drei Tage später die Gesetze und ließ die Folter weitestgehend abschaffen. Auf homosexuelle Handlungen stand in Preußen »nur« noch Gefängnis und nicht mehr die Todesstrafe. Vermutlich konnte er die Gesetze nicht radikaler verändern, auch wenn er mit dem Ausspruch vom 22. Juni 1740 » ...hier muss ein jeder nach seiner Fasson selig werden« in die Geschichte einging.

Ich bin der festen Überzeugung, dass selbst die schlimmsten Dinge, mit denen wir in unserem Leben konfrontiert sind, Gutes bewirken können. Wir können diese Dinge nicht ungeschehen machen, sie stellen unter Umständen einen großen Einschnitt in unserem Leben dar und werden uns vielleicht auch noch Jahrzehnte später sehr schmerzen und können alles überschatten. Sie können uns aber eben auch dazu anspornen, etwas zu überdenken, uns überhaupt erst einmal mit einem bestimmten Thema, mit einer Problematik zu befassen und dann aktiv zu werden. Das kann bedeuten, dass wir uns für andere einsetzen, damit ihnen das nicht auch passiert oder dass wir sie und ihre Angehörigen bei der Bewältigung unterstützen. Vielleicht ändern wir auch Gesetze, engagieren uns in einem Verein, gehen auf die Straße oder fangen an, öffentlich über unser Schicksal zu sprechen, um andere Menschen dafür zu sensibilisieren.

Aus dem Negativen und Traurigen kann sich also etwas Gutes entwickeln. So kann man das Negative sinnvoll in sein Leben integrieren, ohne daran zu zerbrechen. Mit diesem Thema hat sich der österreichische Neurologe und Psychiater Viktor Frankl (1905 – 1997) beschäftigt und die sogenannte Logotherapie begründet. Das griechische Wort *lógos* steht für Sinn, *Therapie* bedeutet so viel wie Pflege oder Sorge. Frankl war während des Zweiten Weltkrieges in vier verschiedenen

Konzentrationslagern inhaftiert, weil er Jude war. Seine Frau, seine Eltern und sein Bruder kamen während der Gefangenschaft ums Leben. Seine Erfahrungen und Gedanken hat er in dem Buch » … trotzdem Ja zum Leben sagen (Ein Psychologe erlebt das Konzentrationslager)« verarbeitet. Zentral war in seiner Arbeit die Frage, wie man den Sinn des Lebens, aber auch den Sinn von Belastungen finden und ein für sich sinnvolles Leben führen kann.

Erkenne und definiere deine Werte

Werte sind der innere Kompass in unserem Leben. Sie sind weder gut, noch schlecht, sondern geben einfach nur eine Richtung vor. Unsere Werte können uns unseren Zielen näher bringen, uns aber auch davon entfernen. Wenn wir unsere Werte kennen und bewusst nach bestimmten Werten leben, können wir die Richtung stärker mitgestalten und unseren Kompass besser kalibrieren. Statt sich direkt mehrere Ziele zu setzen, indem man Regeln für sich aufstellt, kann es nachhaltiger sein, wenn man sich einfach auf einen Wert konzentriert. Ich mach es mal konkret: Statt sich das Rauchen zu verbieten, die Schokolade in den Tresor zu schließen und einen ausgefuchsten Sportplan für die ganze Woche zu entwickeln, kann man sich einfach vornehmen, den Wert Gesundheit zu stärken, also gesundheitsorientierter zu leben. Dazu kann man sich fragen: Wenn das mein Wert ist, wie müsste ich mich dann eigentlich in dieser Situation gerade entscheiden? Ja, auf welche Optionen stupsen mich meine Werte geradezu, weil sie eng mit bestimmten Verhaltensweisen verknüpft sind?

Dadurch erkennst du auch Wertekonflikte leichter und merkst, wo es Hürden gibt. Auch wird dadurch klarer, wieso manch guter Vorsatz Theorie geblieben ist, denn Werte können sich widersprechen. Eine Art Werte-Hierarchie kann dir helfen, solche Konflikte aufzulösen.

Das klingt vielleicht noch etwas abstrakt, weil der Begriff Werte abstrakt ist und wir ihn im Alltag nur selten verwenden. Da denken wir ja selten über unsere Werte nach und sind uns oft auch gar nicht darüber im Klaren, welche Werte wir haben beziehungsweise durch welche Werte unser Verhalten getrieben ist. Aber hinter jedem Verhalten verbergen sich Werte. Viele Menschen denken bei dem Begriff Werte an altbackene moralische Floskeln. Werte sind Eigenschaften, die für uns wertvoll sind, die wir für erstrebenswert halten, und ohne die sich unser Leben falsch oder schlecht anfühlen kann. Werte sind nicht an konkrete Situationen geknüpft, sondern gelten globaler. Sie geben keine konkreten Handlungen vor, aber leiten einen durch viele verschiedene Situationen. Toleranz kann ein Wert sein, aber auch Ehrlichkeit, Pünktlichkeit und Treue, genauso wie Spaß, Genuss und Reichtum. Werte sind also die Eckpfeiler deines Lebens, die dir Stabilität und Sinn vermitteln. Deshalb müssen unsere Ziele immer auf unseren Werten beruhen. Ansonsten werden wir unsere Vorsätze schon nach kurzer Zeit über Bord werfen.

Ein anderer Begriff sind Normen. Wie hängen Werte und Normen zusammen? Normen sind meistens an konkrete Situationen geknüpft und oft gesellschaftlich gesteuert. Wir bekommen sie als Kinder beigebracht, entweder direkt oder wir schauen uns sie von anderen ab. Bricht man Normen, droht häufig eine Strafe, oftmals in sozialer Form: als Kind man wird zum Beispiel angemeckert, als Erwachsener von anderen gemieden.

Solche Normen sind zum Beispiel, dass man sich bedankt, wenn man etwas geschenkt bekommt. Oder dass man grüßt, wenn man irgendwo reinkommt und auf Leute trifft. Bei Normen ist die Situation, also der Kontext, ganz wichtig. Wenn ich beispielsweise nur mit einem Handtuch bekleidet in den Bus steige, verstoße ich gegen Normen, und Leute schauen mich komisch an, finden mich wahrscheinlich seltsam und haben vielleicht sogar Angst vor mir. Wenn ich dagegen nur mit einem Handtuch bekleidet in die Sauna gehe, falle ich nicht negativ auf und Leute nehmen vielleicht nicht mal Notiz von mir.

Werte sind dagegen nicht an konkrete Situationen geknüpft, sondern viel globaler. Sie geben keine konkrete Handlungen vor, sondern eröffnen einen Bereich, in dem man sich verhalten kann, und leiten einen durch ganz viele verschiedene Situationen.

Freundlichkeit, Höflichkeit, Zugewandtheit oder Wertschätzung können Werte sein, die dann auch dazu führen, dass ich »danke« sagen, wenn mir jemand was schenkt, oder dass ich »hallo« sage, wenn ich irgendwo reinkomme. Ich tue es dann nicht, weil Normen es mir vorgeben, sondern weil ich es aus mir selbst heraus will.

☛ **Ich habe für dich eine Liste mit Werten zusammengestellt.** Nimm dir am besten mal eine gute halbe Stunde Zeit, um dich intensiv damit auseinanderzusetzen. Beginn mit diesen drei Aufgaben:

1. Schau dir die Werte nacheinander an und unterstreiche alle, die für dich von Bedeutung sind. Achte bei dieser Übung nur darauf, was dir wichtig ist, und blende aus, was andere für richtig oder falsch halten könnten.

2. Wenn du bei bestimmten Werten nicht weißt, was sie bedeuten, dann google die Begriffe. Überspring sie nicht einfach, denn es könnte sich um etwas handeln, das tief in dir verankert ist, aber mit einem dir fremden Wort beschrieben ist. Unterstreiche dann auch diese Begriffe.

3. Überlege, welche weiteren Werte dir noch einfallen, die ebenfalls wichtig für dich sind. Ergänze sie in dieser Liste und unterstreiche sie.

....

A Abenteuer, Abwechslung, Achtsamkeit, Aktivität, Akzeptanz, Altruismus, Alter, Andersartigkeit, Anerkennung, Ansehen, Anstand, Aufgeschlossenheit, Aufmerksamkeit, Ausdauer, Ausgeglichenheit, Authentizität

....

B Begeisterung, Beharrlichkeit, Beherrschung, Berühmtheit, Bescheidenheit, Beständigkeit, Bildung

....

C Charakterstärke, Charme, Cleverness, Coolness

....

D Dankbarkeit, Demut, Direktheit, Disziplin

....

E Effektivität, Effizienz, Ehre, Ehrlichkeit, Einfachheit, Einzigartigkeit, Ekstase, Empathie, Entscheidungsfreude, Erfahrung, Erfolg, Erholung, Ernsthaftigkeit

....

F Fairness, Fantasie, Familie, Fleiß, Flexibilität, Freiheit, Freude, Freundlichkeit, Freundschaft, Frieden, Fröhlichkeit, Furchtlosigkeit, Fülle, Fürsorge

G Geduld, Gelassenheit, Geld, Gehorsam, Gemütlichkeit, Genauigkeit, Genuss, Gerechtigkeit, Geselligkeit, Gesundheit, Glaube, Glaubwürdigkeit, Glück, Großzügigkeit

H Harmonie, Herzlichkeit, Hilfsbereitschaft, Hingabe, Hoffnung, Höflichkeit, Humor, Hygiene

I Idealismus, Innovation, Inspiration, Integrität, Intelligenz, Intimität, Interesse, Intuition

J Jugendhaftigkeit

K Kameradschaft, Klarheit, Klugheit, Kongruenz, Konservativität, Konsequenz, Kontrolle, Kooperation, Kraft, Kreativität

L Langlebigkeit, Leichtigkeit, Leidenschaft, Leistung, Lernen, Liebe, Liebenswürdigkeit, Loyalität, Luxus

M Menschlichkeit, Mitgefühl, Mitwirkung, Motivation, Mut

N Nachhaltigkeit, Nächstenliebe, Nähe, Neugierde, Neutralität, Nutzen

O Objektivität, Offenheit, Ordnung, Optimismus

P Pflichtgefühl, Potenz, Privatsphäre, Professionalität, Pünktlichkeit

Q Qualität

R Rationalität, Realismus, Reichtum, Reife, Religiosität, Respekt, Ruhe, Ruhm, Rücksichtnahme

S Sauberkeit, Schnelligkeit, Schönheit, Selbstdisziplin, Selbstsicherheit, Selbstvertrauen, Selbstbewusstsein, Sensibilität, Seriosität, Sexualität, Sicherheit, Sinn, Solidarität, Sorgfalt, Sparsamkeit, Spaß, Spiritualität, Spontanität, Stärke, Strebsamkeit, Strenge

T Tapferkeit, Teamgeist, Teilen, Tierwohl, Toleranz, Traditionsbewusstsein, Transparenz, Treue

U Umweltschutz, Unabhängigkeit, Unbestechlichkeit, Unerschrockenheit

V Verantwortungsbewusstsein, Verlässlichkeit, Vernunft, Vertrauen, Vertrautheit, Vielfalt, Vitalität, Vollendung

W Wachsamkeit, Wachstum, Weiterbildung, Weitsicht, Willenskraft, Work-Life-Balance

Z Zielstrebigkeit, Zivilcourage, Zufriedenheit, Zugehörigkeit, Zuneigung, Zuverlässigkeit, Zuversicht

4. Vermutlich sind auf deiner Liste nun viele Werte markiert. Im nächsten Schritt geht es darum, dass du für dich selbst rausfindest, welche drei bis maximal fünf Werte dir am wichtigsten sind. Schau dir dazu alle Werte, die du unterstrichen hast, noch einmal an und wäge ab.

5. Wenn man sich Werte als inneren Kompass vorstellen kann: In welche Richtung leiten sie dich? Das kannst du herausfinden, indem du dir zu jedem deiner zentralen Werte folgende Fragen stellst: Welche Handlungen sind mit deinen Werten a) ganz grundsätzlich, b) in Bezug auf deine Ziele und c) in Bezug auf deine Probleme/Schwierigkeiten/Herausforderungen verknüpft?

Wenn du das noch zu komplex findest, frage dich zu jedem deiner zentralen Werte einfach nur: Was will ich sein lassen? Was will ich tun?

Schreibe dir diese Aspekte am besten neben deine Werte. Zum Beispiel Vertrauen: *Ich will vermeiden, andere zu kontrollieren. Vor allem will ich vermeiden, mir zu viele Gedanken über Dinge zu machen, auf die ich sowieso nicht einwirken kann. Außerdem will ich anderen Menschen ein Grundvertrauen entgegenbringen. Auch mir möchte ich mehr Vertrauen entgegenbringen, statt mich von Unsicherheit und Selbstzweifeln bestimmen zu lassen. Und ich will darauf vertrauen, dass die Dinge, die passieren, gut für etwas sind.*

6. Nimm dir auch mal einen Moment Zeit, um dir über die Schattenseiten deiner Werte bewusst zu werden. Könnten deine Werte auch negative Folgen haben? Könnten sie deinem Ziel vielleicht sogar im Weg stehen?

Der Wert Vertrauen könnte zum Beispiel dazu führen, dass man ausgenutzt wird oder dass man ein Problem nicht ernst genug nimmt und Gefahren übersieht.

Der Wert Leichtigkeit führt zwar vielleicht dazu, dass man lockerer mit den Situationen umgeht, aber dadurch vielleicht auch zu früh aufgibt oder nicht bereit ist, hart genug für seine Ziele zu arbeiten.

Der Wert Sicherheit bewirkt zwar, dass man vorsichtig und bedacht ist, führt aber vielleicht dazu, dass man sich zu wenig traut und zu lange an Altem festhält.

7. Frag dich auch mal, ob es einen Wert gibt, der bislang keine Rolle in deinem Leben gespielt hat, der aber vieles erleichtern oder verbessern könnte. Du kannst dir vornehmen, diesen Wert bei allem, was tust, zu berücksichtigen. Am besten gehst du experimentell vor. Du könntest dir zum Beispiel passend zu den Resilienz-Bausteinen in diesem Buch den Wert Erholung oder Optimismus herauspicken. Eine Woche lang, oder besser, einen Monat lang begleitet dich dieser Wert dann und du achtest darauf, wie sich dadurch dein Denken, Fühlen und Handeln verändern.

Benjamin Franklin, einer der Gründerväter der Vereinigten Staaten, war der typisch amerikanische Selfmade-Man: Vom Buchdrucker aus ärmlichen Verhältnissen zum einflussreichen Politiker, Stadtplaner, Schriftsteller, Verleger und Naturwissenschaftler. Ihm war Erfolg sehr wichtig und er tat sehr viel dafür, um sich selbst besser zu verstehen, um an seiner Persönlichkeit zu arbeiten und um seine Ziele zu erreichen.

In seiner Autobiografie schreibt er, dass er für sich eine Liste mit 13 Werten erstellt hatte, an die er sich jeden Tag erinnern und die er als Basis für sein Leben nutzen wollte (er nannte sie Tugenden). Franklin merkte nämlich, dass es nicht ausreicht, sich einfach nur vorzunehmen, auf bestimmte Gewohnheiten zu verzichten. Er wollte seine Werte deshalb Schritt für Schritt trainieren.

Dafür hat er auch Freunde gefragt, welche Werte sie in ihm sehen beziehungsweise welche sie für ein gutes Leben wichtig finden. Ein Freund sagte ihm zum Beispiel, dass einige Menschen seinen Stolz negativ finden. Daraufhin setzte Franklin die Demut auf seine Liste. Er sortierte seine Werte nach Wichtigkeit und prüfte jeden Abend, ob er sich heute seinen Werten entsprechend verhalten hatte. Gerade in der Anfangsphase würde ich dir tatsächlich empfehlen, eine Art Wochenkalender oder eine Excel-Tabelle dafür zu nutzen. Vermerke, ob beziehungsweise wie stark du deine Werte heute gelebt hast, indem du Striche, Punkte oder Sterne verwendest.

Hier bekommst du eine Idee davon, was für Franklin wichtig war und wie er seine Werte für sich übersetzte:

Mäßigkeit: *Iss nicht bis zum Stumpfsinn, trink nicht bis zur Berauschung!*

Schweigen: *Sprich nur, was anderen oder dir selbst nützen kann; vermeide unbedeutende Unterhaltung!*

Ordnung: *Lass jedes Ding seine Stelle und jeden Teil deines Geschäfts seine Zeit haben!*

Entschlossenheit: *Nimm dir vor, durchzuführen, was du musst; vollführe unfehlbar, was du dir vornimmst!*

Sparsamkeit: *Mache keine Ausgabe, als um anderen oder dir selbst Gutes zu tun; das heißt vergeude nichts!*

Fleiß: *Verliere keine Zeit; sei immer mit etwas Nützlichem beschäftigt; entsage aller unnützen Tätigkeit!*

Aufrichtigkeit: *Bediene dich keiner schädlichen Täuschung; denke unschuldig und gerecht, und wenn du sprichst, so sprich danach!*

Gerechtigkeit: *Schade niemandem, indem du ihm unrecht tust oder die Wohltaten unterlässt, die deine Pflicht sind!*

Mäßigung: *Vermeide Extreme; hüte dich, Beleidigungen so übel aufzunehmen, wie sie es nach deinem Dafürhalten verdienen!*

Reinlichkeit: *Dulde keine Unsauberkeit am Körper, an Kleidern oder in der Wohnung!*

Gemütsruhe: *Beunruhige dich nicht über Kleinigkeiten oder über gewöhnliche oder unvermeidliche Unglücksfälle!*

Keuschheit: Übe geschlechtlichen Umgang selten, nur um der Gesundheit oder der Nachkommenschaft willen, niemals bis zur Stumpfheit, Schwäche oder zur Schädigung deines eigenen oder fremden Seelenfriedens oder guten Rufes!
Demut: Ahme Jesus und Sokrates nach!

Lass dich gerne von Franklin inspirieren und entwerf auch für dich eine Liste. Sie muss auch nicht direkt aus 13 Aspekten bestehen, und die Keuschheit kannst du natürlich weglassen. ;-)

Formuliere deine Ziele

Denk noch mal an die Zauberfrage, die ich dir im Kapitel zur Verantwortungsübernahme vorgestellt habe: »*Will ich das?*« Wenn es darum geht, die eigenen Ziele zu benennen und in Handlungen zu übersetzen, kann diese Frage hilfreich sein. Dadurch lässt sich nämlich erkennen, ob man etwas wirklich will oder es nur ein frommer Wunsch ist. Sieh die folgenden Fragen als erste Bestandsaufnahme an. Es sind große Fragen, die du jetzt vielleicht noch nicht direkt beantworten kannst. Im Laufe der nächsten Seiten wird es dir immer leichter fallen.

☛ **Bevor du weiterliest, beantworte diese Fragen so ehrlich wie möglich:**

Worauf kommt es mir in meinem Leben an? Also: Was ist mir wichtig?

....

....

Was sind meine drei größten Ziele?

....

....

Welche konkreten Handlungen sind notwendig, um meine Ziele
erreichen zu können?

....

....

Wofür setze ich meine Kraft aktuell ein?

....

....

Der Hinweis, dass du diese Fragen so ehrlich wie möglich beant-
wortest, war mir wichtig, weil diese Fragen ans Eingemachte gehen können. Möglicherweise stellst du nämlich fest, dass du gar
nicht so genau weißt, was du eigentlich willst. Oder dir wird klar,
dass du nicht sicher bist, welche Handlungen notwendig wären,
um die Ziele zu erreichen. Oder du realisierst, dass du bislang
nichts dafür getan hast, um deinen Zielen auch nur einen Schritt
näher zu kommen, dass du deine Zeit und Energie vergeudet hat.
Falls dadurch Schuldgefühle aufkommen, denk an das Kapitel über
die Akzeptanz. Hak die Vergangenheit ab. Hak ab, dass du bislang
nicht (richtig) gehandelt hast, versuch die Hindernisse zu verstehen und übernimm Verantwortung für die Ängste und Unsicher-

heiten, die dich gehemmt haben. Und von nun an übernimm Verantwortung für deine Zukunft. Setz dich bewusst damit auseinander, wie dein Leben sein soll, plane deine Ziele und die dafür notwendigen Handlungen und dann handle auch. Geh der Zukunft Tag für Tag entgegen, auch wenn es kein lockerer Spaziergang wird, wenn es steinig wird, du ins Schwitzen kommst oder mal falsch abbiegst.

☛ **Schnapp dir mal einen Zettel und mal das Ziel, das dir aktuell am wichtigsten ist, auf.** Du kannst es auch als Symbol darstellen. Und keine Scheu: Bei dieser Übung geht's nicht um Schönheit, sondern um Klarheit. Nimm das Blatt am besten im Querformat und mal dein Ziel rechts oben in die Ecke. In die linke untere Ecke malst du dich selbst. Zwischen dir und deinem Ziel ist noch viel Platz. Wie könnten die Schritte dahin aussehen? Zeichne eine Verbindungslinie ein. Woran würdest du erkennen, dass du die Hälfte der Strecke schon zurückgelegt hast? Was könnte jetzt dein nächster Schritt sein und wie würde wohl einer der letzten Schritte kurz vorm Ziel aussehen? Trage die notwendigen Handlungen ein. Wie geht es dir mit dem Bild? Motiviert es dich? Macht es dir eher Angst? Du kannst das Bild in den nächsten Tagen, Wochen, Monaten und Jahren immer wieder aktualisieren und deinen tatsächlichen Weg eintragen.

Damit ein Ziel erreicht werden kann, braucht es fünf Faktoren:
1. Eine klare Vorstellung von dem Ziel: Was genau will ich erreichen?
2. Eine klare Vorstellung von dem Weg: Was kann ich für mein Ziel *tun*?
3. Eine starke Motivation: Warum möchte ich das Ziel erreichen? Was gibt mir Energie zum Handeln?

4. Die Bereitschaft, Leistung zu erbringen: Ich handle.
5. Die Bereitschaft zur Ausdauer: Was tu ich (außerdem), wenn es nicht (sofort) klappt?

Viele Neujahrsvorsätze scheitern schon am 2. Januar, weil es keine echten Vorsätze sind, sondern lediglich Wünsche oder Träumereien. Ein Vorsatz ist kein Ziel, sondern eine Handlung. Man kann sich nicht vornehmen, bis zum Sommer zwei Kilo abzunehmen. Man kann sich nur vornehmen, zweimal pro Woche Sport zu machen, weil man das Ziel erreichen will, zwei Kilo abzunehmen. Die zwei Kilo sind das Ergebnis. Die Handlung ist das, was man vor das Ergebnis setzt, also der Vorsatz, die Bedingung dafür. Vorsätze hat man in der Hand, weil sie mit Handlungen verknüpft sind. Ergebnisse hat man nicht in der Hand, weil sie meistens von vielen Faktoren abhängen. Durch das eigene Handeln kann man aber versuchen, einige der Faktoren zu beeinflussen. Also hab dein Ziel vor Augen, konzentriere dich aber auf deine Handlungen, also auf das Spielfeld, auf dem du dich wirklich bewegen kannst.

Wenn du weißt, wer du bist, was dich ausmacht und antreibt, wofür du brennst und was deine Werte sind, kannst du dich intensiver mit deinen Zielen auseinandersetzen. Wenn wir über Ziele nachdenken, sind wir automatisch in der Zukunft, in einer Fantasiewelt. Du kannst erst einmal freidrehen, spinnen, träumen. Welche Zukunft erscheint dir attraktiv und erstrebenswert oder schlicht lebenswert? Für welche Zukunft möchtest du dich einsetzen? Welche Vision löst ein warmes, angenehmes, neugieriges Gefühl in dir aus? Für was bist du bereit, wirklich zu arbeiten und dich tagtäglich mit deiner Kreativität, deiner Kraft, deinem Wissen und deinem Können einzusetzen? Wofür möchtest du deine Zeit investieren? Zum konkreten Formulieren deiner Ziele möchte ich dir drei verschiedene Methoden vorstellen, die sicher schon millionenfach in Coachings eingesetzt wurden. Probier ruhig alle drei aus, denn sie sprechen unterschiedliche Aspekte an. Achte darauf, wie sich deine Ziele durch diese Denkraster verändern können und du immer weiter an Klarheit gewinnst.

1. SMART: Der Grundgedanke dieser Methode ist, dass Ziele immer fünf Kriterien erfüllen müssen, damit sie erreicht werden können.

S	spezifisch (specific)	Ziele müssen so konkret wie möglich formuliert werden. Versuche dein Ziel in einem Satz zu beschreiben. Nur wenn das Ziel klar formuliert ist, kann man den Weg dorthin planen.
M	messbar (measurable)	Manche Ziele lassen sich mit Zahlen beschreiben, andere eher mit dem Effekt, der eintritt mit der Veränderung, die man bemerken kann. Es sollte auf jeden Fall eindeutige Hinweise darauf geben können, wann das Ziel erreicht ist.
A	attraktiv (attractive)	Für die Motivation ist es wichtig, dass das Ziel erstrebenswert ist.
R	realistisch (reasonable)	Das Ziel sollte (mit den vorhandenen Ressourcen und der verfügbaren Zeit) erreichbar sein. Achte hier auf deine Erwartungen.
T	terminiert (time-bound)	Leg fest, wann du das Ziel erreicht haben willst.

2. PURE: Diese Methode lässt sich wunderbar ergänzend anwenden, weil sie zusätzliche Aspekte berücksichtigt.

....

P	positiv formuliert (positive)	Werden Ziele nicht positiv formuliert, entsteht innerer Widerstand. Sieh die Vorteile und betone deine Freiwilligkeit.
U	verstanden (understood)	Habe ich verstanden, was ich will? Ist mein Ziel klar und eindeutig?
R	realistisch (realistic)	Das Ziel sollte (mit den vorhandenen Ressourcen und der verfügbaren Zeit) machbar sein. Achte hier auf deine Erwartungen.
E	ethisch (ethical)	Das Ziel darf nicht gegen Gesetze oder Richtlinien verstoßen oder anderen schaden. Achte auch darauf, dass es nicht gegen deine Werte verstößt.

3. CLEAR: Diese Methode ist vor allem für den beruflichen Kontext gedacht, wenn mehrere Menschen an einem Projekt oder Ziel arbeiten. Du kannst sie aber auch für dich allein anwenden.

....

C	herausfordernd (challenging)	Achte darauf, dass das Ziel dich nicht unterfordert.

....

L	rechtmäßig (legal)	Das Ziel muss gesetzeskonform sein. Auch hier kannst du ebenfalls an deine eigenen Gesetze, also Werte, denken.
E	aufregend (exciting)	Das Ziel muss anziehend sein und ein Kribbeln auslösen.
A	einverstanden (agreed)	Sei dir darüber klar, ob du wirklich hinter diesem Ziel stehst oder nur glaubst, dieses Ziel verfolgen zu müssen. Das Ziel sollte keine Widerstände in dir auslösen.
R	festgehalten (recorded)	Das Ziel soll schriftlich fixiert werden, beispielsweise im Rahmen einer Vereinbarung. Am besten notierst du dir dein Vorhaben und schreibst auch die einzelnen Schritte genau auf. Erzähle auch anderen davon.

☛ **Mit zwei Beispielen möchte ich dir verdeutlichen, was es für einen Unterschied machen kann, wenn man die Aspekte aus den Methoden berücksichtigt:**

Beispiel 1:
Also nicht: *Ich will ein Buch schreiben.*
Und auch nicht: Ich muss irgendeinen Ratgeber in zwei Monaten schreiben.
Sondern: Ich will in den nächsten zwölf Monaten ein Buch über das Thema Resilienz schreiben, das aus rund 320 Seiten besteht, wissenschaftlich fundiert, anwendungsorientiert und

humorvoll ist. Mein Unterziel ist, dass ich mich jeden Monat, parallel zu meinen beruflichen Projekten, einem Kapitel widme.

Beispiel 2:
Also nicht: *Ich will mir einen neuen Job suchen.*
Und auch nicht: Ich will bald kündigen.
Sondern: Ich werde parallel zum aktuellen Job jede Woche mindestens eine Bewerbung für Teamleiterstellen im Einzelhandel fertig machen, damit ich innerhalb der nächsten neun Monate woanders anfangen kann.

Wie könnte dein eigenes Beispiel lauten? Schreib es ruhig auch erst mal spontan auf, ohne die Methoden zu berücksichtigen. So kannst du dir typischer Denkgewohnheiten bewusst werden. Formuliere es anschließend so detailliert wie möglich anhand der Aspekte aus den verschiedenen Methoden.

....

....

Plane deinen Weg mit der Kraft von Micro-Actions

Wenn wir eine Veränderung wollen, haben wir meist nur das Ziel vor Augen, aber nicht unsere Schritte dahin. Wir sind schnell ungeduldig, können nicht abwarten, es endlich geschafft zu haben, und nehmen kleine Veränderungen kaum wahr, empfinden sie vielleicht sogar als Scheitern, weil uns die Veränderungen zu langsam gehen. Ich glaube, dass es eigentlich keine großen Veränderungen im Leben gibt. Manche Veränderungen, manche Entscheidungen wirken groß, aber sie lassen sich in viele kleine Veränderungen und Entscheidungen zerlegen.

Mikro-Handlungen können dir helfen, durchzuhalten, weil du den Prozess achtsamer wahrnimmst und dadurch auch Erfolge anders siehst. Wenn du zum Beispiel mit dem Joggen anfangen möchtest, dann ist es ein Erfolg, wenn du joggen warst. Du musst nicht direkt fünf Kilometer gelaufen sein. Wenn du Spanisch lernen willst, ist es ein Erfolg, wenn du dir dreißig Minuten Zeit genommen hast, um Vokabeln zu lernen. Der Erfolg besteht nicht darin, dass du dreißig neue Vokabeln perfekt draufhast. Wenn du abnehmen willst, ist nicht der Erfolg, dass die Waage zwei Kilo weniger anzeigt, sondern dass du dich gesund ernährt und nicht mit Mist vollgestopft hast, oder dass du mehr Bewegung in deinen Alltag integriert hast.

Diese Logik lässt sich auch auf große, schwerwiegende und ernste Probleme oder Veränderungen übertragen. Wenn du zum Beispiel etwas gegen Mobbing unternehmen, dich aus einer toxischen Beziehung befreien oder dich von einer Sucht lösen möchtest.

Ich möchte dir eine ganz einfache Frage mitgeben, die du immer wieder heranziehen kannst, um zu prüfen, ob du auf dem richtigen Weg bist, und dich vor allem immer wieder auf den Weg zurückzuholen, wenn du ihn aus den Augen verloren hast: Was ist der kleinste Schritt auf dem Weg zu meinem Ziel, den ich *jetzt* gehen kann? Vielleicht magst du dir diese Frage irgendwohin schreiben, wo du sie regelmäßig siehst, bis sie irgendwann in Fleisch und Blut übergegangen ist. Wenn man Spanisch lernen will, dann könnte der kleinste Schritt zum Beispiel darin bestehen, einen Film auf Spanisch zu gucken (mit deutschen Untertiteln) oder auf dem Weg zur Arbeit drei Vokabeln zu lernen. Eine Mikro-Handlung könnte auch darin

bestehen, im Supermarkt etwas Gesundes in den Einkaufs-
wagen zu legen und etwas Ungesundes, wozu du sonst immer
automatisch greifst, liegen zu lassen. Dadurch machst du es
dir später zu Hause leichter, dich werteorientiert zu verhalten,
wie es zu deinem Ziel passt. Die Treppen statt den Fahrstuhl
zu nehmen, ist ebenfalls eine Mikro-Handlung, oder auch sich
abends schon die Jogging-Klamotten ans Bett zu legen, damit
man morgens nur noch reingleiten muss und losstarten kann.

Halte dich also nicht damit auf, zu glauben (oder dir einzureden), dass dir gerade die Zeit dafür fehlt oder du auf etwas
warten musst. Um etwas für die Dinge im Leben zu tun, die dir
wichtig sind, kannst du immer einen kleinen Schritt gehen.
Mach eine Gewohnheit daraus, kleine Schritte zu gehen. Führe
das neue Verhalten homöopathisch, also in kleinen Dosen ein.
Mach es so einfach, dass du nicht Nein sagen kannst. Das geht
besonders gut, wenn du Neues mit Altem verknüpfst. Willst
du zum Beispiel ein Dankbarkeits-Ritual entwickeln, dann
kannst du dich immer beim Zähneputzen am Abend fragen:
Wofür bin ich heute dankbar? Das Zähneputzen sorgt dafür,
dass du dich leichter an dein Vorhaben erinnerst, und je öfter
du die beiden Sachen miteinander kombinierst, desto selbst-
verständlicher wird es. Das Prinzip dahinter bezeichnet man
als Verhaltensketten. Man verbindet ein alltägliches Verhalten
mit dem neuen gewünschten Verhalten. Man erweitert die
Kette also. Achte mal auf deine Verhaltensketten, denn oftmals fallen sie uns schon gar nicht mehr auf. Wir alle haben
im Alltag viele Verhaltensketten, von denen einige mit negativen Gewohnheiten verbunden sind, wodurch Veränderungen
uns besonders schwerfallen. Wenn wir diese Ketten spren-
gen, können wir uns leichter auf unser Ziel zubewegen. Was
machst du als Erstes nach dem Aufstehen oder wenn du nach

Hause kommst? Was machst du aktuell beim Zähneputzen oder auch beim Kochen, Essen, Busfahren und Filmgucken?

Wenn du an deine Ziele oder auch an deine Probleme denkst: Welche Mikro-Handlungen könnten dir helfen? Trau dich ruhig, langweilig zu sein. Du brauchst keine Millionen Maßnahmen für ein gutes Leben. Sorge eher dafür, dass du die eine Maßnahme mindestens eine Million Mal anwendest. Verändere nicht dein ganzes Leben, aber lebe deine Veränderung, denn das neue Verhalten muss sich erst einmal verankern. Und das braucht Zeit. Es geistert immer wieder die Zahl von 21 Tagen rum: dass man 21 Tage oder drei Wochen brauche, bis eine neue Routine etabliert ist und man so lange eben die Zähne zusammenbeißen müsse und aufs Rauchen verzichten oder Sport machen. Danach soll es mit dem neuen Verhalten wie geschmiert laufen. Diese 21-Tage-Theorie ist nichts weiter als ein Mythos. Mir ist keine psychologische oder neurowissenschaftliche Studie bekannt, bei der herauskam, dass es 21 Tage braucht, um sich von negativen Gewohnheiten zu verabschieden und positive aufzubauen. Der Vater dieser Theorie war der plastische Chirurg Maxwell Maltz. Der US-Amerikaner hat Mitte der Fünfzigerjahre bei seinen Patienten beobachtet, dass sie ungefähr drei Wochen brauchten, um sich an das neue Aussehen zu gewöhnen. Du siehst: Es handelte sich um keine Studie und es ging auch nicht um Hirnforschung. Es war einfach nur eine Theorie, die auf subjektiven Beobachtungen fußte, aber nicht nach wissenschaftlichen Standards überprüft wurde. Es ist also kein Fakt. Vor allem war die Theorie sehr viel vorsichtiger formuliert, als wir sie heute kennen. Nach Ansicht von Maxwell Maltz braucht es nicht einfach nur 21 Tage, um sich an etwas zu gewöhnen, sondern *mindestens* 21 Tage.

Ob man das allerdings darauf übertragen kann, eine neue Gewohnheit aufzubauen, ist fraglich. Bei ihm ging es eher darum, dass Menschen sich an ihr neues Äußeres nach einer gewissen Zeit gewöhnen. Eine Bein-Amputation oder Nasen-OP ist etwas völlig anderes als auf Fast-Food zu verzichten und ein neues Verhalten aufzubauen.

Der innere Schweinehund lässt sich auf jeden Fall nicht so leicht abschütteln, auch wenn es schön wäre. Wahrscheinlich ist das auch einer der Gründe, weshalb sich dieser Mythos so hartnäckig hält. Man will einfach daran glauben, dass es nach den ersten harten Tagen schon bald leichter wird:

Drei Wochen Joggen und du musst dich nie wieder morgens aus dem Bett quälen.

Drei Wochen nicht Rauchen und du wirst nie wieder das Verlangen nach einer Zigarette spüren.

Drei Wochen gesunde Ernährung und es wird nie wieder einen Tiefkühlpizza-Anfall geben, der von einer Packung Eis und Schokolade gekrönt wird.

Vergiss die 21 Tage und konzentriere dich auf andere Dinge, wenn du eine neue Gewohnheit entwickeln willst. Das Wichtigste ist: Die neue Gewohnheit muss dir Freude bereiten. Sie muss sich in dem Moment gut anfühlen. Nicht nur das Ziel, also das Ergebnis darf attraktiv für dich sein. Wer nur joggt oder sich gesünder ernährt, um abzunehmen, wird das nicht lange durchhalten. Wer nur meditiert, um leistungsfähiger zu werden, wird auch schon bald abbrechen. Wenn Verhaltensweisen nur ein Mittel zum Zweck sind, wird es nichts. Sorge dafür, dass die neue Gewohnheit zu dir passt, angenehm ist und Freude macht. Wenn dein Ziel ist, zehn Kilo abzunehmen, du aber keine Freude beim Joggen empfindest, wirst du das wahrscheinlich nicht lange und vor allem nicht langfristig durchziehen. Das ist dann nicht der richtige Weg für dich. Finde eine andere Sportart für dich, die dir Spaß macht. Experimentiere rum. Und so wie es oftmals nicht die eine Ursache für Probleme gibt, gibt es oftmals auch nicht nur den einen Lösungsweg. Welche ganz anderen Wege führen auch zum Ziel, welche lassen sich parallel gehen, und wie kann man sich die Zeit auf dem Weg so angenehm wie möglich machen. Wenn du merkst, dass du auf deinem Weg ins Stocken gerätst, vor allem wenn dir das immer wieder passiert, überprüfe noch einmal das Ziel, das du formuliert hast. Ist es wirklich *dein* Ziel, das zu den Werten passt, die für dich zentral sind?

Und ganz wichtig ist aus psychologischer Sicht, dass man sich nicht für sein Verhalten belohnt. Das neue Verhalten an sich sollte die Belohnung sein. Das Kochen und Ausprobieren neuer Gerichte muss Spaß machen und das Essen muss einem schmecken. Viele Menschen, die ihre Ernährung umstellen wollen, belohnen sich dann dafür, dass sie ein paar Tage lang mehr Obst und Gemüse gegessen haben, mit einer Pizza und Eis. Wenn du solche Verhaltensweisen bei dir beobachtest, nimm dir noch einmal die Zeit, dich mit deinen Werten intensiver zu beschäftigen und formuliere deine Ziele neu. Du bist nämlich noch nicht auf *deinem* Weg. Erfolgreich bist du also immer dann, wenn du dich so verhalten hast, wie es zu deinem Ziel passt. Schiele deshalb nicht immer nur aufs Ergebnis oder das Ziel. Feier dein (neues) Verhalten, feier die kleinen Schritte und bleib in Bewegung.

Fazit to go
Wenn wir achtsam mit uns, unseren Gedanken und unseren Gefühlen umgehen, dann wird alles, was wir tun, zu kleinen Experimenten. Durch jeden Schritt erfahren wir etwas über

uns, andere Menschen, das Leben und die Welt. Und jeder Schritt ist eine Vorbereitung auf den nächsten. Mit jedem Schritt können wir die Dinge so gestalten, dass wir zufriedener werden. Wir müssen dazu nur wahrnehmen, wie es uns geht, und den Mut haben, darauf zu reagieren. Streng genommen gibt es gar keinen ersten Schritt. Es gibt nur unzählige Schritte, die aneinandergereiht sind. Und trotzdem möchte ich dich am Ende dieses Kapitels bitten, zu all deinen Zielen, Wünschen, Träumen und Visionen, die du hast, einen ersten, oder besser formuliert, einen *nächsten* Schritt so konkret wie möglich zu formulieren. Was kannst du *jetzt* tun, um dem, was du möchtest und was dir wichtig ist, oder um der Veränderung, nach der du dich sehnst, näher zu kommen? Was kannst du jetzt dafür tun, damit deine Vorstellungen von der Zukunft Realität werden? Welche Weichen kannst du jetzt dafür stellen? Und dann komme ins Handeln, triff Entscheidungen, mache deine »Experimente« und schau, was Schritt für Schritt passiert.

– Entwickele eine starke Vision für dich und dein Leben.
– Werte sind der Kompass, der dich durch dein Leben leitet. Sie sind weder gut noch schlecht. Sie können sich sogar widersprechen.
– Werde dir darüber klar, welche Werte du hast, und lebe bewusst nach Werten, die dich dahin bringen, wo du hinwillst.
– Leite deine Ziele von deinen Werten ab.
– Leite dein Handeln von deinen Zielen ab.
– Lerne darauf zu vertrauen, dass du die Zukunft mitgestalten kannst. Es ist nie zu spät, bewusst an seinem Vertrauen zu arbeiten.
– Nutze Micro-Actions, um die Veränderungen herbeizuführen, die dir wichtig sind.

– Entwickle gute Gewohnheiten, durch die du beinahe mühelos deinen Zielen entsprechend werteorientiert handelst.

☛ **Nimm dir wieder ein paar Minuten Zeit und beantworte für
dich folgende Fragen:**

Welche Gedanken haben mich besonders angesprochen und bewegt?

....

....

....

Welche Gedanken und Ideen sind mir selbst beim Lesen gekommen?

....

....

....

Wobei habe ich ein Kribbeln im Bauch gespürt? Was will ich nun
konkret tun?

....

....

....

Von welchen Gewohnheiten will ich mich verabschieden und welche will ich entwickeln?

....

....

....

Worauf freust du dich am meisten, wenn du an deine Zukunft denkst?

....

....

....

4. Resilienz-Baustein: Lösungsorientierung – *Es ist nicht leicht, ein Stachelschwein zu kitzeln, unmöglich ist es aber nicht*

>» *Verbringe die Zeit nicht mit der Suche nach einem Hindernis, vielleicht ist keins da.*«

FRANZ KAFKA (1883–1924), SCHRIFTSTELLER

Um aus dem Labyrinth der Schwierigkeiten wieder rauszufinden, braucht es ein Umdenken: Nicht die Probleme stehen im Mittelpunkt, sondern die Lösungen, egal ob sie erst einmal realistisch erscheinen oder nicht. In diesem Kapitel erfährst du, wie du dein lösungsorientiertes Denken und Handeln trainieren kannst. Außerdem stelle ich dir neun Schritte vor, mit denen du eine Therapeutin oder einen Therapeuten findest. Denn lösungsorientiert zu sein, kann auch bedeuten, sich Hilfe zu suchen und anzunehmen.

Was braucht es, um ein Buch zu schreiben? Eine Idee, Zeit, Papier oder auch einen Laptop. Ja, alles richtig. Sicher fallen dir auch noch viele weitere Faktoren ein. Doch wie notwendig sind die tatsächlich, um ein Buch schreiben zu können? Braucht es sie wirklich alle? Der französische Journalist und Autor Jean-Dominique Bauby, der eine Zeit lang das Modemagazin *Elle* leitete, erlitt mit Mitte vierzig einen Schlaganfall. Nach zwei Wochen wachte er aus dem Koma auf und konnte weder sprechen noch sich bewegen. Er hatte das sogenannte Locked-in-Syndrom: Sein Verstand war hellwach, aber sein Körper gelähmt. In diesem Zustand schrieb er ein Buch über seine Erfahrungen. Er konnte nämlich noch mit seinem linken Auge blinzeln, und diktierte auf diese Weise den Text. Seine Sekretärin musste der Reihe nach Buchstaben vorlesen, und wenn sie beim richtigen angekommen war, blinzelte er. Dafür wurde extra ein Alphabet erstellt, in dem die Buchstaben nach der Häufigkeit in französischen Wörtern sortiert waren. So entstanden Blinzler für Blinzler Wörter und ganze Sätze. Das Buch wurde ein Bestseller und unter dem Titel *Schmetterling und Taucherglocke* verfilmt.

Wie Jean-Dominique Bauby können wir uns sogar in scheinbar ausweglosen Situationen entscheiden, ob wir unsere ganze Energie auf die Probleme, Rückfälle und Schwierigkeiten richten, oder ob wir die Lösungen in den Mittelpunkt stellen. Geh also achtsam mit deinen Gedanken um und versuch so früh wie möglich zu erkennen, wenn du dich in unkonstruktiven Gedankenschleifen und Grübeleien verfangen hast. Sei dir bewusst, dass Grübeln kein Nachdenken ist, weil dabei ein Gedanke automatisch zum nächsten springt, dich das aber nicht weiterbringt, wenn du dir nur Sorgen machst. Du kommst sonst ganz leicht in eine Problem-Trance, in der du den Wald vor lauter Bäumen nicht siehst und dich in eine Höhle zurückziehst. Stattdessen sorge für dich und die Dinge, die dir wichtig sind. Übernimm dafür Verantwortung, selbst wenn es zu unerwarteten Schwierigkeiten kommt oder Dinge scheitern. That's life! Durch jeden Fehler und alle Rückschläge kannst du etwas über das Problem und über dich selbst lernen und kommst einer möglichen Lösung näher. Thomas Edison, der Erfinder der Glühbirne, soll mal gesagt haben »Ich kenne nun 5000 Möglichkeiten, wie man keine Glühbirne baut.« Stell dir mal vor, er hätte nach dem 5000. Fehlversuch auf-gehört. Unsere Welt wäre heute deutlich dunkler.

☞ **Schnapp dir für die erste Übung mal wieder ein Blatt Papier und mal dein Problem, deine Schwierigkeit oder deine Heraus-forderung auf.** Das muss kein Kunstwerk werden, das mal im Lou-vre hängt. Du kannst das, was dich beschäftigt, auch als Symbol zeichnen. Visualisiere es auf eine Art, die zu dir passt, und zeichne dich selbst daneben.

Welche neuen Erkenntnisse kannst du durch das Zeichnen ge-winnen? Wie lässt sich dein Problem darstellen? Achte auch darauf, wie die Figur, die dich darstellt, zu dem Problem steht. Kommen dir dadurch schon Lösungen in den Sinn?

»Nicht das Problem ist das Problem« – diesen Satz kannst du wie ein Mantra aufsagen, wenn du das nächste Mal in einer Situation feststeckst. Das Wort Problem stammt nämlich von der griechischen Bezeichnung für das »Vorgeworfene« oder das »Vorgelegte« ab, was frei übersetzt so viel bedeutet wie »das, was vor der Lösung ist«. Du musst also nicht das Pro-blem lösen, sondern darfst dich *von* deinem Problem lösen. Ein Problem ist also ein Hindernis, über das es zu springen gilt. Bei manchen, besonders hohen Hindernissen versucht man immer und immer wieder darüberzuspringen, bis man eines Tages feststellt, dass man ja auch einfach daran vorbeigehen könnte und es damit links liegen lassen kann. Kennst du aus deinem Leben auch Hindernisse, mit denen du dich unnötigerweise lange beschäftigt hast? Was ist gerade dein größtes Problem oder Hindernis? Oftmals ist also nicht das Problem unser Problem, sondern wie wir die Hürde betrachten und damit umgehen.

Natürlich kannst du dich erst einmal ausgiebig, aber eben auf konstruktive Weise mit dem Problem beschäftigen, um es besser zu verstehen. Beschäftige dich dann aber auch mit möglichen Lösungen und damit, wie sie zu erreichen sind. Der zweite Schritt ist allerdings der entscheidende und wird leider viel zu oft vergessen oder umgangen. Nachdem man sich ausgiebig mit seinen Problemen beschäftigt hat, sind Energie und Zuversicht häufig im Keller. Ihre Probleme können die meisten Menschen sehr gut beschreiben. Wo sie aber hinwollen, wissen viele nicht oder nicht genau genug. Nutze deine Energie und Kreativität deshalb lieber dafür, die Weichen auf deiner Fahrt durchs Leben zu stellen, damit du da ankommst, wo du hinwillst, statt immer auf deinen Startbahnhof oder auf die Weichen zurückzuschauen, mit denen du deinem Ziel nicht näher gekommen bist. Lösungsorientiert sein, klappt besonders gut, wenn man optimistisch ist und positiv denkt. Im Resilienz-Baustein 6 stelle ich dir einige Übungen vor, die dir dabei helfen, genau das zu trainieren. Wichtig ist dabei, dass Optimismus und positives Denken nichts mit der rosarote Brille zu tun haben. Es geht nicht darum, sich etwas Unrealistisches einzureden, sich die Dinge schönzureden. Es geht vor allem erst einmal darum, nicht (automatisch) negativ zu denken und schwarzzusehen, sondern einen Blick für das Gute und Schöne zu entwickeln. Dadurch wird es einem leichter fallen, Möglichkeiten und Lösungen wahrzunehmen und den Mut aufzubringen, es zu wagen.

In dieser alten Geschichte wird die Idee vom lösungsorientierten Denken auf wunderbare Weise illustriert:

Ein Schüler ging zum Meister und fragte ihn: »Wie kann ich mich von dem, was mich an die Vergangenheit heftet, lösen? Wie schaffe ich es, mich von negativen Erfahrungen zu befreien? Und wie kann ich neue Schritte in meinem Leben gehen?«

Da stand der Meister auf, ging zu einem Baum und umklammerte ihn mit beiden Armen. Und dann fragte er den Schüler: »Was kann ich tun, damit dieser Baum mich loslässt?«

Wie man ein Stachelschwein kitzelt

Meine Oma sagt immer: »Es ist nicht so leicht, ein Stachelschwein zu kitzeln.« Der Gedanke drückt zunächst einmal die Schwierigkeit aus, aber wenn wir ihn im Kopf weiterführen, kommen wir automatisch auf die Fortsetzung » ...unmöglich ist es aber nicht«. Wenn es dein größter Traum im Leben ist, ein Stachelschwein zu kitzeln (kann ja sein ... hehe) oder vielleicht sogar mit einem Stachelschwein zu kuscheln dann kannst du dafür Wege finden. Wie wäre es zum Beispiel mit Handschuhen? Oder einer mechanischen Plastikhand? Oder vielleicht muss man sich erst einmal mit dem Stachelschwein anfreunden, sein Vertrauen gewinnen und durch kurze Kitzeleinheiten wird es mit der Zeit ganz verrückt danach, gekitzelt zu werden. Unsere Probleme und Herausforderungen wirken oft auch sehr stachelig, was dazu führt, dass wir uns nicht trauen, sie aus nächster Nähe zu betrachten und sie anzupacken. Da kann es helfen, die Art, wie wir darüber nachdenken, ein wenig zu ändern: Frag dich nicht, ob etwas geht oder ob du etwas machen solltest. Frage dich eher, wie etwas geht und wie du es am besten anstellst. Streiche »ob« aus deinem Wortschatz. Ob ist nicht lösungsorientiert, sondern lässt uns zweifeln, lässt uns leicht Horrorszenarien kreieren und macht uns klein. Versuch, immer wenn du dich dabei ertappst, dass du ob sagst oder denkst, den Satz noch mal mit einem *Wie* zu formulieren. *Wie* verleiht dir Kraft und Macht, durch ein *Wie* wirst du zum aktiven Gestalter und du denkst in Möglichkeiten und Chancen. Das *Wie* macht dich kreativ und hilft dir, optimistisch zu bleiben. Lösungsorientiert zu denken, kann man lernen.

☛ **Denk noch mal an deine (aktuelle) Herausforderung und formuliere deine typischen *Ob*-Gedanken mal in *Wie*-Sätze um.**

....

....

....

Ob du nun ein Stachelschwein kitzeln möchtest oder ein ganz anderes Vorhaben umsetzen willst, ich schlage dir jetzt viele weitere Ansätze vor, die es dir erleichtern können, lösungsorientiert zu denken

Trenn das Problem von der Lösung
Der Physiker Albert Einstein hat mal gesagt »Probleme kann man niemals mit der Denkweise lösen, durch die sie entstanden sind.«

☞ **Die folgenden fünf Schritte helfen dir, Problem und Lösung voneinander zu trennen.** Du kannst sie dir wie einen Kreislauf vorstellen, den du immer wieder bewusst durchläufst.

1. Schritt: Analysiere dein Problem

Am besten nimmst du etwas Distanz zu deinen Schwierigkeiten ein. Mit dieser Perspektive bist du weniger emotional und erkennst leichter, was der Kern des Problems ist. Definiere es so konkret wie möglich. Oftmals sind unsere Probleme nämlich nur Symptome, die von tieferliegenden Problemen ausgelöst werden. Frag dich: Was genau ist mein Problem in einem Satz? Was ist (nicht) passiert? Womit habe ich zu kämpfen? Was belastet mich? Welche Bedürfnisse werden nicht befriedigt oder sind gefährdet?

2. Schritt: Erkenn die Ursachen

Wenn wir uns trauen, die Zusammenhänge zu sehen und die Hintergründe besser zu verstehen, verringert sich die Zahl unserer Probleme meistens, und wir sehen klarer, wo wir ansetzen können. Vermeide dabei Schuldzuweisungen, sondern bleib in der distanzierten Haltung, so als würdest du über die Probleme eines Freundes nachdenken. Sei unbedingt ehrlich zu dir, auch wenn es vielleicht schmerzhaft ist. Frag dich: Welche Ursachen gibt es im Außen *und* welche Ursachen gibt es in mir?

3. Schritt: Formulier dein Ziel

Mal dir so konkret wie möglich aus, was du erreichen willst. Nur zu wissen, dass es anders werden soll als jetzt, reicht nicht aus. Mach dir bewusst, was du (sein oder haben) möchtest, wie es dir gehen soll, wie du leben möchtest. Woran wirst du merken, dass du dein Ziel erreicht hast? Erinnere dich zu diesem Punkt an das Kapitel zum dritten Resilienz-Baustein, »Zukunftsorientierung«.

4. Schritt: Sammle Lösungsansätze

Wenn du Distanz zum aktuellen Problem eingenommen hast, verschieb deine Perspektive auf potenzielle Lösungen. Nimm dir Zeit, um so viele Lösungsideen wie möglich zu sammeln. Das können auch Ideen sein, die erst einmal unrealistisch klingen. Achte darauf, dass du sie nicht direkt bewertest oder verwirfst. Erinnere dich daran, dass du Wege finden möchtest und keine Gründe. ;-)

5. Schritt: Werde zum Macher

Setz die Lösungsideen in die Tat um und bewerte erst die Ergebnisse. Ideen sind ja nichts weiter als Hypothesen. Ob die Hypothese stimmt oder nicht, ob es also ein passender Lösungsweg ist, kriegt man nicht durch Grübeleien raus, sondern erst, wenn man ihn ausprobiert hat. Wäge die möglichen Wege deshalb nicht zu lange ab, sondern triff eine Entscheidung und lass dich auf den Weg dann ein. Erlaube dir ruhig kleine Schritte und denk an die Micro-Actions. Es muss nicht immer die große Veränderung sein. Verabschiede dich dabei von einem »Wenn-dann-Denken«. *Erst wenn er nicht mehr so gestresst ist, werde ich den Konflikt ansprechen. Erst wenn ich mich besser in meiner Haut fühle, gehe ich in die Schwimmhalle.* Wenn-dann-Sätze sind meistens Ausreden und führen dazu, dass wir das wahre Problem ausblenden und passiv bleiben.

Setz nach dem Machen wieder bei dem ersten Schritt an und frag dich, ob dein Problem oder deine Schwierigkeit immer noch besteht oder was sich verändert hat. Analysiere, was gut und was weniger gut gelaufen ist, was deine Anteile daran und was externe Anteile sind, und finde gegebenenfalls Ideen, wie eine noch passendere Lösung aussehen kann. Diese fünf Schritte durchläufst du »einfach« so lange, bis du zufrieden bist. Steig ein ins Problemlösekarussell.

Interviewe dich selbst

Fragen sind eine tolle Möglichkeit, um die ewig gleichen Gedankenketten zu durchbrechen und die Kreativität anzuregen. Sie können dir helfen, im vierten Schritt der vorherigen Übung auf möglichst viele und ungewöhnliche Lösungsansätze zu kommen.

☛ **Nimm dir zehn Minuten Zeit dafür und schreibe deine Antworten dazu am besten auf, selbst wenn sie erst mal crazy wirken.**

1. Wie würde meine Oma (mein Nachbar, mein Friseur, meine Lieblingsgrundschullehrerin, …) mit diesem Problem umgehen?
Hier geht es also um reale Personen, die du kennst, die dich mögen und möglicherweise ganz anders sind oder denken als du.

2. Welchen Tipp hätte Barack Obama (Beyoncé, Aristoteles, Charlie Chaplin, die Königin von England, mein Lieblings-Youtuber …) für mich?
Denke hierbei an reale Personen, die du bewunderst oder die durch besondere Taten oder besonderes Denken in die Geschichte eingegangen sind.

3. Was würde Batman (Sheldon von Big Bang Theory, Mr. Spock, Kermit der Frosch, Lisa Simpson …) wohl machen?
Welche fiktiven Charaktere aus Büchern, Filmen und Serien faszinieren dich? Such dir bewusst welche, zu denen du entweder Parallelen siehst, die vielleicht sogar schon in der gleichen oder einer ähnlichen Situation wie du waren oder die ganz anders denken und sind als du.

4. Welchen Tipp könnte mir mein früheres oder künftiges Ich geben?
Stell dir vor, du hättest eine Zeitmaschine, sodass ihr euch treffen und über dein aktuelles Problem sprechen könntet.

5. Wenn ich gerade die Hauptfigur in einem Film wäre, wie müsste die Geschichte weitergehen, damit es ein Happy End gibt?

6. Angenommen, mein Problem könnte reden, und ich frage es, wie es verschwindet: Was würde es mir dann vielleicht antworten?

7. Angenommen, eine gute Fee würde mir einen Wunsch erfüllen: Was könnte ich mir wünschen?
PS: Im Wunscherfüllungsvertrag der guten Fee steht im Kleingedruckten, dass du dir nicht wünschen darfst, noch unzählige weitere Wünsche erfüllt zu bekommen, sondern wirklich nur einen einzigen frei hast. ;-)

8. Woran würde ich als Erstes merken, dass das Problem gelöst ist?

9. Was muss ich tun, damit das Problem oder die Schwierigkeit noch schlimmer wird?
Ja, das klingt erst einmal nicht lösungsorientiert. Aber diese Frage kann einem die Augen öffnen und ganz deutlich aufzeigen, was eine Lösung sein kann und wo man sich gerade selbst im Weg steht.

10. Wenn es nicht mein Problem wäre, sondern das von meiner besten Freundin: Welchen Tipp würde ich ihr geben?

Lern von dir selbst

Da Probleme, Schwierigkeiten und Pannen zum Leben selbstverständlich dazugehören, warst du schon öfter in negativen Situationen und musstest dafür Strategien finden. Deshalb lohnt es sich, etwas genauer zu verstehen, wie du grundsätzlich mit diesen Dingen umgehst. Einerseits kannst du dadurch erkennen, ob du typische Verhaltensmuster hast, die kontraproduktiv sind. Andererseits erkennst du so vielleicht auch gute Ansätze, die sich auf die aktuelle Situation übertragen lassen.

Für die Analyse zeichnest du dir am besten ein Diagramm auf ein A4-Blatt, das du quer vor dich legst. An die Y-Achse schreibst du »Wohlbefinden«, an die X-Achse schreibst du »Mein Leben«. Dort trägst du nun von der Geburt bis heute die Jahre ein, anschließend notierst du dort alle wichtigen Ereignisse und Erlebnisse. Sie können positiv oder negativ sein. Nimm dir dafür fünf bis zehn Minuten Zeit. Im nächsten Schritt fragst du dich, wie es dir dabei jeweils ging. Dafür kannst du die Y-Achse so gestalten, dass sie von minus zehn bis plus zehn geht. Trage nun für jedes Lebensereignis einen Punkt im Koordinatensystem ein. Schließlich kannst du die Punkte verbinden und hast damit deine Lebenslinie vor Augen, mit Höhen und Tiefen.

Wichtig ist erst einmal, dass du dir genau anschaust, wie sich Höhen und Tiefen abgewechselt haben. Frag dich dann: Welche Strategien hatte ich in der Vergangenheit, um mit negativen Dingen besser umzugehen, um sie aushalten zu können, um sie bearbeiten zu können, um sie zu verändern oder zu beseitigen. Frag dich aber auch, welche Strategien und Glaubenssätze dazu beigetragen haben, dass das Problem überhaupt auftreten konnte.

☛ Sei dabei wie Sherlock Holmes:

Was hast du daraus gelernt (über dich, über Probleme und Herausforderung, über andere, die Welt, das Leben, das konkrete Thema)? Wen hast du um Hilfe gebeten? Was sind deine Ressourcen? Wo hast du dir Rat und Infos oder emotionale Unterstützung geholt? Was und wer hat dir Kraft und Mut gegeben? Welche Schritte bist du gegangen? Welche Lösungen hast du gefunden?

Denk daran: Diese Dinge sind alle in dir. Nutze diese Strategien weiterhin, wenn sie gut waren, und baue sie weiter aus. Verabschiede dich von den Strategien, die nichts gebracht oder alles nur schwerer gemacht haben.

☛ Schnapp dir einen Zettel und beginn am besten mit »Liebes Problem, …« oder benenne es konkret, zum Beispiel »Liebe Depression, …«, »Liebes Mobbing, …« oder »Liebe Arbeitslosigkeit, …«.

Beschreibe, was es für dein Leben bedeutet, welchen Einfluss es auf deine Gedanken, deine Emotionen und dein Verhalten hat. Formuliere dann Fragen an dein Problem oder Wünsche. Und schreib schließlich im letzten Absatz, was du wohl in zehn Jahren über dein Problem denken wirst. Wie wird dein Leben dann sein? Was ist in der Zwischenzeit passiert? Was hast du bis dahin gelernt?

Lass deiner Kreativität freien Raum und achte beim Schreiben darauf, welche Ideen dir kommen. Kannst du dein Problem dadurch besser verstehen? Welche Lösungsmöglichkeiten erkennst du? Gibt es vielleicht sogar Chancen, die sich in deinem Problem oder durch den Weg der Lösung verbergen?

Achte auf deine Sprache

Geh achtsam mit deinen Worten um. Überprüfe immer wieder, worüber du mit anderen sprichst. Merkst du, dass du ins

Jammern kommst, dich über dein Schicksal beschwerst und in Selbstmitleid badest? Dann sage innerlich »Stopp« und entschließe dich, lösungsorientiert auf das zu schauen, was dich gerade beschäftigt. Trainiere den Blick der Möglichkeiten, durch den du leichter erkennen kannst, wie viele Wege vor dir liegen, wenn du erst einmal ein bisschen Gestrüpp zur Seite räumst, und welche negativen Dinge eigentlich nur verpackte Chancen sind, von denen du das Geschenkpapier reißen musst.

Sieh dich selbst als Magnet, der von der Lösung, von der guten Zukunft angezogen wird.

Das Wort »und« gehört zu den meistgenutzten Wörtern in der Sprache, aber auch das Wort »aber« wird sehr häufig benutzt. In diesem Satz gerade sogar gleich zweimal. ;-) Obwohl der Satz auch so lauten könnte: Das Wort »und« gehört zu den meist genutzten Worten in der Sprache, und auch das Wort »aber« wird sehr häufig benutzt.

Wir Menschen scheinen das Wort »aber« zu lieben, vor allem, wenn wir etwas in unserem Leben verändern müssten oder wenn andere Menschen uns Tipps geben. Es lohnt sich, ganz bewusst weniger das Wort »aber« zu verwenden, denn ganz oft entkräften wir dadurch im zweiten Teil des Satzes, was wir im ersten gesagt haben:

- *Ich würde gern noch einmal studieren, aber mir macht die Finanzierung Sorgen.*
- *Ich möchte meinem Chef von dem Mobbing erzählen, aber ich befürchte, dass die Kollegen danach noch gemeiner werden.*
- *Ich müsste mir professionelle Hilfe suchen, schäme mich aber, in eine Beratungsstelle zu gehen und einer fremden Person von meiner Geschichte zu erzählen.*
- *Ich möchte mehr Sport machen, habe aber keine Zeit dafür.*

Durch das »aber« wird der eigentliche Gedanke beendet und der Fall zu den Akten gelegt. Oftmals werden Umstände dafür benutzt, zu rechtfertigen, wieso man nichts ändern wird.

Durch ein »und« betonen wir hingegen, dass beides für uns gerade wichtig ist. So entsteht die Möglichkeit, Hindernissen direkt ins Auge zu sehen und sie aus dem Weg zu räumen.

- *Ich würde gerne noch einmal studieren, und mir macht die Finanzierung Sorgen.*
- *Ich möchte meinem Chef von dem Mobbing erzählen, und ich befürchte, dass die Kollegen danach noch gemeiner werden.*
- *Ich müsste mir professionelle Hilfe suchen und schäme mich, in eine Beratungsstelle zu gehen und einer fremden Person von meiner Geschichte zu erzählen.*
- *Ich möchte mehr Sport machen und habe keine Zeit dafür.*

Vielleicht spürst du schon beim Lesen dieser neu formulierten Sätze, welche Kraft darin steckt. Vielleicht klingen sie aber auch erst einmal fremd für dich. Kraftvoll UND fremd. ;-)

Durch das »und« ist noch lange nichts abgehakt, ganz im Gegenteil: Es ist noch alles möglich. Durch ein »und« können wir uns auch besser selbst hinterfragen, ob wir uns hinter (angeblichen) Hindernissen nur verstecken und sie als Ausreden nutzen. Außerdem fällt es uns dadurch leichter, zu akzeptieren, dass gerade zwei verschiedene Aspekte in uns aktiv sind. Beide können ihre Berechtigung haben: Der Wunsch etwas zu verändern und die Angst oder Scham. Wenn wir diese beiden Kräfte, die in verschiedene Richtungen ziehen, anerkennen, können wir uns mit beidem bewusst auseinandersetzen. Dadurch werden wir aktiv, hinterfragen Glaubenssätze, entlarven Ausreden, recherchieren Fakten und stellen vielleicht fest, dass es gar nicht so problematisch ist und wir Lösungen entwickeln können. Anhand der vier Beispiele möchte ich dir gerne zeigen, wie so ein lösungsorientierter innerer Dialog, durch den sich plötzlich Möglichkeiten auftun, aussehen kann.

Was würde mich ein Studium kosten? Welche Rücklagen habe ich beziehungsweise welche Rücklagen könnte ich in absehbarer Zeit aufbauen? Wie kann ich während des Studiums Geld verdienen? Ist es möglich, Teilzeit oder berufsbegleitend zu studieren? Würde mein Arbeitgeber mir Zuschüsse geben? Gibt es andere Fördertöpfe, die mich unterstützen können? Wäre ein Studienkredit eine Option? Worauf könnte ich (übergangsweise) eigentlich verzichten (Auto verkaufen, freies Zimmer in der Wohnung untervermieten, weniger Reisen und Shoppen etc.). Außerdem: Welche Alternativen zu diesem konkreten Studiengang würden mich ebenfalls interessieren?

Wie wahrscheinlich ist es, dass die Kollegen nach einem Gespräch mit meinem Chef noch gemeiner werden, oder würde das Gespräch ihnen nicht eher zeigen, dass ich mir das Mobbing nicht gefallen lasse? Wie kann ich meinem Chef von meiner Sorge erzählen? Welche Möglichkeiten können wir gemeinsam entwickeln, um zu vermeiden, dass es noch schlimmer wird? Was könnte sich verändern, wenn ich die Kollegen oder einen Kollegen darauf anspreche? Sollte ich die Taten vielleicht sogar direkt (beziehungsweise außerdem) bei der Polizei anzeigen? Kann sich überhaupt etwas ändern, wenn ich die Angst gewinnen lasse und nichts mache?

Was ist mir wichtiger: Dass ich professionelle Hilfe bei meinen Problemen bekomme oder dass ich mich für die eine Stunde in der Beratungsstelle nicht wohl fühle? Geht es anderen nicht ähnlich, wenn sie zum ersten Mal zu einem Therapeuten, einem Experten oder einer Selbsthilfegruppe gehen? Wie wäre es, wenn ich der Person direkt als Erstes sage, dass mir das furchtbar unangenehm ist, damit ich das Gefühl los bin und sie weiß, wieso ich mich gerade so unsicher verhalte? Für die andere Person ist es ja ihr Job, sie wird damit sicher gut umgehen können. Würde es mir leichter fallen, den 1. Kontakt am Telefon herzustellen? Oder würde es mir leichter fallen, wenn mich jemand zu dem Termin begleitet?

Habe ich denn wirklich nicht ausreichend Zeit, um Sport zu machen? Wie viel Zeit würde es mich eigentlich kosten, ab und zu joggen oder ins Fitness Center zu gehen? Könnte ich nicht auch mal in der Pause oder vor dem Fernseher etwas Sport machen? Könnte ich vielleicht aber einfach auch etwas weniger Fernsehen gucken und stattdessen Sport machen?

Achte also darauf, dass du dich selbst nicht beABERst. Ein »aber« bringt dich nämlich keinen Schritt weiter, sondern blockiert dich, macht dich hilflos und drückt dich (tiefer) in eine Opferhaltung. Ein »und« kann dir die Augen öffnen und dir dabei helfen, klarer zu sehen. Es hilft dir dabei, Prioritäten zu setzen und lösungsorientiert zu denken.

Und wo wir schon bei der Kraft von Formulierungen sind: Wenn du über Lösungsmöglichkeiten nachdenkst, sprich nicht von »man«, sondern von »ich«. Mit einem »man« schieben wir die potenzielle Lösung kilometerweit von uns weg. Durch ein »ich« geht es wirklich um uns selbst, und wir beschäftigen uns konkreter mit dem Thema.

Man könnte mehr Sport machen. Man könnte sich entschuldigen. Man könnte die Person damit konfrontieren. Man könnte sich woanders bewerben. Man könnte eine Therapie machen.

Wie klingt es hingegen so: *Ich könnte mehr Sport machen. Ich könnte mich entschuldigen. Ich könnte die Person damit konfrontieren. Ich könnte mich woanders bewerben. Ich könnte eine Therapie machen.*

Und den Konjunktiv in den Formulierungen könnten (hehe) wir im nächsten Schritt auch noch streichen: *Ich kann mehr Sport machen. Ich kann mich entschuldigen. Ich kann die Person damit konfrontieren. Ich kann mich woanders bewerben. Ich kann eine Therapie machen.*

Unsere Worte sind ein Ausdruck unseres Denkens. Deshalb achte auf das, was aus deinem Mund kommt, und korrigiere dich, wenn du merkst, dass das zu unkonkret klingt. Schließlich beeinflusst unser Denken ganz stark unser Verhalten. Wenn wir etwas im Leben verändern wollen, kann ein erster wichtiger Schritt sein, beim Denken anzufangen.

Versuch deshalb nicht so oft in »warum« zu denken, sondern eher in »wozu«. Mit einem »warum« bist du gedanklich in der Vergangenheit, mit einem »wozu« bist du gedanklich im Jetzt beziehungsweise in der Zukunft. Frage dich also nicht: *Warum ist das passiert? Warum passiert mir so was immer wieder? Warum bin ich gescheitert?*

Sondern frage dich: *Wozu ist das passiert? Wozu passiert mir so was immer wieder? Wozu bin ich gescheitert?*

Der Satz mag erst einmal seltsam klingen, aber kann es dir leichter machen, die Denkrichtung zu ändern und Chancen zu sehen. Er zeigt auf, was gut an einer Situation ist, was du daraus lernen kannst oder was du entweder akzeptieren oder ändern solltest.

Wer nach dem *Warum* fragt, sucht Schuldige, Gründe, Absichten, Zusammenhänge, die es möglicherweise alle gar nicht gibt. Wer nach dem *Wozu* fragt, schaut lösungsorientiert nach vorne.

ABC-Modell

Den ganzen Tag über schwirren Gedanken in unserem Kopf herum. Trotzdem ist es meist gar nicht so leicht, bewusst mitzukriegen, was wir eigentlich denken. Häufig sind wir im Autopilotmodus. Wir kriegen beispielsweise mit, dass wir sauer oder ängstlich sind, doch nicht, was die Gedanken und Überzeugungen hinter diesen Emotionen sind? Solange wir diese aber nicht erkennen, können wir mögliche Lösungen auch nicht erkennen.

Die ABC-Übung von dem US-amerikanischen Psychologen Albert Ellis trägt dazu bei, unser Denken zu verlangsamen und bestimmte Gedanken konkret herauszugreifen und von allen Seiten zu betrachten. Der Grundgedanke dieser Übung wird auch in Therapien und Coachings angewendet, und wurde im Rahmen eines Resilienz-Programms in den USA von Dr. Steven Hollon, Dr. Arthur Freeman und Dr. Martin Seligman weiterentwickelt. Dabei durchläuft man mehrere Schritte, die sich an den ersten Buchstaben des Alphabets orientieren, was mit deutschen Begriffen so natürlich nicht funktioniert.

1. Schritt: Was genau ist das Problem, die Herausforderung oder Niederlage? (Adversity)

Hierbei kann es sich um ein Ereignis, eine Nachricht, eine Reaktion von jemandem, aber auch einen inneren Zustand oder eine Erkrankung handeln. Also angefangen von einem Gedanken oder einer Info, von Kopfschmerzen und Haarausfall über Angst oder Wut, bis hin zu einer Kündigung oder einer körperlichen Behinderung.

2. Schritt: Welche Gedanken, Überzeugungen oder Sorgen hast du? (Beliefs)

Frage dich, was du mit deiner Herausforderung verbindest. Am besten schreibst du alle Punkte erst einmal auf, sodass du dich danach genauer damit auseinandersetzen kannst. Versuche bewusst zwischen rationalen und irrationalen Gedanken zu unterscheiden. Welche sind also logisch, wissenschaftlich begründet, angemessen oder hilfreich, und welche nicht? Eine Überzeugung kann zum Beispiel sein: »Ich darf keine Fehler machen«.

3. Schritt: Was bewirken die Gedanken/Überzeugungen/Sorgen bei dir? (Consequences)

Du kannst hier noch einmal in Aspekte unterscheiden, die dich voranbringen, und solche, die dich ausbremsen. Ein sogenanntes dysfunktionales Verhalten wäre zum Beispiel das Vermeiden von Situationen, in denen man Fehler machen kann. Das innere System schützt einen zwar vor negativen Erfahrungen und Emotionen, hält einen dadurch aber auch vom echten Leben ab und so hat man auch keine Möglichkeit, sich zu entwickeln.

4. Schritt: Argumentiere gegen die Aspekte, die dich ausbremsen, kleinmachen, dir Angst machen oder für eine negative Stimmung sorgen! (Dispute)

4.1. Welche Beweise gibt es für deine Gedanken/Überzeugungen/Sorgen?

4.2. Wie könnte man sie alternativ betrachten?

4.3. Was kann schlimmstenfalls passieren?

4.4. Was ist nützlich an deinen negativen Gedanken/Überzeugungen/Sorgen? Also: Wieso schleppst du sie schon lange mit dir herum?

Wenn du diese Übung machst, kannst du deinem Denkmuster auf die Schliche kommen und leichter erkennen, ob du von irrationalen Gedanken geleitet und blockiert wirst. Denn wir Menschen reagieren meistens gar nicht auf konkrete Geschehnisse. Eine viel wichtigere Rolle spielt, wie wir das Geschehnis bewerten, entweder als positiv, negativ oder neutral. Erst daraus entstehen unsere Emotionen und schließlich unser Verhalten. Die Bewertungen entstehen durch unsere Überzeugungen, also was wir über uns, andere Menschen, Dinge und die Welt (unbewusst) denken. Unsere Überzeugungen sind die Brille, durch die wir das Ereignis anschauen. Dadurch entstehen in uns bestimmte Eindrücke, die Emotionen und Verhalten auslösen. Wenn wir uns diesen Prozess anhand konkreter Probleme oder Gedanken immer wieder deutlich machen, gewinnen wir die Freiheit, uns eine andere Brille aufzusetzen. Ein eh schon dunkler Tag mit vielen Gewitterwolken und ohne Sonne wirkt noch bedrohlicher, wenn wir eine dunkle Sonnenbrille tragen.

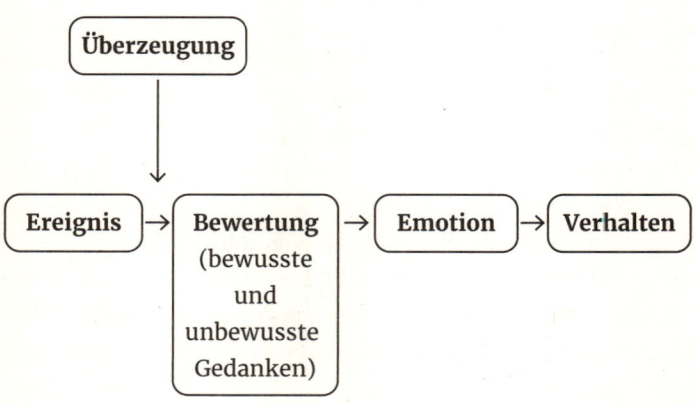

Ein Beispiel, um diesen inneren Prozess zu verdeutlichen: Wenn jemand in einer Prüfung durchfällt und er die Überzeugung hat, »ich muss perfekt sein und darf keine Fehler machen, denn wenn ich Fehler mache, bin ich nichts wert und werde nicht mehr geliebt«, dann wird er das Ereignis natürlich extrem negativ bewerten, wodurch Schuldgefühle oder Niedergeschlagenheit ausgelöst werden können, es zu Grübeleien, zum sozialen Rückzug und Frustessen kommen kann. Die Person fühlt sich als Versager und wird bei der nächsten Prüfung möglicherweise besonders aufgeregt und ängstlich sein.

Wenn du diese Übung machen möchtest, kannst du dir also entweder eine Emotion, die dich runterzieht, einen Gedanken, der dich belastet, oder ein problematisches Ereignis als Ausgangspunkt nehmen und die restlichen Elemente, wie bei einer mathematischen Gleichung step by step ergänzen, sodass du ein klareres Bild von dem bekommst, was gerade in dir los ist und wo du am besten ansetzt.

Die Person aus dem Beispiel könnte erkennen, dass die Einstellung, keine Fehler machen zu dürfen, etwas ist, was sie schon seit ihrer Kindheit kennt. Vielleicht hat man ihr früher nichts zugetraut oder sie wurde bei schlechten Leistungen (mit Liebesentzug) bestraft. Die Person könnte dadurch besser verstehen, durch was die negativen Bewertungen und Emotionen getriggert werden, und sich selber sagen, dass sie nun aber kein kleines Kind mehr ist und die Prüfung auch nicht für ihre Eltern geschrieben hat. Sie könnte sich noch mal in Erinnerung rufen, was diese Prüfung für sie bedeutet, also wie wichtig sie wirklich für die Sache an sich ist und welche Möglichkeiten sie nun hat (zum Beispiel die Prüfung zu wiederholen oder mit anderen Prüfungen/Leistungen auszugleichen).

Natürlich darf sie auch traurig über das negative Ergebnis sein, sie könnte aber durch die Analyse verstehen, dass es nichts bringt, sich mit drei Pizzen und vier Schüsseln Eis zu trösten und für positive Emotionen zu sorgen, sondern dass es jetzt wichtig ist, nach vorne zu schauen, sich zu fragen, wie sie sich künftig besser auf Prüfungen vorbereiten kann und das dann auch zu tun. Ganz besonders wichtig ist, dass sie dafür sorgt, sich selbst keinen Stempel zu verpassen. Dazu gehört auch, dass die Person nun nicht alles abbricht, weil sie sich als Loser fühlt, auch wenn das Abbrechen vielleicht attraktiv erscheint, weil sie dadurch keine weitere Prüfung und somit auch keine weitere Niederlage zu befürchten hat.

1000 Wege führen nach Rom, und noch viel mehr an Rom vorbei

Versuche im Alltag gewohnte Dinge mal anders zu machen. Dadurch trainierst du dein inneres System für mehr Flexibilität. Wenn du nämlich auf einer tieferen Ebene verstanden hast, dass es nicht nur eine Variante gibt, Dinge zu machen, sondern dass wir uns immer wieder aufs Neue für andere Wege entscheiden können, wird auch dein Denken und Handeln, wenn es um Probleme geht, flexibler. Nimm doch mal andere Wege nach Hause, putz dir mit der anderen Hand die Zähne, koch dein Lieblingsgericht mal so, dass du eine wichtige Zutat durch eine andere ersetzt, triff dich mit anderen Menschen in der Mittagspause, gestalte eine Woche lang die erste Stunde nach dem Aufstehen jeden Tag komplett anders. Brich also aus deinen Gewohnheiten aus, lass dich von den neuen Eindrücken überraschen, hab Spaß beim Ausprobieren und werde dir immer wieder bewusst, wie viele Alternativen es geben kann, wenn man genau hinschaut und sich darauf einlässt.

Erlaube dir die Freiheit, viele neue Erfahrungen zu machen und dadurch immer wieder von neuen Facetten des Lebens und dir selbst überrascht zu werden. Niederlagen, Rückschläge, Fehler und Scheitern können dann als Sackgassen gesehen werden, die einen zwar nicht ans Ziel geführt haben, die aber keinen Grund darstellen, die Reise abzubrechen. Man muss sich nur einen neuen Weg suchen. Und so ganz sinnlos sind Sackgassen ja auch nicht, denn durch sie lernen wir, wo und wie es nicht weitergeht. Wir bekommen dadurch also ein klareres Bild von der Gegend. Allerdings darf man natürlich nicht in der Sackgasse bleiben und sich da häuslich einrichten.

Sei ruhig enttäuscht, dann aber richtig. Um die Kraft der Sprache ging es ja gerade schon. Das Wort Enttäuschung ist wundervoll. Wir verbinden Enttäuschungen meist mit etwas Negativem, dabei steckt etwas Positives drin. *Ent-täuschung* bedeutet, dass die Täuschung vorbei ist, man also wieder oder endlich klar sehen kann. Es handelt sich dabei um eine verspätete Wahrheit. Man ist also nicht mehr geblendet oder hängt falschen beziehungsweise unrealistischen Vorstellungen nach. Das ist extrem wichtig, um lösungsorientiert nach vorne schauen zu können. Wenn du enttäuscht bist oder wurdest, sei ruhig erst einmal traurig, versuche diese Energie aber zu drehen und als Rückenwind wahrzunehmen. Ja, du darfst dich über Enttäuschungen sogar freuen und dich vom Physiker und Nobelpreisträger Max Planck inspirieren lassen. Als Wissenschaftler kannte er sich mit Enttäuschungen aus, denn in Experimenten stellen sie oft fest, dass sie sich bei ihren Hypothesen geirrt haben. Im Jahr 1910 hielt Planck einen Vortrag vor anderen Wissenschaftlern auf der 82. Versammlung Deutscher Naturforscher und Ärzte. Dort sagte er: »Eine Enttäuschung, wenn sie nur gründlich und endgültig ist, bedeutet einen Schritt vorwärts, und die mit der Resignation verbundenen Opfer würden reichlich aufgewogen werden durch den Gewinn an Schätzen neuer Erkenntnis.« Also: Durch eine Enttäuschung wird man klüger. Eine Enttäuschung ist ja die Lücke zwischen Fantasie und Realität. Also zwischen dem, was man über eine Person oder über etwas dachte, und wie es wirklich ist. Herzlich willkommen in der Wirklichkeit! ;-) Leb im Hier & Jetzt und mach das Beste draus. Übrigens haben Enttäuschungen auch viel mit unseren Erwartungen zu tun. Überprüfe deshalb auch mal ganz kritisch, was du von dir und deinem Umfeld alles erwartest. Was würde passieren, wenn du deine Erwartungen etwas runterschraubst?

Im Nachhinein entpuppt sich so manche Enttäuschung einfach nur als harmloser Richtungswechsel, für den man vielleicht sogar irgendwann dankbar ist.

☛ **Welche Enttäuschungen in deinem Leben fühlten sich erst einmal wie eine Katastrophe an, waren rückblickend aber der Startschuss für einen neuen Lebensabschnitt und dein persönliches Wachsen?** Was kann dir helfen, auch künftig klarer zu sehen und mit Enttäuschungen nicht zu lange zu hadern?

....

....

....

Sich lösungsorientiert zu verhalten, bedeutet auch, sich mit Narben anzufreunden. Klar, mit der Zeit verlieren manche negative Erlebnisse ihren Schrecken. Vielleicht vergisst man sie sogar, der Schmerz verschwindet und man entwickelt neues Vertrauen und Lebensfreude. Vor allem bei der Liebe kann man das besonders gut merken. Oder besser gesagt: Wenn eine Liebe zu Ende geht oder wenn nichts so richtig draus wird, obwohl man selbst schon im 7. Himmel ist. Der Aufprall ist dann erst einmal wahnsinnig hart, unmenschlich hart. Sicher hast du so was auch schon erlebt. Alles kann plötzlich sinnlos erscheinen. Man will nur noch im Bett bleiben und nicht mehr rausgehen, selbst das Lieblingseis schmeckt einfach nur fade, und man kann sich nicht vorstellen, jemals wieder glücklich sein zu können, und schon gar nicht, dass man sich noch mal neu verliebt. Es fühlt sich an, als wäre mit diesem einen Menschen, der nichts (mehr) von einem will, nun das ganze Leben vorbei. Doch dann, eines Tages spürt man doch wieder so ein Kribbeln im Bauch und die Verletzungen sind gar nicht mehr so präsent oder auch gar nicht mehr von Bedeutung.

Man sollte allerdings nicht davon ausgehen, dass die Zeit alles ausradiert oder löscht, denn selbst wenn die Wunden verheilt sind, bleiben Narben zurück. So wie einige Menschen ihre Narbe von einem Unfall oder einer Operation bei bestimmten Wetterverhältnissen spüren oder sie ihnen immer wieder bewusst wird, wenn sie in den Spiegel gucken, und sie dann eben auch an die Geschichte, die mit der Narbe verbunden ist, erinnert werden, können sich auch seelische Narben immer wieder bemerkbar machen. Vielleicht denkt man bei der neuen Liebe nicht direkt an die alten Verletzungen, aber die Erfahrungen, die man gemacht hat, sind nicht einfach weg. Sie haben Spuren bei uns hinterlassen, manchmal nur ganz oberflächliche, manchmal aber auch tiefe, die uns vielleicht nicht mal bewusst sind. Aber sie können einen Einfluss auf unser Wahrnehmen, Denken, Fühlen und Verhalten haben. Deshalb glaube ich, dass es ganz wichtig ist, nicht einfach nur auf die Zeit zu vertrauen, die schon dazu führen wird, dass die Wunden geheilt werden. Wichtig ist eben auch, sich die Zeit zu nehmen, um sich aktiv mit dem auseinanderzusetzen, was passiert ist, also die Wundheilung zu unterstützen und dann auch seine Narben zu pflegen. Die Gefahr ist sonst, dass einen zum Beispiel Ängste, Unsicherheiten und Selbstzweifel leiten, ohne dass man das so klar benennen kann. Denn was erst einmal nur wie eine Platzwunde aussieht oder wie ein Kratzer, ist vielleicht doch eine tiefere Verletzung gewesen, die uns innerlich verändert hat.

Wenn es dir nicht gut geht, betreibe deshalb auf eine lösungsorientierte Weise Ursachenforschung. Meist halten wir uns zu lange an den Symptomen auf, also zum Beispiel an dem Gefühl von Angst, an der Unsicherheit oder dem Zweifeln. Versuche tiefer vorzudringen. Versuche bis zur Wurzel vorzudringen. Dafür kann hilfreich sein, sich zu fragen, wann zum Beispiel diese Angst entstanden ist, wovon sie ausgelöst wurde und ob es sie nicht vielleicht sogar sehr viel früher zum ersten Mal gab. Hilfreich kann auch sein, wenn man versucht zu verstehen, was womit zusammenhängt. Also was macht die Angst mit dir? Welche anderen Emotionen löst sie aus? Welche Gedanken löst sie aus – und auch andersrum: durch welche Emotionen, Gedanken und Erlebnisse wird sie immer wieder ausgelöst. Genauso kann man sich auch fragen: Seit wann habe ich dieses Problem und welche Parallelen hat es zu anderen Problemen, die ich immer wieder habe oder schon lange mit mir rumschleppe?

Viele Menschen trauen sich nicht, sich diese Fragen zu stellen und sich tiefer damit auseinanderzusetzen, weil sie befürchten, dass dann alles nur noch schlimmer wird, dass sie dadurch möglicherweise auf Dinge stoßen, mit denen sie nicht umgehen können, oder dass dadurch eine tiefe Traurigkeit oder Hilflosigkeit ausgelöst wird. Natürlich kann es wehtun, sich mit solchen Dingen intensiv zu beschäftigen, also das Pflaster abzureißen und zu sehen, was sich darunter verbirgt. Doch wenn man sich selbst besser versteht und eben auch die Zusammenhänge besser versteht, kann man leichter damit umgehen und das vielleicht sogar loslassen oder auflösen.

Diese Auseinandersetzung muss man ja auch gar nicht alleine machen. Dabei können Therapeuten oder Coaches helfen. Man muss eben nur die Bereitschaft haben, diese Kiste mal aufzumachen und reinzuschauen, statt sie einfach nur mit sich rumzuschleppen.

Und sei dir auch bewusst, dass man mit Wunden und Narben ein ganz fantastisches Leben haben kann, wenn man sie als Teil von sich selber akzeptiert. Die Psychologin Emmy Werner, quasi die Mutter der Resilienz, die ich dir im ersten Kapitel schon vorgestellt habe, bezeichnete sich selbst als optimistischen Menschen, *obwohl* sie einige Narben hatte. Als Kind erlebte sie in Deutschland den Zweiten Weltkrieg. In dieser Zeit verlor sie ihre Familie. Immer wenn sie später als Erwachsene Sirenen hörte, duckte sie sich ganz automatisch. Die Erlebnisse waren so tief in ihr verankert, dass die Angst und das schützende Verhalten blieben. Trotz der Wunden, die der Krieg bei ihr verursachte, machte sie ihr sogenanntes Notabitur, denn wegen der Bombardierungen waren Schulen jahrelang geschlossen, und fing noch in Deutschland an, Psychologie zu studieren. Mit 20 kam sie durch ein Stipendium in die USA, lernte dort ihren Mann kennen, beendete ihr Studium und fand eine neue Heimat.

Acht Schritte, um einen guten und für dich passenden Therapeuten oder eine Therapeutin zu finden

Eine Psychotherapie kann eine wertvolle Unterstützung sein, um mit Krisen und psychischen Problemen besser umzugehen und wieder zurück ins Leben zu finden. Viele Menschen haben allerdings Angst, als verrückt zu gelten, wenn sie zu einem Therapeuten gehen, oder kommen sich als Loser vor, weil sie denken, doch allein mit ihren Schwierigkeiten zurechtkommen zu müssen. Dabei ist es völlig normal, an Punkte zu kommen, die einen überfordern. Es ist also absolut okay, professionelle Unterstützung in Anspruch zu nehmen. Wenn du dir dein Bein gebrochen hast, würdest du ja auch nicht in den Baumarkt humpeln, um dir Gips zu kaufen und dann dein Bein selbst zu verarzten. Wieso sollte es bei Erkrankungen der Psyche anders sein? Unser Wahrnehmen, Denken, Fühlen und Handeln wird in einem komplexen Zusammenspiel von verschiedenen Organen gesteuert, die natürlich auch krank werden können, genauso wie das Bein. Wenn zum Beispiel zu wenig oder zu viele Hormone produziert werden, kann das große Auswirkungen auf unsere Psyche haben, aber auch belastende Erlebnisse können uns das Leben schwer machen.

Wenn du auf der Suche nach einer Therapeutin oder einem Therapeuten bist, wirst du merken, dass es viele verschiedene Bezeichnungen gibt. Schauen wir uns die Unterschiede zuerst einmal an:

1. Psychotherapeut: Dabei handelt es sich entweder um einen Psychologen oder einen Mediziner, der nach dem Studium noch eine mehrjährige Ausbildung zum Therapeuten gemacht hat. Einige sind zusätzlich spezialisiert auf Kinder und Jugendliche. Psychologische Psychotherapeuten dürfen selbst keine Medikamente verordnen.

2. Psychiater: Er ist ein Facharzt für seelische Erkrankungen oder Störungen. Er hat also einen medizinischen Hintergrund und kennt sich mit Medikamenten sehr gut aus.

3. Psychologe: Diese Person hat Psychologie studiert und kennt sich also mit dem menschlichen Wahrnehmen, Denken, Fühlen und Verhalten aus. Daraus ergeben sich viele verschiedene Berufsfelder, so wie bei mir. Diese Person darf aber nicht therapieren, weil sie nach dem Studium nicht diese Zusatzausbildung gemacht hat.

4. Heilpraktiker Psychotherapie: Diese Person hat eine Weiterbildung besucht und eine Prüfung absolviert, die sie berechtigt, diesen Titel zu tragen. Ein Psychologiestudium oder ein medizinisches Studium sind dafür keine Voraussetzung. Der Heilpraktiker kann seine Behandlungsmethoden frei wählen. Dadurch werden auch viele Methoden angewendet, die nicht wissenschaftlich überprüft wurden. Oftmals fließen in seine Arbeit esoterische oder spirituelle Konzepte hinein. Deshalb können diese Leistungen nicht mit den gesetzlichen Krankenkassen abgerechnet werden. Ich würde allen Personen mit psychischen Beschwerden empfehlen, eher einen Psychotherapeuten oder Psychiater zu kontaktieren.

Checkliste: Brauche ich eine Therapie?

Diese Frage kann ein Buch dir natürlich nicht seriös beantworten. Wenn du Zweifel hast, besprich das mit einer Expertin oder einem Experten. Geh lieber einmal zu viel als einmal zu wenig hin. Denk immer daran: Das ist der Job der Experten.

Schau dir diese Checkliste in Ruhe an und frage dich bei jedem Satz, ob du den Aussagen aktuell zustimmst oder nicht.

(1) Meine Probleme belasten mich sehr und überschatten mein Leben.

(2) Ich habe schon versucht, sie allein zu lösen, es aber nicht geschafft.

(3) Ich fühle mich antriebslos, kann mich kaum noch freuen und ziehe mich immer weiter zurück.

(4) Ich habe Suizidgedanken.

(5) Meine negativen Gedanken und Emotionen beherrschen und belasten mich.

(6) Ich nehme Tabletten, Alkohol oder Drogen, um mich besser zu fühlen und zu funktionieren.

(7) Ich vernachlässige meine Hobbys und Freunde.

(8) Ich habe Schlafstörungen oder andere körperliche Beschwerden (zum Beispiel Magenschmerzen oder Panikattacken).

(9) Ich esse sehr wenig oder sehr viel.

(10) Ich traue mich nicht, mich jemanden aus meinem Bekanntenkreis anzuvertrauen oder habe niemanden zum Reden.

Wenn du bei einigen dieser Aussagen zustimmst, suche dir bitte Unterstützung. Bei der Suche kannst du dich von deiner Hausärztin oder deinem Hausarzt, deiner Krankenkasse oder Beratungsstellen bei dir in der Gegend unterstützen lassen. Diese acht Schritte helfen dir dabei.

1. Schritt: Werde dir darüber klar, was dein Ziel ist

Wenn wir uns mitten in einer Krise befinden, kann es sein, dass wir nicht viel Kraft haben und schnell mutlos werden. Deshalb vereinbare mit dir selbst, dass du alles in deiner Macht Stehende tun wirst, um einen Therapieplatz zu bekommen. Du kannst auch Freunde, Angehörige und Externe bitten, dich dabei zu unterstützen.

Gesteh dir ein, dass du gerade Probleme hast, die du mithilfe einer Expertin oder einem Experten bearbeiten möchtest. Mal dir aus, wie sich dein Leben (wieder) anfühlen wird, wenn es dir besser geht. Lass dich von dieser Vision tragen.

2. Schritt: Entscheide dich für eine Therapieform

Es gibt unfassbar viele therapeutische Richtungen. Da ist es nicht leicht, den Überblick zu behalten. Orientier dich am besten daran, welche Therapieformen von der Krankenkasse bezahlt werden, denn sie werden deshalb übernommen, weil dazu klinische Studien vorliegen, die gezeigt haben, dass sie wirksam sind. Solche Untersuchungen laufen genauso ab wie bei Medikamenten und sind sehr streng. Das heißt übrigens nicht, dass alle anderen Therapieformen unwirksam sind. Die Methoden und die Forschung entwickeln sich immer weiter. Informier dich also über den aktuellen Stand.

Wenn über Psychotherapie gesprochen wird, geht es klassischerweise um diese drei Richtungen:

Psychoanalyse: Dabei denken viele direkt an Sigmund Freud, den Vater der analytischen Psychologie, und die Couch, auf der die Patienten liegen. Eine weitere Form ist die Analyse nach Carl Gustav Jung und die Individualpsychologie nach Alfred Adler. Alle drei Varianten haben gemeinsam, dass die Patientinnen und Patienten dazu angeregt werden, ihr eigenes Erleben zu reflektieren. Es geht darum, sich selbst besser zu verstehen und unbewusste Aspekte aufzudecken, indem die Vergangenheit aufgearbeitet wird.

Tiefenpsychologie: Die Methoden sind ähnlich wie die in der Psychoanalyse, allerdings ist die Therapie zielgerichteter. Während man in der Analyse die Chance hat, sich selbst besser kennenzulernen und zu verstehen, geht es bei der tiefenpsychologisch orientierten Therapie stärker darum, ein konkretes Problem zu lösen oder ein bestimmtes Ziel zu erreichen.

Kognitive Verhaltenstherapie: Wie der Name schon deutlich macht, steht dabei das Verhalten im Mittelpunkt. Auch in dieser Therapieform kann es darum gehen, stärker in die Vergangenheit zurückzugehen und zu verstehen, was Ursachen und Auslöser für Probleme oder Erkrankungen sind. Allerdings geht es dann auch immer wieder ins Hier und Jetzt und um die Frage, welche Verhaltensweisen schädlich und nützlich sind, um herauszufinden, was man konkret verändern kann.

Diese Therapieform ist besonders gut wissenschaftlich untersucht und dauert deutlich kürzer als die anderen beiden. Gerade bei Depressionen, Ängsten und Zwängen lassen sich hier häufig schnell Fortschritte erkennen.

Künftig werden wahrscheinlich auch die Gesprächstherapie und die Systemische Therapie von den Krankenkassen übernommen.

3. Schritt: Verschaff dir einen Überblick über Therapieangebote in deiner Nähe

Im Internet findest du verschiedene Datenbanken, in denen du nach Therapeutinnen und Therapeuten suchen kannst. Eine Auswahl an hilfreichen Kontakten, habe ich dir in einer Übersicht auf Seite 315 zusammengestellt.

Du kannst in diesen Datenbanken unter anderem einstellen, wo du wohnst, wie weit der Therapeut maximal entfernt sein darf, welche therapeutische Richtung und welche Spezialthemen du suchst. Außerdem siehst du dann auch, ob es sich um eine Frau oder einen Mann handelt, was natürlich auch ein Kriterium sein kann. Eine Bitte: Entscheide nicht anhand von Fotos, ob die Person für dich infrage kommt. Natürlich werden dir manche sympathischer erscheinen als andere, aber du bist gerade nicht bei Tinder. ;-)

Erinner dich immer wieder an dein Ziel vom ersten Schritt. Du suchst keinen Lebenspartner oder eine Freundin, sondern einen Experten oder eine Expertin, damit es dir besser geht. Außerdem können Fotos einen völlig falschen Eindruck von dem Menschen vermitteln. Überleg dir am besten klare Kriterien für deine Suche, sei aber auch nicht zu wählerisch und halte dich nicht zu lange mit dem Vergleichen und Abwägen auf. Alle haben viele Jahre lang studiert, danach eine mehrjährige Ausbildung gemacht, haben in dieser Zeit in Kliniken gearbeitet und viele Erfahrungen mit Patientinnen und Patienten gesammelt. Du kannst darauf vertrauen, dass sie gut ausgebildet sind. Wichtige Kriterien können die grundsätzliche Therapieform sein, ob deine Problematik ein Schwerpunktthema ist, ob sie ihre Leistungen mit der Krankenkasse abrechnen können und wie weit die Praxis von dir entfernt ist.

4. Schritt: Kontaktiere die Therapeuten, die für dich in Frage kommen

Es kann schwierig und nervig sein, die Therapeutinnen oder Therapeuten zu kontaktieren. Die meisten sind nur zu bestimmten Sprechzeiten in der Praxis und nicht gut telefonisch zu erreichen, weil sie natürlich die meiste Zeit mit Patienten sprechen und häufig keine Sprechstundenhilfe haben. Du kannst ihnen aber auf die Mailbox sprechen oder eine E-Mail schreiben. Am besten überlegst du dir vorab, was sie über dich wissen sollten, und hast die Punkte parat, wenn du anrufst.

Falls du noch unsicher bist, welche Therapieform für dich und deine Situation am besten geeignet ist, kontaktiere ruhig verschiedene Therapeuten und besprich das mit ihnen.

Sei dir darüber bewusst, dass sie oft lange Wartelisten haben und man in der Regel nicht sofort einen Termin bekommt. Lass dich davon aber nicht abschrecken. Schreibe dir genau auf, wen du wann angerufen hast, ob du direkt eine Absage bekommen hast oder wann es wieder freie Termine gibt. Sammle auch die E-Mails. Wenn man sehr viele Absagen bekommt oder extrem lange auf einen Platz warten müsste, gibt es die Möglichkeit, dass du dich auch von einem Therapeuten oder einer Therapeutin ohne Kassensitz behandeln lassen kannst und die Krankenkasse die Therapiekosten trotzdem übernimmt. Es gibt nur eine bestimmte Anzahl an Kassensitzen, genauso wie bei Ärzten. Wenn ein Therapeut keinen Kassensitz hat, hat er keinen Vertrag mit den Krankenkassen, was bedeutet, dass die Patienten die Rechnungen eigentlich selbst zahlen müssen. Lass dich von deiner Krankenkasse dazu beraten und finde heraus, was es für Ausnahmen gibt. Sieh deine Krankenkasse nicht als bürokratische Hürde, sondern als Partner und Unterstützung an.

Falls dir die Wartezeit zu lang erscheint, wende dich auch mal an Institute, die Psychotherapeuten ausbilden. Dort ist die Chance hoch, schneller einen Termin zu bekommen. Im Rahmen der mehrjährigen Ausbildung beginnen die Psychologinnen und Psychologen nämlich, unter Anleitung eigenständig Therapien durchzuführen.

5. Schritt: Mach Termine für ein Kennenlerngespräch aus

Die ersten Treffen heißen probatorische Sitzungen und werden von der Krankenkasse ganz unkompliziert bezahlt. Der Begriff stammt vom lateinischen Wort für (aus)probieren ab. Es geht also darum, dass du einen Eindruck vom Therapeuten bekommst, und er oder sie eine Idee davon erlangt, was genau dein Problem ist und wie eine Therapie gemeinsam ablaufen könnte. Dazu wirst du Fragen anhand eines Fragebogens gestellt bekommen. Die Fragen helfen ihm, eine Diagnose zu formulieren. Bei deiner Krankenkasse muss er dann die Therapie genehmigen lassen.

Du kannst parallel bei verschiedenen Therapeuten probatorische Sitzungen machen, um besser vergleichen zu können. Überfordere dich aber nicht, denn es kann natürlich anstrengend sein, immer wieder neu zu erzählen, wer du bist und worum es dir geht.

6. Schritt: Entscheide dich für eine Therapeutin oder einen Therapeuten

Bei der Entscheidung spielt dein Bauchgefühl eine große Rolle. Wichtig ist, dass du der Person vertrauen kannst, dich ihr gegenüber sicher fühlst und öffnen möchtest. Du solltest sie sympathisch finden und dich verstanden und ernst genommen fühlen. Wenn mehrere Therapeuten für dich infrage kommen und es dir schwerfällt, dich zu entscheiden, zieh auch objektive Kriterien heran, wie zum Beispiel die Entfernung und den Fahrtweg.

Hab keine Scheu abzusagen, denn hier geht es ja um dich. Entscheide dich also nicht aus Mitleid für eine Therapeutin oder einen Therapeuten. Und sag bitte wirklich ab, auch wenn das eine Überwindung für dich ist, denn damit gibst

du anderen Menschen eine Chance, die auch auf der Warte-
liste stehen.

7. Schritt: Überbrück die Wartezeit sinnvoll

Von der Entscheidung, eine Therapie zu machen bis zum Start
können leider viele Monate vergehen. Jeder Tag ohne Therapie kann belastend sein. Nutz deshalb Angebote, um die Zeit
sinnvoll zu überbrücken. Eine sehr gute Variante sind Selbsthilfegruppen. Du kannst dich aber auch an den sozialpsychi-
atrischen Dienst oder Krisendienste wenden, sowohl wenn du
dich beraten lassen willst, wie du die Wartezeit gut überbrücken kannst, als auch wenn es dir nicht gut geht und du mit
jemandem reden möchtest. Es gibt auch mehrere Angebote,
die übers Telefon, Mails oder Chats laufen. Einige haben re-
ligiöse Hintergründe, die meisten sind aber religionsunabhän-
gig. Viele von ihnen haben übrigens auch Berater und Bera-
terinnen mit verschiedenen Sprachkenntnissen, sodass man
in seiner Muttersprache reden oder schreiben kann. Wenn es
dir ganz besonders schlecht geht oder du merkst, dass du dir
selbst oder anderen Schaden zufügen könntest, kannst du
auch jederzeit den Notarzt (112) anrufen oder zur Notaufnahme gehen und dich selbst einweisen.

8. Schritt: Bleib am Ball

Einer meiner Psychologieprofessoren sagte mal in einer Vor-
lesung: »Psychotherapie ist innere Rebellion.« Er meinte damit, dass eine Therapie anstrengend sein kann, weil man
plötzlich über Traumata, Verletzungen und Denk- und Verhaltensmuster spricht, die belastend sind, und Dinge verändern will, die einen schon lange begleiten. Es können viele
alte Geschichten und Emotionen wieder hochkommen. Das ist

erst einmal nicht schön, aber wichtig für den Verarbeitungs- und Heilungsprozess. Dementsprechend bedeutet Psychotherapie auch Arbeit. Man muss sich mit sich selbst auseinandersetzen und bereit sein, etwas zu verändern. Dazu bekommt man Hausaufgaben und Übungen an die Hand, die dabei helfen, sich anders zu verhalten und zu reflektieren. Die eigentliche Arbeit passiert also oft zwischen den Sitzungen.

Es gibt viele Menschen, die ihre Therapie abbrechen, weil sie ihnen zu anstrengend ist oder weil sie sich schnellere Ergebnisse erhofft haben. Einige sind auch unzufrieden mit ihrer Therapeutin oder ihrem Therapeuten, weil sie den Eindruck haben, dass die Therapie nichts bringt oder ihnen zu viel zugemutet wird. Manche suchen sich dann eine andere Person oder verzichten auf eine weitere Therapie, weil sie den ganzen Weg nicht noch mal gehen wollen.

Übernimm Verantwortung für deine psychische Gesundheit und damit auch für deine Therapie. Natürlich kann es gute Gründe geben, eine Therapie abzubrechen. Sei ehrlich zu dir, wenn du diese Tendenzen spürst, und frag dich, warum du sie (wirklich) abbrechen willst. Wir Menschen neigen nämlich manchmal dazu, rationale Argumente vorzuschieben, obwohl sich die wichtigen Faktoren eigentlich auf einer emotionalen Ebene abspielen. Der Wunsch, die Therapie abzubrechen, oder die schlechte Einstellung dem Therapeuten gegenüber können also Schutzmechanismen sein, die dein inneres System aktiviert, um sich nicht mit den belastenden Dingen auseinanderzusetzen. Mach deine Unzufriedenheit oder Frustration nicht allein mit dir aus, sondern besprich sie mit deinem Therapeuten oder deiner Therapeutin. Wenn du den Eindruck hast, dass die Therapie in eine falsche Richtung geht oder es zu hart für dich wird, muss er oder sie das wissen. Sei dir aber auch darüber bewusst, dass es völlig normal ist, wenn es anstrengend wird. Dadurch merkst du, dass in dir etwas passiert.

Fazit to go

Die wichtigste Erkenntnis in diesem Kapitel lautet: Lösungsorientiertes Denken ist eine Entscheidung. Wer immer nur Probleme sieht und zu allen Lösungsansätzen Nein sagt, wird das Stachelschwein niemals zum Lachen bringen. ;-)

- Frage dich: Arbeite ich noch am Problem oder schon an der Lösung? Sei dir darüber bewusst, dass du dich jeden Tag aufs Neue dafür entscheiden kannst, worauf du mehr Energie und Zeit verwenden möchtest.
- Deine Probleme, die Ursachen und Hintergründe zu verstehen, ist natürlich nicht unwichtig. Noch wichtiger ist es aber, konstruktiv nach vorne zu schauen und alles in deiner Macht Stehende dafür zu tun, dass sich etwas zum Positiven verändert, damit du deine Ziele erreichst. Sich nur auf deine Probleme zu konzentrieren, bedeutet, in der Vergangenheit festzustecken und dir selbst im Weg zu stehen, wer lösungsorientiert denkt, gibt der Zukunft eine Chance.
- Nutz dafür all das, was schon jetzt in dir steckt. Verabschiede dich von »Wenn-dann-Gedanken« und höre auf, dir einzureden, dass du auf den richtigen Moment wartest oder es aus tausend Gründen sowieso nichts wird. Versuch zu verstehen, was dir in ähnlichen Situationen geholfen hat und was dich nun voranbringt.
- Achte auf deine Sprache: Versuch weniger zu jammern, sag lieber »und« als »aber«, frag nicht, *ob* du etwas machen kannst, sondern *wie* du etwas erreichen kannst, und probier es mit »ich« statt »man«

– Denk auch immer daran, dass du dir Unterstützung suchen kannst, entweder in deinem Bekanntenkreis oder auch durch Fachleute.

☞ **Am Ende des Kapitels bist du wieder dran: Was war für dich besonders interessant und wertvoll?** Nimm dir ein paar Minuten Zeit und beantworte für dich folgende Fragen:
Welche Gedanken haben mich besonders angesprochen und bewegt? Welche Impulse und Übungen klangen interessant? Welche Lösungswege sehe ich für mich? Und was möchte ich gerne umsetzen oder zumindest mal testweise anders machen?

....

....

....

....

....

....

....

....

....

....

5. Resilienz-Baustein: Netzwerkorientierung – *Niemand ist eine Insel*

>*Wenn der Blinde den Lahmen trägt,
kommen beide fort.*«

UNBEKANNT

Wir Menschen sind soziale Wesen. Andere Menschen tun uns gut, in guten wie in schlechten Zeiten. Durch andere Menschen können wir uns zugehörig fühlen, erfahren, was Liebe ist, und wir bekommen Unterstützung in Krisenzeiten. Netzwerkorientierung bedeutet aber auch, auf andere zuzugehen und sich helfen zu lassen. In diesem Kapitel stelle ich dir Übungen und Modelle vor, die dir dabei helfen, dein Netzwerk zu stärken und positive Beziehungen zu anderen Menschen zu gestalten.

Die Psychologen Martin Seligman von der *University of Pennsylvania* und Ed Diener von der *University of Virginia* sagen, dass soziale Beziehungen für uns so wichtig sind wie Nahrung. Sie untersuchten ein Semester lang, wie glücklich ihre Studenten sind.[18] Mehr als zweihundert Studierende füllten mehrmals Fragebögen aus, führten Tagebuch und wurden von Freunden und Mitstudierenden eingeschätzt. So berechneten die Wissenschaftler für jeden Studenten ein persönliches Glückslevel und unterteilten sie in drei Gruppen: die sehr Glücklichen oberen zehn Prozent, die durchschnittlich Glücklichen und die wenig Glücklichen unteren zehn Prozent. Was unterschied die oberen zehn Prozent von den unteren zehn Prozent? Du kannst es dir natürlich schon denken: Es waren ihre Beziehungen. Die Studentinnen und Studenten, die zu den oberen zehn Prozenten gehörten, verbrachten deutlich weniger Zeit allein. Alle hatten gute Beziehungen zu Familienmitgliedern, Freunden und Bekannten.

Bei solchen Befragungen ist allerdings nie klar: Was ist Henne und was ist Ei? Was ist Ursache und was ist Wirkung? Sind die Studenten glücklicher gewesen, weil sie bessere soziale Beziehungen hatten, oder hatten sie bessere soziale Beziehungen, weil sie glücklicher waren? Die Forscher gehen davon aus, dass beides einen Einfluss haben kann. Vielleicht klingt diese Erkenntnis nun erst einmal enttäuschend für dich. Darin steckt aber eine Chance: Wir können nämlich an beiden Aspekten arbeiten. Wir können an unserer Lebensfreude arbeiten, indem wir beispielsweise unseren Optimismus trainieren, um offener zu sein und mutiger auf andere zuzugehen (dazu erfährst du im nächsten Kapitel mehr). Wir können uns aber auch bewusst darum bemühen, Kontakte zu knüpfen und zu pflegen, um glücklicher zu werden.

Entscheidend ist dabei nicht, dass wir viele soziale Beziehungen haben, sondern eher gute. Resiliente Menschen verfügen über ein stabiles soziales Netz, das sie in schweren Zeiten auffängt, aber auch dazu beiträgt, dass alltägliche Probleme schon im Kleinen abgefedert werden. Gemeinsame Erlebnisse und sich angenommen zu fühlen, stärken uns. Und schließlich können Menschen in unserem Umfeld Vorbilder sein, die uns inspirieren und Mut für die eigene Entwicklung machen. Umgekehrt können wir aber auch viel Kraft und Sinn daraus ziehen, anderen zu helfen und sie bei ihrer Entwicklung zu unterstützen. Entscheidend ist, dass resiliente Menschen ihr soziales Netz pflegen, darauf achten, dass Geben und Nehmen im Gleichgewicht sind, und dass sie auch bereit sind, um Hilfe zu bitten und diese anzunehmen. Es geht also darum, dass sie ihr Netzwerk gestalten, also netzwerk*orientiert* sind, anstatt sich zurückzuziehen und alles mit sich selbst auszumachen. Diesen Resilienz-Baustein sollten wir also als Fähigkeit sehen, an der wir arbeiten können, und nicht als schnelle Analyse, ob wir ein gutes Netzwerk haben oder nicht. Es geht nicht darum, mal eben durchzuzählen, wie viele gute Freunde wir haben oder wie viele Menschen uns unterstützen, sondern sich zu fragen, wie wir die Beziehungen zu den Menschen in unserer Umgebung stärken können und welche der Beziehungen uns selbst stärken.

Auch andere psychologische Forschungen machen deutlich, dass uns nicht Dinge nachhaltig glücklich machen, sondern Beziehungen zu anderen. Die ausführlichste Untersuchung dazu stammt von der Harvard University. Fast 80 Jahre lang wurden im Rahmen der »The Glueck Study« und der »The Grant Study« Probanden zu ihrem Lebensstil und ihrem Wohlbefinden befragt. Dabei kam raus: Der wichtigste Glücksfaktor sind enge Beziehungen. Die Forscher erklären das damit, dass diese engen Bindungen uns vor Enttäuschungen des Lebens schützen und dass sie das psychische und physische Altern verzögern. Demnach sind enge Bindungen eine wichtigere Voraussetzung für ein langes und glückliches Leben als die soziale Schicht, aus der wir kommen, unser IQ oder unsere Gene. Denn: Bezugspersonen unterstützen unsere Weiterentwicklung, nehmen uns so an, wie wir sind, und sind da, wenn es uns nicht gut geht.

☞ **Schnapp dir doch mal wieder ein Blatt Papier und zeichne dich dieses Mal in die Mitte oder schreib einfach deinen Namen in die Mitte.** Schreib als Nächstes alle Menschen, die dir in den Sinn kommen, um dich herum. Menschen, die dir sehr nahestehen, schreibst du näher an dich selbst, Menschen, zu denen du kaum noch oder inzwischen keinen Kontakt mehr hast, stehen entsprechend weiter weg. Zeichne nun Verbindungslinien zu den Menschen ein, die dir guttun, die dich stärken, die du magst und bei denen du dich wohl fühlst. Wenn du möchtest, kannst du dickere und dünnere Linien zeichnen, um Unterschiede deutlich zu machen. Jetzt kannst du direkt sehen, welche Menschen du öfter kontaktieren solltest. Vielleicht wird dir so auch klarer, welchen Kontakt du gern wieder aktivieren möchtest. Oder du merkst, dass du ganz grundsätzlich mehr Kontakte aufbauen möchtest, vielleicht sogar in einem bestimmten Bereich deines Lebens. Du kannst auch überlegen, wer dir bei einem aktuellen Problem oder einer Schwierigkeit helfen könnte. Da gute Netzwerke aus einem Nehmen und Geben bestehen, solltest du dich aber auch direkt fragen, welche Person aus deinem Netzwerk vielleicht gerade deine Unterstützung gebrauchen könnte. Selbst in Zeiten, in denen es uns selbst nicht gut geht und wir eigene Probleme haben, können wir für andere Menschen hilfreich sein.

Wir Menschen sind keine einsamen Wölfe, sondern Herdentiere

Wir Menschen sind soziale Wesen. Das ist unsere Stärke. Die größte Gefahr für unsere Vorfahren in der Steinzeit war nicht die Mammutherde oder eine Dürreperiode, sondern aus der Gruppe ausgestoßen zu werden. Allein konnte man nicht für ausreichend Nahrung, Schutz, Wärme und schon gar nicht für die Fortpflanzung sorgen. In dieser Zeit hat sich wahrscheinlich die Emotion der Einsamkeit entwickelt. Im Kapitel zur Verantwortungsübernahme habe ich ja bereits geschrieben, dass jede Emotion gut ist, weil sie eine Botschaft für uns hat und uns Energie gibt. Die Einsamkeit deutet daraufhin, dass uns soziale Kontakte fehlen und wir etwas dafür tun sollten, weniger allein zu sein.

Wir Menschen streben nach Bindung *und* Autonomie. Autonomie ist wichtig, um uns als eigenständige Person zu sehen, Selbstvertrauen zu entwickeln und unsere Bedürfnisse ernst zu nehmen. Bei Bindung geht es darum, Liebe und Unterstützung zu erfahren. Forschungsergebnisse zeigen, dass es gerade in der Kindheit wichtig ist, dass man sich geborgen fühlen kann, aber auch die Erfahrung macht, ein eigenständiges Individuum zu sein. Das hilft uns, zu starken Jugendlichen und Erwachsenen heranzureifen. Deshalb ist es nicht verwunderlich, dass es in vielen Märchen darum geht, dass die Hauptfiguren verstoßen werden und trotzdem Erfolg haben, oder darum, dass sie sich mit anderen zusammentun. Aschenputtel wird von der Stiefmutter und der Stiefschwester schlecht behandelt. Ihre einzig liebevolle Bezugsperson ist ihr Vater. Sie lässt sich aber nicht unterkriegen, lebt ihr Leben und lernt dadurch den Prinzen kennen. Die Bremer Stadtmusikanten werden von ihren Besitzern unter anderem geschlagen, schließen sich daraufhin als Gruppe zusammen und können gemeinsam sogar gefährliche Räuber besiegen. Schneewittchen vertraut sich den sieben Zwergen an und erlebt dort Geborgenheit und Schutz.

Jeder Mensch ist als Embryo mit seiner Mutter verbunden, im wahrsten Sinne des Wortes. Schon im Mutterleib nehmen wir ihre Stimme, aber auch ihre körperlichen Reaktionen und Emotionen wie Angst und Freude wahr. Als Babys sind wir auf ihre Milch angewiesen und auch körperliche Berührung ist extrem wichtig. Neurologen haben herausgefunden, dass die Zeit von der 27. Schwangerschaftswoche bis zum 20. Lebensmonat eine besonders sensible Phase für die Entwicklung darstellt. Das Gehirn bildet in diesen 30 Monaten pro Minute 200.000 bis 300.000 Synapsen.[19] Dafür braucht es allerdings Reizungen. Wachsen Kinder vernachlässigt auf, fehlen diese neuronalen Verbindungen.

Machen wir als Babys und Kinder keine guten Bindungserfahrungen, wirkt sich das negativ auf spätere Bindungen aus, also auf Freundschaften, Beziehungen zu Mitschülern, Mitstudenten, Arbeitskollegen und natürlich auch in Liebesbeziehungen. Die Bindungsfähigkeit erwirbt man in diesen frühen Jahren oder eben nicht. Bevor du das Buch nun aber direkt frustriert in die Ecke wirfst, möchte ich dir direkt mitteilen, dass man diese Fähigkeit sein ganzes Leben lang trainieren kann. Eine schlechte Eltern-Kind-Bindung ist kein Urteil, sondern einfach nur ein schwerer Start.

Alle sozialen Interaktionen können sich positiv auf unsere Beziehungsfähigkeit auswirken. In der Kindheit können auch Großeltern, Tanten und Onkel, Freunde der Familie, Erzieher, Lehrer etc. uns etwas mitgeben, was unsere Eltern uns nicht geben konnten. Die Psychologin Emmy Werner hat in ihrer

Resilienz-Studie auf Hawaii herausgefunden, dass Kinder, die wenigstens eine enge Bezugsperson hatten, trotz schlechter Startbedingungen im Leben ihren Weg gegangen sind. Später machen wir mit Freunden und Partnern weitere Erfahrungen. Nicht immer gelingt Bindung so, wie wir uns das vielleicht wünschen. Aber wir können daran arbeiten, wenn wir uns selbst besser verstehen und bereit sind, uns auf das Abenteuer des Miteinanders einzulassen.

Die Entwicklungspsychologin Mary Ainsworth verbrachte die meiste Zeit ihrer Forschungsarbeit mit dem Thema Bindung. Sie nutze die Bindungstheorie des Kinderarztes und Psychoanalytikers John Bowlby, um daraus verschiedene Bindungstypen abzuleiten. Bevor ich dir diese Typen gleich vorstelle und du überlegen kannst, welcher Bindungstyp du wohl bist, möchte ich noch berichten, wie Ainsworth zu diesen Erkenntnissen gekommen ist. Sie hat die Interaktion zwischen Mutter und Kind beobachtet und einen Test entwickelt, den Fremde-Situationen-Test. Einjährige Kinder kamen mit ihrer Mutter in eine Art Wartezimmer. Beobachtet wurde, wie sich das Kind verhält, wenn eine fremde Person den Raum betritt, wenn die Mutter den Raum verlässt und wenn sie wiederkommt. In dem Alter bedeutet das Gehen der Mutter in einer fremden Umgebung Stress für Kinder. Interessant war, dass die Kinder sehr unterschiedlich darauf reagiert haben, vor allem, wenn die Mutter wieder zurückkam. Hier eine Übersicht der vier Bindungstypen und das jeweils typische Verhalten. Vielleicht findest du dich selbst in einer dieser Beschreibungen wieder?

1. sicher gebunden

Wenn die Mutter den Raum verlässt, weinen und schreien die Kinder und krabbeln zur Tür. Von der fremden Person lassen sie sich teilweise beruhigen. Wenn die Mutter zurückkommt, möchten sie auf den Arm genommen werden und beruhigen sich sehr schnell. Das Stresshormon Cortisol geht bei ihnen direkt wieder zurück. Sie nutzen ihre Mutter, um den Raum immer weiter zu erkunden und auch Kontakt zur fremden Person aufzubauen. Die Mütter reagieren schnell auf ihre Kinder und verhalten sich freundlich und verlässlich.

2. unsicher vermeidend

Die Kinder wirken nicht gestresst und verhalten sich selbstständig. Allerdings sind sie auf körperlicher Ebene gestresst. Sie lassen sich also ihre Emotionen nicht anmerken und tun unbeeindruckt. Noch Stunden nach dem Experiment haben sie einen erhöhten Cortisolspiegel.

Wenn die Mutter zurückkommt, ignorieren sie das oft, beschäftigen sich stärker mit dem Spielzeug oder der fremden Person, vermutlich um den Stress auszugleichen. Dieses Verhalten wird häufig als reif und selbstständig missinterpretiert.

Die Mütter vermeiden Körperkontakt und erwarten, dass das Kind auf sie zukommt.

3. unsicher ambivalent

Die Kinder zeigen starke Traurigkeit, wenn sie allein gelassen werden. Sie schreien und schlagen oft gegen die Tür. Wenn die Mutter zurückkommt, suchen die Kinder Kontakt, weisen die Kontaktversuche der Mutter allerdings auch ab oder lassen sich trotz Kontakt nicht beruhigen. Sie wirken hin- und hergerissen zwischen dem Wunsch nach Nähe und der Wut darüber, dass die Mutter sie allein gelassen hat. Auch hier ist der Cortisolspiegel auch noch mehrere Stunden nach dem Experiment erhöht. Mit der fremden Person interagieren sie kaum.

Die Mütter verhalten sich manchmal herzlich und zuge-
wandt, manchmal distanziert und sind nicht ansprechbar oder
erreichbar für die Kinder.

4. desorganisiert gebunden

Wenn die Mutter den Raum verlässt, erstarren die Kinder häufig, da sie keine Strategie haben, mit dem Verlust und ihren
Emotionen umzugehen.

Sie suchen später die Nähe zur Mutter, brechen aber ab, kurz
bevor es dazu kommt. Sie zeigen Angstreaktionen und machen
beispielsweise Grimassen. Dieser Bindungstyp ist häufig bei
Kindern anzutreffen, die von Bezugspersonen misshandelt werden. Auf der einen Seite bietet diese Person Schutz und Nahrung, auf der anderen ist sie der Grund für Angst und Schmerzen. Bei diesen Kindern ist der Cortisolspiegel dauerhaft erhöht.

Ich will es noch einmal betonen: Die vier Bindungstypen können langfristig relativ instabil sein, weil wir immer neue Bindungserfahrungen machen, die völlig anders sind. Dadurch
verändern wir uns. Dennoch kann es sinnvoll sein, das eigene
Bindungsverhalten besser zu verstehen, um dadurch Muster
bei sich selbst zu erkennen. Die Auseinandersetzung damit
kann schmerzhaft sein und alte Wunden wieder aufreißen,
aber auch heilsam sein. Denn dadurch kann man akzeptieren,
wie man aufgewachsen ist, was man als Kind erlebt hat und
leider nicht erleben konnte, und man kann Verantwortung für
die Beziehungen im Hier und Jetzt übernehmen.

Lass (neue) Menschen in dein Leben

Niemand von uns ist allein, so abgeschottet er auch leben mag
und so allein er sich vielleicht auch fühlt. Wir alle haben Netz-

werke, die unterschiedlich stark ausgeprägt sind. Dabei kann es sich um die Paarbeziehung, die Familie, Freunde, Bekannte, Kollegen, Lehrer, Mitschüler, Kommilitonen, Nachbarn oder Mitglieder im Sportverein handeln. Gerade in Krisenzeiten kann das professionelle Netzwerk, auf das ich im vorherigen Kapitel genauer eingegangen bin, eine starke Unterstützung sein. Online-Netzwerke ersetzen zwar keine realen Beziehungen, können diese aber ergänzen. Für all diese Netzwerke können wir tagtäglich etwas tun. Gerade in einer Krise oder auch bei psychischen Belastungen kann es doppelt schwerfallen, soziale Beziehungen zu pflegen und als wertvoll zu empfinden. Scham- und Schuldgefühle sowie ein verringertes Selbstvertrauen oder auch eine soziale Phobie können einem im Weg stehen. So kann es leicht passieren, dass man den Kontakt zu anderen als schwierig wahrnimmt, sich zurückzieht und dadurch sozial isoliert. Der Teufelskreis lässt sich am besten durchbrechen, indem einem diese Mechanismen klar werden und man die eigenen Anteile am Miteinander erkennt. Es ist wichtig, sich selbst neue Erfahrungen mit anderen zu erlauben und sich dafür immer wieder in Erinnerung zu rufen, dass diese nichts für die Verletzungen können, die man erlitten hat.

Die Angst, dass wir uns blamieren oder von anderen abgelehnt werden, kann ein Puzzleteil der eigenen Einsamkeit sein. Deshalb möchte ich dir ein paar Ideen vorstellen, wie du leichter auf andere zugehen kannst. Denn Einsamkeit ist nicht erst im Alter ein Problem. Umfragen zeigen immer wieder, dass sich auch viele junge Menschen einsam fühlen. Weil Einsamkeit so ein großes Problem ist und eben auch ein Gesundheitsrisiko birgt, hat Großbritannien im Jahr 2017 entschieden, ein »Einsamkeitsministerium« ins Leben zu rufen. Die französische Post hat vor einigen Jahren gemerkt, dass immer weniger Leute Briefe und Postkarten verschicken (dazu später mehr), sodass ihr Umsatz zurückgeht und ihr Geschäftsmodell in Gefahr ist. Gleichzeitig ist dem Unternehmen aufgefallen, dass vor allem Leute auf dem Land sehr einsam sind und gern mal mit dem Postboten plaudern. Und so wurde im Jahr 2018 ein neuer Service eingeführt, den man dazubuchen kann: Ab einem Preis von zwanzig Euro im Monat kommt der Postbote mindestens einmal pro Woche kurz vorbei, um mit einem zu reden. Krass oder? Dieser Service wird vor allem von Senioren genutzt, die oftmals allein sind.

Was ist eigentlich der Unterschied zwischen allein sein und einsam sein? Allein sein kann etwas sehr Schönes sein. Man ist nur für sich, man kann sich auf die eigenen Bedürfnisse konzentrieren, seine Gedanken ordnen und zur Ruhe kommen. Allein sein ist erst einmal nur eine Beschreibung, also schlicht: Ich habe gerade niemanden um mich herum. Einsamkeit bedeutet, dass man weniger (gute) soziale Kontakt hat, als man gerne hätte. Einsamkeit ist also die schmerzhafte Lücke zwischen dem sozialen Bedürfnis und der Realität und damit die emotionale Bewertung der Beschreibung. Einsamkeit setzt sich aus äußeren und inneren Faktoren zusammen. Zu den äußeren kann zum Beispiel gehören, dass man in eine andere Stadt gezogen ist oder Schule, Uni oder Job gewechselt hat, dass Freunde weggezogen sind, Beziehungen zerbrochen oder liebe Menschen gestorben sind oder auch einfach, dass man viel im Homeoffice arbeitet. Zu den inneren Faktoren gehören Ängste, Unsicherheiten, Schüchternheit, Glaubenssätze und Vorurteile.

👉 Wie ist das bei dir mit der Einsamkeit?

Ist das etwas, das dich beschäftigt? Fühlst du dich einsam? Wie fühlt sich das für dich an, wo im Körper spürst du es? Oder gab es mal Phasen in deinem Leben, in denen du dich besonders einsam gefühlt hast? Was hast du dagegen getan? Oder was tust du aktuell dagegen? Was sind deine Strategien? Und umgekehrt: Bist du viel allein? Tatsächlich aus freien Stücken? Kannst du das immer genießen? Oder ist das Alleinsein eher eine Erleichterung im Sinne eines Schutzes? Fühlst du dich eher unwohl in Gegenwart von anderen Menschen?

Das Schwierige an der Einsamkeit ist, dass sie schnell chronisch werden kann, wenn man sich an diesen Zustand gewöhnt und nicht mehr an sich und andere glaubt. Um mit anderen in Kontakt zu kommen, braucht es schließlich einen Funken Vertrauen. Es gibt Menschen, denen zwischenmenschlicher Kontakt super leicht fällt, die Meister im Small Talk sind, die selbstsicher sind und sich wenig Gedanken darüber machen, was alles passieren kann. Zumindest lassen sie sich nicht von solchen Gedanken abschrecken, sondern zeigen sich mutig und gehen offen auf andere zu.

Unsere Vorfahren in der Steinzeit lebten immer zusammen mit anderen. Die Wissenschaft geht heute davon aus, dass einer Gruppe maximal 150 Personen angehörten. So viele sehen wir heute schon, wenn wir nur ein paar Minuten durch ein Shopping-Center gehen. Allerdings sind das Fremde. Und wenn wir dann bei uns zu Hause allein sitzen, leben wir eigentlich nicht artgerecht. Das erklärt auch den großen Erfolg von Social Media, Seifenopern und Realityformaten. Wir Menschen interessieren uns eben für Menschen. Wir wollen dazugehören und wir möchten wissen, wie andere mit Problemen umgehen und das Miteinander gut hinbekommen.

Im Gegensatz zum Steinzeitmenschen müssen wir aber aktiv werden, um mit den anderen in Kontakt zu bleiben. Wir müssen die Kontakte bewusst pflegen und gestalten.

Das geht schon damit los, dass wir in Bus und Bahn vielleicht einmal nicht in unser Handy versunken sind, sondern andere Menschen anschauen und anlächeln, sodass vielleicht ein kurzes Gespräch entsteht. Es geht weiter bei den Menschen, die wir regelmäßig sehen, beispielsweise die Nachbarn und Kollegen, Mitschüler, Mitstudenten, aber auch Menschen an der Kasse im Supermarkt oder bei Behörden: Ein offener, freundlicher Umgang und persönliche Worte sind kleine Schätze im Alltag. Und schließlich geht es darum, mit den Menschen, die uns besonders am Herzen liegen, bewusst Zeit zu verbringen, gemeinsame Unternehmungen zu machen, sich ehrlich auszutauschen und zu lachen. Gerade dieser Punkt erscheint so klar und ist oftmals gar nicht so leicht umzusetzen. Volle Terminkalender, Stress, oder dass man weiter voneinander entfernt wohnt, führen leicht dazu, dass sich der Kontakt ausdünnt. Hier ist wichtig, sich immer wieder vor Augen zu führen, dass gute soziale Beziehungen eine Entscheidung sind, zu der die Bereitschaft gehört, das eigene Schneckenhaus zu verlassen und über seinen Schatten zu springen. Wir haben nicht zu wenig Zeit dafür, wir nutzen einfach zu viel Zeit für andere Dinge.

☛ **Frag dich, wie wir mit anderen Menschen in Kontakt gekommen sind, wie wir mit ihnen kommuniziert und auf sie reagiert haben, bevor es das Smartphone gab.** Stell dir mal vor, dass morgen das Internet weltweit kaputtgeht (haha), und zwar für eine ganze Woche. Was würdest du tun? Lass dich von dieser Vorstellung leiten und setz die Dinge um, die dir einfallen.

Sag Geburtstagspartys von Freunden oder Kollegen nicht einfach ab, auch wenn du noch nicht alle Serien geguckt hast, die Netflix dir vorschlägt. Klar, zu Hause im Kuschelpulli mit Pizza und Eis einen gemütlichen Abend zu haben, ist verlockend. Lass dich aber öfter auf das Abenteuer Mensch ein und überwinde dich. Mach dir klar, wovor du Angst hast, wenn du merkst, dass du kneifen willst. Konfrontiere dich selbst damit und gib dir dadurch die Chance, positive Erfahrungen zu machen, sodass sich die Angst nicht bestätigt und du sie allmählich loslassen kannst. Die Angst meint es gut und will dich schützen. Lass dich aber nicht von Angst regieren, sondern erweitere deine Komfortzone. Entwicklung findet immer dann statt, wenn wir ein Kribbeln im Bauch spüren. Nimm dir vor, wenigstens für eine Stunde auf der Party vorbeizuschauen. Und nimm dir außerdem vor, mit mindestens einer Person zu sprechen, die du noch nicht kennst. Auf solchen Partys wird ja oft geklüngelt. In der Küche stehen die Freunde aus der Schulzeit, im Wohnzimmer stehen die Leute aus dem Studium, im Flur stehen die Leute aus dem Job. Und so huscht man auch selbst zu den bekannten Gesichtern, weil sie einem etwas Sicherheit vermitteln. Beginn Gespräche mit Fremden und hab keine Scheu vorm Small Talk. Übrigens ist es so, dass sehr viele Menschen sich überwinden müssen, jemanden anzusprechen. Du bist also nicht allein. Denke beim nächsten Mal daran, dass andere sich freuen, wenn du den ersten Schritt machst. Go for it!

Viele Menschen verbinden mit Small Talk Oberflächlichkeit. Allerdings ist Small Talk eine ganz wunderbare Möglichkeit, um mit Menschen mühelos in Kontakt zu kommen und zwischenmenschliche Beziehungen aufzubauen. Dafür musst du dich nur von hohen Erwartungen verabschieden und darfst dir keinen Druck machen. Denn es geht nicht darum, die andere Person zu beeindrucken und am Ende eine positive Bewertung zu bekommen. Versuch den Fokus von dir selbst wegzubekommen und richte ihn auf die andere Person. Versuch sie besser kennenzulernen. Wenn du also aufgeregt bist, sage dir: Hier gehts nicht um mich, sondern um mein Gegenüber und eine gute gemeinsame Zeit.

Los geht der Small Talk am besten damit, dass du die andere Person anschaust und lächelst. Und dann hast du drei Möglichkeiten, die du natürlich auch miteinander kombinieren kannst:

1. Du kannst über die Umgebung sprechen, also das, was naheliegend ist: Das Konzert, auf dem ihr beide seid, das Zugabteil, in dem ihr sitzt, oder eben das Büro, das ihr euch ab sofort teilt.

2. Du kannst aber auch etwas über dich erzählen: Wo du gerade herkommst oder was noch ansteht. Halte aber keine langen Monologe, sondern brich nur das Eis und sorge dafür, dass ein Dialog entsteht.

3. Du kannst Fragen stellen, um den anderen Menschen besser kennenzulernen. Das können naheliegende Fragen oder kreative und etwas absurde Fragen sein. Zum Beispiel: *Was darf in deinem Kühlschrank nicht fehlen? Welchen Film kannst du dir immer wieder angucken? Wo bist du lieber, am Meer oder in den Bergen? Welche Orte in dieser Stadt oder hier in der Region gefallen dir besonders gut?* Oder wenn es ein bisschen deeper sein soll: *Welche Erfahrung hat dein Leben nachhaltig verändert? Wenn du ein Video von einer Situation in deinem Leben haben könntest, welche wäre es?*

Durch den Smal Talk kannst du dir den Anfang, die Kontaktaufnahme leichter machen. Von ganz allein können sich dann auch ernsthafte und tiefgründige Gespräche ergeben. Übe das ruhig etwas. Mal wird es besser klappen, mal schlechter. Suche dafür ganz bewusst den Kontakt zu neuen Menschen im Café, im Theater oder beim Sport.

Geh deshalb auch mal allein ins Museum oder zum Schwimmen, selbst wenn deine Freunde keine Zeit haben. Gemeinsame Interessen sind sowieso eine sehr starke Verbindung. Deshalb überleg doch mal, was deine Interessen sind, was dich begeistert oder was dir wichtig ist und wofür du dich einsetzen möchtest. Und dann mach das. Gehe dahin, wo Gleichgesinnte sind. Ich bin mir sicher, dass du dann auch auf nette Menschen stoßen wirst, die dein Leben bereichern und deren Leben du bereicherst.

Und vergiss bei alledem Taktiken und Spielchen, um andere dazu zu bringen, dich besser zu finden. Verstell dich nicht. Denn sonst können sie ja nur die Person mögen, die du ihnen vorspielst. Du brauchst dich nicht zu verstellen, um gemocht zu werden. Sei du selbst!

Wie wäre es auch mal, wenn du eine kleine Geburtstagsparty, einen Spieleabend oder eine Sommerparty im Park veranstaltest und Menschen aus verschiedenen Bereichen deines Lebens einlädst? Wenn dann noch jeder Gast eine andere Person mitbringen kann, tust du nicht nur etwas für dein Netzwerk, sondern auch für die Netzwerke deiner Freunde. Damit nicht geklüngelt wird, könntest du dir vorher eine Sitzordnung überlegen, oder du machst Partyspiele, die ein bisschen cool und ein auch ein bisschen peinlich sind. ;-) Small Talk entsteht dadurch von alleine, und vielleicht entstehen dadurch ja auch neue Freundschaften.

Übernimm Verantwortung für ein gutes Miteinander

Soziale Kontakte sind herausfordernd. Ich will gar nicht so tun, als wäre es immer nur schön, wenn wir mit anderen Menschen zu tun haben. Andere können uns nerven, sie können uns körperlich und psychisch verletzen, sie können uns durch ihr Verhalten dazu bringen, uns furchtbar klein und wertlos zu fühlen. Mobbing, Streitigkeiten, eine vergiftete Kommunikation: All das kann uns über Jahre belasten, sogar dann noch, wenn wir gar keinen Kontakt mehr mit diesen Menschen haben.

Um all das zu bearbeiten, können dir auch die anderen Resilienz-Bausteine in diesem Buch helfen. Es geht darum, die negativen Erfahrungen abzuhaken und nach vorne zu schauen. Es geht darum, sich von Menschen zu trennen, die einem nicht guttun, aber nicht grundsätzlich misstrauisch zu sein, sondern anderen eine Chance zu geben und sich selbst damit eine Chance zu geben, Verbundenheit und Nähe zu erleben. Es geht aber auch darum, seine eigenen Anteile an Konflikten und an schwierigen Beziehungen zu verstehen und Verantwortung für sie zu übernehmen. Und es geht darum, zwischenmenschliche Probleme und Konflikte zu lösen, daran zu arbeiten und in Beziehung mit Menschen treten zu können. Mitgeben möchte ich dir gerne mehrere Kommunikationsmodelle und Ideen, die dir dabei helfen können.

Vier-Ohren-Modell

Das bekannteste Kommunikationsmodell, das inzwischen auch in unzähligen Schulen und Unternehmen in Workshops vermittelt wird, ist das Vier-Seiten-Modell des deutschen Psychologen Friedemann Schulz von Thun. Er hat dafür das

Organon-Modell des deutschen Sprachpsychologen Karl Bühler als Grundlage genommen, es erweitert und durch seine Arbeiten auch außerhalb der Universität bekannt gemacht.[20]

Die Grundidee ist, dass Botschaften keineswegs eindeutig sind, sondern verschieden interpretiert werden können. Dieser Gedanke ist eigentlich total logisch, allerdings vergessen wir ihn im Miteinander häufig und glauben, dass die andere Person doch ganz klar verstehen muss, was wir meinen, und umgekehrt gehen wir häufig davon aus, dass das, was wir verstanden haben, genau das war, was die andere Person meinte. Das ist der Ausgangspunkt für Verletzungen, Konflikte und Verfeindungen.

Jede Kommunikation hat einen Absender und einen Empfänger, also jemanden, der etwas sagt oder schreibt, und jemanden, der es hört oder liest. Diese Botschaft kann man auf der Appell-Ebene, der Beziehungs-Ebene, der Selbstoffenbarungs-Ebene und der Sach-Ebene interpretieren, also mit vier verschiedenen Ohren hören.

Appell-Ebene: Was will die andere Person von mir? Was soll ich machen?
Beziehungs-Ebene: Was denkt die andere Person über mich? Was hält sie von mir? Wie ist unsere Beziehung?
Selbstoffenbarungs-Ebene: Wie geht es der anderen Person? In welcher Lage ist die andere Person? Was ist ihr wichtig?
Sach-Ebene: Was sind die Tatsachen, Fakten, Daten?
Ein Beispiel: Du sitzt im Auto am Steuer, und dein Freund auf dem Beifahrersitz sagt: »Es ist grün.«

Das kann ganz unterschiedlich bei dir ankommen.

Appell-Ebene: Ich soll losfahren. Ich soll schneller fahren. Ich soll aufmerksamer sein. Ich soll nebenbei nicht so viel quatschen.

Beziehungs-Ebene: Er glaubt, dass ich ohne ihn aufgeschmissen bin. Er traut mir kaum was zu und bevormundet mich.

Selbstoffenbarungs-Ebene: Er hat es eilig. Ihm ist peinlich, dass ich nicht direkt losgefahren bin. Er ist gestresst. Er würde lieber selbst am Steuer sitzen. Er findet, dass ich schlecht Auto fahre.

Sach-Ebene: Es ist grün geworden.

Gerade in Konfliktsituationen, aber auch in der schriftlichen Kommunikation, sollten wir unsere Interpretation nicht als Fakt ansehen, sondern als eine Hypothese, und uns fragen, wie es denn noch gemeint sein könnte. Hilfreich kann es sein, nachzufragen, wie etwas gemeint war, oder die Botschaft in eigenen Worten zu wiederholen. Jeder Mensch hat übrigens eine gewisse Tendenz, mit einem der Ohren besonders stark zu hören. Bei vielen Menschen ist es das Appell-Ohr oder auch das Beziehungs-Ohr. Außerdem haben wir auch die Tendenz, aus einem der Münder zu sprechen, denn auch wenn wir Botschaften aussenden, kann eine der vier Seiten im Vordergrund stehen.

Wie ist das bei dir: Welches deiner vier Ohren und welcher deiner vier Münder ist besonders groß? Wenn man das für sich verstanden hat, kann man sehr viel bewusster kommunizieren und Missverständnisse vermeiden.

Gewaltfreie Kommunikation

Auch die Methode der gewaltfreien Kommunikation nach dem US-amerikanischen Psychologen Marshall B. Rosenberg wird inzwischen in vielen Schulen und Unternehmen vermittelt.[21]

Mir gefällt an diesem Modell besonders gut, dass man ganz allein etwas dafür tun kann, dass die Kommunikation und das Miteinander sich verbessern. Man muss nicht darauf warten, dass andere netter zu einem sind oder mehr Mitgefühl entwickeln, sondern kann einfach loslegen, klarer zu kommunizieren und die eigenen Bedürfnisse mitzuteilen. Oftmals wirkt sich das auch positiv auf die Art aus, wie die andere Person kommuniziert. Häufig ist es aber auch schwer, nicht automatisch wieder in negative Kommunikationsmuster abzudriften, vor allem wenn man starken Gegenwind spürt. Sieh Kommunikation als lebenslange Übung an. Versuch dich selbst besser zu verstehen und dann auch besser, also klarer und offener auszudrücken und auf versteckte Botschaften zu verzichten.

Bei der gewaltfreien Kommunikation soll das, was man zu sagen hat, in vier Bereiche unterteilt werden: Beobachtung, Gefühl, Bedürfnis und Bitte.

1. Beobachtung: Zu Beginn geht es darum, einfach zu beschreiben, was jemand getan oder nicht getan hat. Wichtig ist, diesen Teil nicht mit Interpretationen, Bewertungen, Vermutungen oder Schuldzuweisungen zu vermischen. Frag dich: Was kann ich mit meinen Sinnesorganen wahrnehmen, also tatsächlich beobachten? Und dann schildere nur das.

2. Gefühl: Beschreib, was deine Beobachtung mit dir macht oder gemacht hat, also welche Gefühle dadurch entstanden sind. Versuch hierbei so konkret wie möglich zu sein und beschränk dich nicht darauf, dass du sauer warst. Vielleicht hat dich das Verhalten ja verunsichert oder dir Angst gemacht, vielleicht hast du dich hilflos gefühlt oder es hat dir wehgetan. Öffne dich auf eine authentische Weise.

3. Bedürfnis: Sprich über die Bedürfnisse, die du hast und die dir für dich persönlich und das Miteinander wichtig sind. Dabei kann es sich um so etwas handeln wie: Sicherheit, Geborgenheit, Vertrauen, Verständnis oder Zugehörigkeit. Setz dich dazu auch mal genauer mit deinen Werten auseinander. Wenn du verstehst, welche Werte oder Bedürfnisse verletzt wurden oder bedroht sind, verstehst du auch die Ursache von Konflikten besser.

4. Bitte: Formuliere, was die andere Person tun soll. Achte darauf, dass es kein Befehl ist, sondern dass die Person sich frei entscheiden kann. Rosenberg unterscheidet hier noch zwischen Bitte und Wunsch. Eine Bitte ist für ihn etwas was jemand im Hier und Jetzt direkt tun kann (*Nimm mich bitte in den Arm.* Oder: *Vereinbare bitte einen Termin bei einem Experten.*), ein Wunsch ist dagegen etwas, das sich auf die Zukunft bezieht (*Ich wünsche mir, dass wir uns darüber noch einmal intensiver austauschen.* Oder: *Ich wünsche mir, dass du mich respektvoll behandelst.*). Zusätzlich unterscheidet er zwischen einer Handlungsbitte (*Gib mir bitte meine Bohrmaschine zurück.*) und einer Beziehungsbitte (*Beschreib mir bitte, wie du dich jetzt fühlst.*).

Wenn das für dich interessant ist, lass dich mal auf diese Feinheiten ein und mach dir so bewusst, was du eigentlich möchtest oder brauchst. Je klarer du das selbst weißt, desto klarer kannst du es kommunizieren. Und das erhöht natürlich auch die Wahrscheinlichkeit, dass dein Gegenüber dich versteht und sich etwas zum Besseren verändern kann.

Stufenmodell bei Konflikten

Es gibt viele verschiedene Konflikt-Modelle, die beschreiben, wie Konflikte entstehen, wieso sie eskalieren und was man dagegen tun kann. Das Modell des österreichischen Ökonomen und Konfliktforschers Friedrich Glasl kann man wunderbar auf zwischenmenschliche Beziehungen im Alltag übertragen.[22] Dadurch können wir uns vor allem den eigenen Anteil an Konflikten deutlich machen und damit auch die Verantwortung, die wir übernehmen können und dürfen.

Das Modell besteht aus drei Phasen, zu denen jeweils drei Stufen gehören.

Win-win-Phase: Hier ist noch alles offen.
1. Stufe: Es gibt Spannungen oder verschiedene Meinungen, die aufeinanderprallen. Im Alltag passiert das ständig und wir nehmen es häufig nicht als den möglichen Startpunkt für einen ernsteren Konflikt wahr.
2. Stufe: Argumente werden ausgetauscht. Das kann zu einem Streit und auch dazu führen, dass Druck aufeinander ausgeübt wird.
3. Stufe: das Mitgefühl für den anderen geht verloren. Die eigenen Interessen geraten immer mehr in den Vordergrund. Gespräche werden abgebrochen, und es wird mit Protest reagiert.

Win-lose-Phase: Ab hier gibt es Gewinner und Verlierer.
4. Stufe: Die Sache tritt in den Hintergrund und es geht den Beteiligten stärker darum, zu gewinnen. Man sucht sich Verbündete und fängt an, schlecht über die andere Seite zu sprechen.
5. Stufe: Es gibt kein Vertrauen mehr. Man will den anderen fertigmachen.
6. Stufe: Man spielt sich auf und beginnt der anderen Seite zu drohen und demonstriert die eigene (angebliche) Macht.

Lose-lose-Phase: Hier verlieren beide Seiten.

7. Stufe: Die andere Person wird nicht mehr als Mensch angesehen, sondern nur noch als Gegner, dem geschadet werden muss. Man nimmt in Kauf, dass man sich dadurch selbst schadet.

8. Stufe: Man will die andere Seite mit allen verfügbaren Mitteln vernichten.

9. Stufe: Und schließlich kalkuliert man ein, sich selbst zu vernichten, wenn man dadurch die andere Seite vernichten kann.

Wenn du dich in einem Konflikt befindest, dann versuch ihn mal in dieses Modell einzuordnen und dadurch besser zu verstehen, wo ihr euch befindet, was schon alles schiefgegangen ist und was du nun dazu beitragen kannst, dass der Konflikt nicht weiter eskaliert, sondern es eine gute Lösung geben kann.

Vier Todsünden in zwischenmenschlichen Beziehungen

Der US-amerikanische Psychologe John Gottman hat sich in seiner Forschung auf Beziehungen konzentriert und vier Aspekte herausgefiltert, die besonders schädlich für das Miteinander sind.[23/24] Er nennt sie die »vier apokalyptischen Reiter« in Anlehnung an die in der Bibel genannten Reiter, die den Weltuntergang ankündigen. Diese Aspekte sind: Kritik, Verachtung, Rechtfertigung und Mauern. Obwohl er vor allem im Bereich der Liebesbeziehungen geforscht hat, kann man seine Erkenntnisse auch auf andere zwischenmenschliche Beziehungen übertragen, wie Freundschaften, Teamarbeit, Nachbarschaft oder die Beziehung zwischen Eltern und erwachsenen Kindern.

Kritik: Natürlich gibt es in Beziehungen unterschiedliche Bedürfnisse und Faktoren, die einander nerven. Darüber darf auch gesprochen werden, das muss es sogar, damit sich das Miteinander nicht verhärtet. Allerdings empfiehlt Gottman solche Aspekte nicht als Kritik hervorzubringen, sondern als Beschwerde. Wo ist der Unterschied? Beim Kritisieren wird häufig verallgemeinert, und es schwingen Schuldzuweisungen mit. Beim Kritisieren geht es meist auch um charakterliche Eigenschaften, die sich nicht einfach verändern lassen. Eine Beschwerde bezieht sich hingegen auf einen konkreten Fall. Sie ist eher beschreibend formuliert, und im Mittelpunkt stehen eigene Gefühle und Bedürfnisse.

Statt: »Deine Arbeit ist dir tausendmal wichtiger als ich. Du denkst gar nicht mehr an mich, sondern bist absolut unzuverlässig. Wieso hast du denn überhaupt erst versprochen, dass du für mich kochen würdest, wenn du gar keinen Bock darauf hast?!«

Eher: »Du wolltest doch heute Abend kochen. Es ärgert mich, dass du es vergessen hast.«

Verachtung: Gottman geht davon aus, dass Verachtung der schädlichste Aspekt im Miteinander ist. Sie lässt sich an Respektlosigkeit, Zynismus und einem abschätzigen Humor erkennen.

Verachtung entsteht häufig, wenn Beschwerden nicht hervorgebracht oder bearbeitet werden, sodass daraus Kritik entsteht. Auf diese Weise tauchen dann neue Probleme und Konflikte auf. Um Verachtung zu vermeiden, sollten also beide Seiten Verantwortung für das Miteinander übernehmen, indem sie ihren Ärger konstruktiv ansprechen und Beschwerden ernst nehmen und daran arbeiten.

Rechtfertigung: Rechtfertigungen sind häufig eine Reaktion auf Kritik oder verachtendes Verhalten. Dadurch wird der Beschwerde-Kern abgeschmettert und mit einem indirekten Vorwurf gekontert. Wer sich rechtfertigt, gibt seinem Gegenüber zu verstehen: »*Du hast keine Ahnung, wie es mir geht*«, »*Du denkst nur an dich*«, »*Du verstehst mich nicht*«, »*Wenn du mich unterstützen würdest, dann …*«

Besser wäre es, dass man versucht zu verstehen, was die Beschwerde genau aussagt, welche Bedürfnisse und Gefühle verletzt worden sind und was man (künftig) dagegen tun kann.

Mauern: Das destruktive Verhalten, das häufig als letzte Waffe oder aus Hilflosigkeit eingesetzt wird, ist der Rückzug. Gottman unterscheidet zwischen innerem und körperlichem Mauern. Beim körperlichen Mauern wendet sich die Person ab oder verlässt den Raum. Beim inneren Mauern verschließt sie sich vor dem, was gesagt wird, schweigt oder ignoriert den anderen.

Du hast sicher gemerkt, dass diese vier Aspekte aufeinander aufbauen. Egal welcher apokalyptische Reiter angetrabt ist, es ist immer wieder möglich, bei konstruktiver Kommunikation anzusetzen. Das bedeutet konkret: keine Schuldzuweisungen, Verallgemeinerungen, Tatsachenverdrehungen, Rechtfertigungen, Beschimpfungen, Abwendungen, Bestrafungen, sondern echtes Zuhören, Verstehenwollen, Ich-Botschaften, Emotionen und Bedürfnisse ansprechen und ein selbstkritischer Umgang.

☛ **Zu Beginn des Kapitels habe ich dich gefragt, wie es um deine Netzwerke im Moment steht.** Zum Abschluss möchte ich dich bitten, an konkrete Menschen zu denken.

Überleg doch mal, welche Person dir besonders wichtig ist im Leben. Gibt es jemanden, bei dem du dich schon seit Langem mal wieder melden wolltest? Welcher Mensch war dir mal wichtig, aber ihr habt keinen intensiven Kontakt mehr? Falls du das schade findest, könntest du es genau jetzt ändern.

Gehe jetzt direkt dein Telefonbuch im Handy durch und erledige vier Aufgaben. Lies dieses Buch am besten erst weiter, wenn du die Aufgaben gemacht hast.

1. Schicke einer Person eine kurze Nachricht. Sag »Hallo«, wünsch ihr einen schönen Tag, schreib, dass du gerade an sie gedacht hast und froh bist, dass ihr euch kennt.

2. Verabrede dich mit einer Person aus deinem Umfeld noch für heute oder für die nächsten drei Tage. Auch ein kurzes Treffen ist völlig okay.

3. Überleg dir, wen du gern mal wieder treffen möchtest, der nicht bei dir in der Nähe wohnt. Wie, wann und wo könntet ihr euch wiedersehen? Kontaktiere die Person, wenn du möchtest, und erzähl ihr von deiner Idee.

4. Schreibe einer Person einfach so eine Postkarte oder einen Brief. Nicht weil sie Geburtstag hat oder weil Weihnachten ist, sondern weil du sie mit diesem kleinen Gruß überraschen möchtest.

Diese Postkarten-Übung kannst du übrigens auch andersherum machen. Geh mal in einen Laden, in dem es Postkarten gibt, schau dir die Motive an und lass dich davon inspirieren. Welche Person fällt dir dazu ein? Wem könnte sie wohl gefallen? Dieses Postkarten-Roulette kann dazu führen, dass jemand aus deinem Bekanntenkreis völlig unerwartet Post von dir bekommt.

Übrigens: Es ist selten zu spät, um sich bei jemandem zu melden, wenn man der Person deutlich machen will, dass sie wichtig für einen ist. Eine kurze Nachricht reicht dafür aus. Lass dich durch zu hohe Erwartungen an diese eine Nachricht nicht davon abhalten.

Vielleicht fallen dir diese Übungen aus verschiedenen Gründen schwer. Mach daraus aber keinen Grund, sie nicht umzusetzen, sondern gib dir ein bisschen mehr Zeit und überwinde die Blockaden.

Fazit to go

Gemeinsam sind wir stark, zumindest etwas stärker. Wir können uns gegenseitig Halt geben, und andere Menschen tun uns gut. An diese Punkte möchte ich dich am Ende des Kapitels jetzt noch mal erinnern. Welche sind für dich besonders wichtig? Was hast du über dich und das Miteinander mit anderen Menschen gelernt? Wie kannst du dazu beitragen, dass deine zwischenmenschlichen Beziehungen stärker werden? Und wenn andere Menschen grundsätzlich für Stress bei dir sorgen und wie ein rotes Tuch sind, versuch an deinen Verletzungen von früher zu arbeiten. Dir entgeht nämlich eine wundervolle Seite des Lebens und Erlebens, wenn du niemanden an dich heranlässt.

– Pflege deine sozialen Kontakte bewusst. Sie sind ein Geben und Nehmen. Frage dich, welchen Menschen du helfen könntest und welche dir helfen können.

– Erkenne, wieso du dazu neigst, dich zurückziehen, welche Ängste und Unsicherheiten in dir sind. Mach es dir nicht zu leicht, indem du behauptest, dass andere Menschen eben schwierig sind. Sei dir deiner eigenen Schwierigkeiten bewusst und übernimm Verantwortung dafür.

– Bindung ist ein lebenslanger Prozess. Egal, was dir deine Eltern und dein Umfeld als Kind nicht geben konnten, du kannst an deiner Beziehungsfähigkeit bewusst arbeiten, indem du neue Erfahrungen möglich machst.

- Schon eine vertrauensvolle soziale Beziehung, also eine Bezugsperson im Leben zu haben, stärkt unsere Resilienz.
- Sei offen und lasse (neue) Menschen in dein Leben und an dich heran. Sorge für wahre soziale Kontakte und echte Nähe.
- Sei bereit, dir Unterstützung zu suchen und sie anzunehmen.
- Hilfe kann vieles bedeuten: ein Rat, ein Lächeln, Zuhören etc.
- Erkenne, welches deiner vier Ohren bei dir besonders stark ausgeprägt ist und woher deine Interpretationen kommen.
- Übe gewaltfrei zu kommunizieren, indem du anderen keine Vorwürfe machst, sondern nur beschreibst, was passiert ist, was das mit dir gemacht hat, was dir wichtig ist und was du von der anderen Person möchtest.
- Sorg dafür, dass sich Konflikte nicht hochschaukeln, und achte darauf, dass ihr auf der Win-win-Ebene bleibt. Dein Verhalten hat darauf einen großen Einfluss.
- Sag anderen, was dich stört, aber zerstöre durch die Kritik nicht das Miteinander. Versuch eher in Beschwerden zu denken, und achte darauf, die Beschwerden von anderen ernst zu nehmen und darauf konstruktiv zu reagieren.

Welche Impulse und Übungen klangen interessant für dich? Und was möchtest du gerne ausprobieren, umsetzen oder zumindest mal testweise anders machen?

....

....

....

....

6. Resilienz-Baustein: Optimismus –
Ich bin dann mal hin und weg von meinem Leben

>> *Kein Pessimist hat jemals die Geheimnisse der Sterne entdeckt oder ist in ein unbekanntes Land gesegelt oder hat dem menschlichen Geist einen neuen Himmel geöffnet.* <<

HELEN KELLER (1880 – 1968)

Angeblich schwirren uns jeden Tag rund 60.000 Gedanken durch den Kopf. Viele davon unbewusst, wir kriegen sie also nicht direkt mit. Und vor allem: Sehr viele Gedanken sind negativ. In diesem Kapitel erfährst du, warum wir Menschen dazu tendieren, uns mit dem Negativen zu beschäftigen und wie du bewusst gegensteuern kannst, um mehr Optimismus und damit Leichtigkeit und Mut in dein Leben zu lassen. Ein wichtiger Aspekt dafür ist Dankbarkeit. Selbst in Zeiten großen Unglücks kann es glückliche Momente, Gutes und Schönes geben, auch wenn wir manchmal eine Lupe brauchen, um all das wahrzunehmen.

Sorry, direkt zu Beginn dieses Kapitels muss ich dir eine schlechte Nachricht überbringen. Und das auch noch in einem Kapitel, in dem es um Optimismus geht. ;-) Oh je. Aber ich finde wichtig, dass du dir dessen bewusst bist. Hier also die schlechte Nachricht: Wir Menschen neigen dazu, uns stärker auf das Negative zu konzentrieren, stehen unserem Optimismus also selbst im Weg und merken es häufig nicht einmal. Viele behaupten von sich sogar, dass sie die Dinge eben realistisch sehen, wenn sie negativ denken und reden. Diese Einstellung ist doppelt negativ und damit auch doppelt gefährlich, weil man so tut, als wäre positives Denken Quatsch. Man erlaubt sich dadurch keinen Perspektivwechsel und hält sich an den Problemen, den schlechten Gefühlen, der Hoffnungslosigkeit und Passivität fest. Man findet Gründe statt Wege. Man beraubt sich neuer Erfahrungen. Man drückt sich immer tiefer in eine Opferhaltung.

Pippi Langstrumpf hat gesagt: »Das habe ich noch nie vorher versucht, also bin ich sicher, dass ich es schaffe.« Der Satz irritiert zuerst. Wie kann sie denn davon ausgehen, dass sie es schafft, wenn sie es noch nie versucht hat? Das ist doch Quatsch! Aber Moment: Wieso gehen wir eigentlich so oft davon aus, dass wir Dinge *nicht* schaffen werden, obwohl wir es noch nie versucht haben? Ist das nicht die gleiche Logik, nur eben umgekehrt? Ist das nicht auch Quatsch?

Warum konzentrieren wir uns im Alltag eigentlich schneller und intensiver auf das Negative? Lass uns dazu einen Blick in die Steinzeit werfen: Wir haben im Prinzip ja immer noch ein Steinzeit-Gehirn, also ein Gehirn, das an das Leben und die Bedingungen von damals angepasst ist. All die neuen Dinge der heutigen Zeit haben zwar einen riesigen Einfluss auf uns, verändern aber nicht grundlegend, wie unser Gehirn tickt, wie es arbeitet, welche Informationen es wahrnimmt und wie es mit Stress oder Problemen umgeht. Man könnte auch sagen: Wir spielen die neuen Computerspiele auf alten Betriebssystemen. Für das notwendige Update müssen wir selbst sorgen.

Als Steinzeitmensch hatte man ein ziemlich hartes Leben. Überall lauerten Gefahren. Man konnte schnell zur Beute von Tieren werden, von anderen Menschen angegriffen werden, verunglücken, erfrieren, verhungern, sich vergiften oder an Krankheiten sterben. Damals gab es keine Impfungen und Medikamente, keine Mindesthaltbarkeitsdaten und Kühlschränke, keine Supermärkte und Restaurants, keine Heizungen und flauschige Mäntel. Und das bedeutet, dass man darauf angewiesen war, dass das eigene Gehirn in der Lage ist, Gefahren zu erkennen. Nur eine einzige Gefahr zu übersehen oder zu überhören oder nicht zu schmecken, wenn etwas verdorben oder giftig war, konnte den Tod bedeuten.

Nun ist es so, dass in jeder Sekunde eine Unmenge von Informationen auf uns einströmen. Bilder, Geräusche, Gerüche, wir spüren den Stuhl, auf dem wir sitzen, und den Stoff der Kleidung auf unserer Haut. Wenn unser Gehirn all diese Informationen gleichberechtigt verarbeiten würde, würde es wahrscheinlich regelmäßig aus unseren Ohren qualmen und unser Kopf würde auf kurz oder lang explodieren. Der Arbeitsspeicher ist einfach begrenzt. Das Gehirn muss also entscheiden, was Vorrang hat, und bewertet Informationen unterschiedlich. Als ich gerade die Beispiele mit dem Stuhl und dem T-Shirt aufgelistet habe, hast du wahrscheinlich gemerkt, wie du gerade sitzt, und in dem Moment vielleicht auch die Kleidung auf deiner Haut gespürt. Vorher war dir das gar nicht bewusst, weil dein Gehirn diese Informationen nicht als relevant eingestuft und für dich ausgeblendet hat, damit du dich voll und ganz auf das Lesen konzentrieren kannst.

Das Steinzeit-Gehirn hat sich auf die negativen Aspekte spezialisiert, weil es riskanter ist, eine negative Info zu verpassen als eine positive. Wenn der Steinzeitmensch einen Strauch mit leckeren Erdbeeren übersehen hat, dann war das schade, aber wenn er den Tiger hinter dem Erdbeerstrauch übersehen hat, tja, dann war das richtig schade für ihn. ;-)

Wenn wir optimistischer sein wollen, ist es wichtig, erst einmal zu verstehen, dass der negative Filter eine Funktion hat. Ein Mensch, der eher pessimistisch und anderen gegenüber zurückhaltend ist, könnte früher mal sehr negative Erfahrungen mit anderen Menschen gemacht haben, die ihn seelisch oder körperlich stark verletzt oder enttäuscht haben. Sein Gehirn will ihn davor schützen, wieder solche Erfahrungen zu machen. Durch negatives Denken und emotionalen Rückzug schützt es ihn davor, sich noch mal auf andere einzulassen, ihnen zu schnell zu vertrauen und sich selbst zu öffnen. Eigentlich ja eine tolle Strategie. Das Problem ist aber eben, dass er sich bei neuen Menschen so verhält, als wären sie die Menschen von damals. Er geht also mit einer inneren Abwehrhaltung durchs Leben. Andere spüren seine kritische oder ablehnende Haltung und verhalten sich entsprechend. Dadurch macht er wieder keine positiven Erfahrungen.

Unsere Gedanken lösen neue Gedanken und Gefühle aus, die dann darüber entscheiden, ob und wie wir mit den Dingen umgehen. Das positive Denken allein löst natürlich keine Probleme. Es geht ja auch nicht darum, mit einer rosaroten Brille durch die Welt zu laufen und sich die Dinge schönzureden oder zu Hause zu sitzen und zwanghaft positiv zu denken in der

Hoffnung, dass dann auch alles gut wird. Es geht einzig darum, dass man versteht, dass es dieses angeblich realistische Denken nicht gibt. Jedes Denken ist subjektiv, auch wenn uns das, was in unserem Kopf umherschwirrt, meist als Wahrheit erscheint, sodass wir uns nach den scheinbaren Gesetzen dieser scheinbaren Wahrheit verhalten. Du kannst dir das wie ein Computerspiel vorstellen, das wir durch unser Denken kreieren. Wir erschaffen im Kopf eine virtuelle Realität, so dass wir alle mit einer VR-Brille durch die Welt laufen. Du kannst sie also niemals so sehen, wie sie wirklich ist. Du machst dir immer nur ein Bild und verhältst dich entsprechend. Sei dir darüber im Klaren, dass deine Gedanken sehr mächtig sind und dich lenken.

Das Prinzip dahinter nennt sich *selbsterfüllende Prophezeiung*. Dieser Begriff wurde zum ersten Mal von dem österreichischen Wissenschaftler Otto Neurath im Jahr 1911 verwendet, und drei Jahre nach dessen Tod vom US-amerikanischen Soziologen Robert K. Merton weiterentwickelt. Das Prinzip besteht aus vier Phasen, die du dir als Kreislauf vorstellen kannst: 1. Glaubenssätze → 2. Verhaltensweisen → 3. Effekte → 4. Bestätigung

Wenn ich also glaube, dass andere Menschen gefährlich und unfreundlich sind, verhalte ich mich vorsichtig und bedeckt, wodurch andere sich angegriffen oder abgewertet fühlen können und dann auch zu mir auf Distanz gehen. Ihr distanziertes Verhalten sehe ich wiederum als Bestätigung dafür, dass andere Menschen gefährlich und unfreundlich sind. Nur gut, dass ich vorsichtig war und sie nicht an mich herangelassen habe. Was hätte sonst alles Schlimmes passieren können.

Die selbsterfüllende Prophezeiung gilt übrigens nicht nur im Umgang mit anderen, sondern auch im Umgang mit uns selbst, unseren Problemen und Lösungsideen. Allein durch unser Denken können wir uns selbst sabotieren. In China sagt man: »Achte auf deine Gedanken, denn sie werden zu deinen Taten.«

☞ **Wobei könnte es in deinem Leben schon mal selbsterfüllende Prophezeiungen gegeben haben?** Welche Brillen hast du auf, die dir eine virtuelle Realität vorgaukeln? Und was glaubst du, könnte sich an deinen Problemen, Schwierigkeiten und Herausforderungen verändern, wenn du optimistischer wärst?

....

....

Übernimm Verantwortung für dein Denken

Positives Denken wird häufig fälschlicherweise mit einer rosaroten Brille verglichen. Es geht aber gar nicht darum, sich die Dinge schönzureden, in der Hoffnung, dass nun alles gut wird. Es geht eher darum, die Hoffnung nicht zu verlieren und neben dem Negativen auch das Gute und Schöne zu sehen oder auch den Blick für die Möglichkeiten zu weiten, die das Negative mit sich bringt. Helfen kann dabei auch eine Konzentration auf die Dinge, die man im Leben als wirklich wichtig empfindet.

Im Theater gibt es eine Bühne mit einer Kulisse, mehreren Requisiten und natürlich Schauspielern. Den Beleuchter sehen wir in der Regel nicht, aber er ist extrem wichtig, weil er den Zuschauern hilft, sich auf der Bühne zurechtzufinden. Die Stellen, auf die er den Spot richtet, sind im Fokus. Dort gehen die Blicke hin.

Die Bühne deines Lebens musst du selbst ausleuchten. Entscheide dich bewusst, worauf du die Scheinwerfer richtest, also wo du hinschaust, wo du hinhörst, womit du dich beschäftigst, worüber du mit anderen redest und eben auch, was du ausblendest und nicht so ernst nimmst. Wenn du nun wirklich ein Beleuchter im Theater wärst und diesen Job gerade ganz frisch übernommen hättest, dann würdest du wahrscheinlich merken, dass er gar nicht so leicht ist. Ein Scheinwerfer wiegt viel und ist vermutlich sehr schwerfällig, vielleicht auch sehr heiß, sodass es ziemlich schwierig sein kann, die Szene auf der Bühne immer genauso auszuleuchten, wie man es will. Und dann passiert auf der Bühne ganz plötzlich etwas: Ein Schauspieler geht ab, ein neuer taucht auf. Was nun? Wo soll der Scheinwerfer hinleuchten?

Genauso ist es auch im echten Leben, im Alltag. Selbst wenn wir uns vornehmen, mehr auf das Positive zu achten, kann die Umsetzung schwierig sein. Die Gedanken schweifen ab, Dinge werden uns bewusst, und vor allem passiert viel Unerwartetes, auf das wir spontan reagieren müssen. Gerade wenn wir Stress haben und uns die Kapazitäten zum klaren Denken fehlen, kann es leicht passieren, dass wir wieder in negatives Denken verfallen. Daher sollte es nicht darum gehen, dass man den Scheinwerfer zu einhundert Prozent unter Kontrolle hat. Für mich gehts eher darum, dass ich mir vor Augen halte, dass es diesen Scheinwerfer gibt, dass immer nur ein Teil vom Ganzen beleuchtet ist und dass ich diesen Scheinwerfer etwas bewegen kann, zumindest immer mal wieder, ab und zu, und dass ich dann ganz bewusst Dinge ausleuchten kann, die mir wichtig sind. Die folgenden Übungen helfen dir dabei, positives Denken und Optimismus zu trainieren.

☛ Bohnen in der Tasche

Ich will dir von meiner Lieblingsübung erzählen, die ich auch immer wieder in meinen Achtsamkeits-Workshops mit den Teilnehmerinnen und Teilnehmern mache: Steck dir morgens fünf Bohnen in die Hosentasche. Alternativ kannst du auch Muscheln oder kleine Steine nehmen, und falls du viel Taschengeld bekommst oder gut verdienst, gehen natürlich auch Diamanten. ;-) Achte im Laufe des Tages auf schöne Momente. Das kann der Sonnenschein sein, der auf deiner Nase kitzelt, das kann der Geruch sein, der in der Luft liegt, aber auch eine schöne Begegnung, ein interessantes Gespräch, ein Lächeln, ein leckeres Essen oder eine Idee, die dir gekommen ist. Pack jedes Mal eine Bohne von der einen Hosentasche in die andere. Ziel ist es, dass am Ende des Tages alle Bohnen von der einen Hosentasche in die andere gewandert sind. Wenn du Lust hast, kannst du daraus eine Challenge machen: Entscheide dich morgens, sechs, sieben oder sogar zehn Bohnen einzustecken und auf all das Gute und Schöne zu achten, was du erlebst. Wenn du am Abend merkst, dass noch immer einige Bohnen übrig sind, frage dich ganz bewusst: »Was kann ich jetzt noch tun, damit auch die restlichen Bohnen in die andere Hosentasche wandern? Womit könnte ich mir eine Freude machen?«

Diese Übung hilft dir, die vielen tollen Kleinigkeiten in deinem Leben besser wahrzunehmen, lässt deinen Blick auf dich, dein Leben und die Welt positiver werden und erinnert dich daran, dass du für dein Glück selbst etwas tun kannst. Und selbst in harten Zeiten wird dir dadurch bewusst, was Glück bedeuten kann.

Manchmal begegne ich früheren Seminarteilnehmern auf der Straße, und dann holen sie ihre Bohnen aus der Tasche. Viele schreiben mir auch in E-Mails, dass sie noch viele Monate oder sogar Jahr später diese Bohnen-Übung machen und dadurch mehr Lebensfreude empfinden. Also lass uns eine Bohnen-Revolution starten. :-)

☞ Erinnerungskiste

An all das Schöne und Gute in unserem Leben können uns auch Dinge erinnern. Gegenstände sind eine Brücke zu unserer Vergangenheit. Hast du Erinnerungskisten, in denen du Konzertkarten, Liebesbriefe, Fotos und diesen Mini-Eiffelturm aufbewahrst, den du völlig überteuert auf der Champs-Élysées gekauft hast? Stöbere regelmäßig darin herum. Die Erlebnisse, die Erfahrungen, die Erkenntnisse, die Menschen, die dazugehören: All das macht dein Leben reich. Nimm deinen inneren Schatz bewusst wahr. Und unternimm regelmäßig Dinge, die dir Freude bereiten, sodass dein Schatz weiter wächst. Baue möglichst oft schöne Momente in deinen Alltag ein. Und probier auch immer wieder neue Dinge aus.

Mach anderen Menschen in deiner Umgebung einfach so eine Freude. Ihr Lächeln kann an grauen Tagen wie ein Sonnenschein für dich sein. Und vor allem: Tu für andere öfter mal etwas, wovon du nichts hast. Halte ihnen die Tür auf, biete ihnen deinen Sitzplatz an, frage, ob du ihnen etwas mitbringen kannst, überrasche sie mit einem Stück Kuchen ... Glück ist ansteckender als ein Schnupfen.

Die drei Aspekte des Optimismus

Ich weiß nicht, ob der US-amerikanische Psychologe Martin Seligman so eine Erinnerungskiste hat oder ob sich in seiner Hosentasche Bohnen befinden, allerdings hat er sich beruflich sehr intensiv mit dem Thema Optimismus beschäftigt. Mit ihm ist der Begriff der *Positiven Psychologie* eng verknüpft.

In der Geschichte der Psychotherapie gibt es eine lange Tradition, über das zu sprechen, was schiefläuft, also über Probleme, Konflikte und Krankheiten. Das hat sich in den letzten Jahrzehnten stark verändert. Inzwischen geht es auch um das, was gut läuft, um Stärken und Ressourcen, die einem helfen können, das Negative zu überwinden oder trotz des

Negativen gut zu leben. Resilienz und positive Psychologie hängen also eng zusammen. Die positive Psychologie fragt zum Beispiel: Was gibt mir Kraft? Wie kann ich aus einem Schicksalsschlag gestärkt hervorgehen? Aber auch: Wie sollten Führungskräfte sich verhalten, damit die Mitarbeiterinnen und Mitarbeiter motiviert sind?

Und so kann man sich auch selbst fragen: Was muss ich, was kann ich selbst machen, um glücklich zu sein? Wie kann ich mein Leben gestalten, damit es mir gut geht? Welche Möglichkeiten habe ich, um zu wachsen? Wo kann ich Unterstützung bekommen? Oder auch: Wie kann ich lernen, optimistischer zu denken?

Martin Seligmann hat schließlich aus seinen Forschungsergebnissen fünf Aspekte abgeleitet, die besonders wichtig im Leben sind und dabei helfen, positiv zu denken und Optimismus zu entwickeln. Er nennt das die fünf Säulen des Glücklichseins, das sogenannte PERMA-Modell, bei dem jeder Buchstabe für einen Aspekt steht.

. . . .

P positive Emotionen (positive emotions)　Ein wichtiger Faktor für unser Wohlbefinden ist, dass wir positive Emotionen erleben, also Freude, Leichtigkeit, Genuss oder Dankbarkeit und Vertrauen. Das Schöne ist: Wir müssen nicht darauf warten, dass wir uns plötzlich so fühlen, sondern wir können etwas dafür tun. Wir können uns darum kümmern, positive Emotionen zu erleben, und wir können uns stärker darüber bewusst sein, was wir alles Gute und Schöne erleben.

E	Einsatz (engagement)	Zu einem glücklichen Leben gehört, dass man seine Stärken benutzt und für etwas einsetzt. Studien haben gezeigt, dass man dadurch nämlich viel leichter in den Flow-Zustand kommt, in dem man vollkommen in einer Beschäftigung aufgehen und alles um sich herum vergessen kann, egal ob es um Sport geht, ums Zeichnen oder darum, Excel-Tabellen zu erstellen. Statt sich darauf zu konzentrieren, was man (noch) nicht kann, geht es darum zu schauen, worin man gut ist, und das dann auch zu machen. Dadurch können wir Erfolgserlebnisse bekommen und unser Selbstvertrauen stärken.
R	Beziehungen (relationships)	Egal ob tiefe Freundschaften, eine glückliche Partnerschaft, die Familie oder die Kollegen: gute Beziehungen zu anderen Menschen lösen positive Gefühle in uns aus. Es ist wichtig, dass wir Personen kennen, denen wir vertrauen können und in deren Nähe wir uns wohl fühlen, fallen lassen können und so sein dürfen, wie wir sind.
M	Bedeutung (meaning)	Wenn etwas für uns von Bedeutung ist, dann ist es mit unseren Interessen, Werten, Wünschen, Zielen und Visionen verknüpft. Wir empfinden dann Sinn dabei und sind motivierter.

A	Zieler-reichung (achieve-ment)	Es ist wichtig, Ziele zu haben und sie zu errei-chen. Jedes erreichte Ziel stärkt unser Selbst-vertrauen, zeigt uns, dass wir selbstwirksam sind, und lässt uns mutig neue Ziele formulieren und angehen.

Martin Seligman untersuchte außerdem, was Optimisten und Pessimisten unterscheidet, und stellte dabei fest, dass sie positive und negative Dinge auf völlig verschiedene Ursachen zurückführen. Er sagt, dass es drei Ebenen gibt, die unseren Denkstil ausmachen.

1. Jetzt oder immer? (Dauerhaftigkeit)

Pessimisten gehen davon aus, dass die Ursachen für negative Ereignisse nicht vorübergehend, sondern dauerhaft sind. Sie glauben nicht, dass sich daran etwas ändern wird. Optimisten glauben dagegen, dass diese Ursachen vergehen können und dass sie sogar Einfluss darauf haben, dass sie vergehen.

Beispiel:

Optimist: »Wir haben schon lange nichts Schönes mehr unternommen. Lass uns mal was planen.«

Pessimist: »Nie unternimmst du mit mir was Schönes.«

Bei positiven Dingen ist es übrigens genau umgekehrt. Pessimisten glauben dann, dass es nur kurzfristig so ist, wohingegen Optimisten davon ausgehen, dass es dauerhaft so sein wird.

Beispiel:

Optimist: »Ich bin ein Mensch, dem viel Gutes passiert.«

Pessimist: »Ich hatte einen guten Tag.«

2. Das oder alles? (Geltungsbereich)

Pessimisten verallgemeinern Fehlschläge und Negatives. Sie fühlen sich als Unglücksmagnet und sehen nur noch Negatives. Optimisten können stärker trennen und auch bei Negativem das Gute im restlichen Leben erkennen. Sie sind außerdem in der Lage, auch das Gute im Schlechten zu sehen.

Beispiel:

Optimist: »Diese Therapie(-sitzung) hat mir nicht geholfen.«

Pessimist: »Therapien sind nutzlos.«

Auch hier ist es bei positiven Dingen wieder umgekehrt. Optimisten glauben, dass sich Positives auf alles andere positiv auswirkt, während Pessimisten glauben, dass das eine nichts mit dem anderen zu tun hat.

Beispiel:

Optimist: »Ich kann gut lernen.«

Pessimist: »Ich kann gut für Geschichte lernen.«

3. Ich oder wer/was? (Personalisierung)

Pessimisten haben ein schwaches Selbstwertgefühl und geben sich oftmals die Schuld für Negatives. Wohingegen Optimisten die Schuld eher bei anderen oder im Außen suchen.

Beispiel:

Optimist: »Ich hatte Pech bei der Prüfung.«

Pessimist: »Ich habe nicht ausreichend gelernt.«

Und auch hier dreht sich die Sichtweise wieder bei Positivem.

Beispiel:

Optimist: »Ich habe gut gelernt.«

Pessimist: »Ich hatte Glück, dass ausgerechnet diese Fragen rankamen.«

Diese drei Aspekte kannst du bewusst durchgehen, wenn das negative Denken einsetzt und du eine optimistischere Perspektive einnehmen willst. Hinterfrage deine Glaubenssätze und ersetze sie durch welche, die dir eine positive Haltung ermöglichen und dir dabei helfen, aktiv zu werden. Bei dem dritten Punkt würde ich dir allerdings empfehlen, die Schuld nicht einfach bei anderen beziehungsweise im Außen zu suchen. Frag dich eher: Was habe ich dazu beigetragen und was haben andere dazu beigetragen beziehungsweise welchen Einfluss hatten die Umstände?

Ich erlebe immer wieder in Karriere-Coachings, dass sich Menschen schon von einer einzigen Absage stark runterziehen lassen und davon ausgehen, dass sie einfach keine Chance haben. Gerade bei Bewerbungen gibt es allerdings unglaublich viele Faktoren, von denen man die allerwenigsten in der Hand hat. Natürlich kann man selbstkritisch schauen, ob die Bewerbungsunterlagen gut waren, ob es möglicherweise viele Rechtschreibfehler oder Lücken gab, ob man unklar formuliert hat oder das Layout vielleicht unpassend war. All das kann man besser machen. Auch kann man selbstkritisch prüfen, ob einem wirklich ein Abschluss für die Wunschposition fehlt und diesen nachholen. Allerdings hat man nicht in der Hand, wie viele andere Menschen sich auf eine Stelle bewerben, wie der Auswahlprozess in dem Unternehmen gestaltet wird und ob die Stelle überhaupt wirklich neu zu vergeben ist oder nur offiziell ausgeschrieben werden musste. Hier geht es also darum, so klar wie möglich auf die Absage zu schauen und den Blick nach vorne zu

richten, statt sich von vielen Fragezeichen nachhaltig runterziehen zu lassen.

Martin Seligman verbindet das mit dem Prinzip der Hoffnung, von der er glaubt, dass sie für eine optimistische Haltung von großer Bedeutung ist. Hoffnung setzt sich demnach
aus der Dauerhaftigkeit und dem Geltungsbereich zusammen:
Wer Hoffnung hat, findet zeitlich begrenzte und konkrete Ursachen für sein Unglück, im Gegensatz dazu heißt Verzweif-
lung, dauerhafte und alles überschattende Gründe für sein
Unglück zu finden.

Verabschiede dich von negativen Glaubenssätzen

Du merkst: Wenn wir uns mehr Leichtigkeit und Zuversicht
wünschen, wenn wir uns optimistischer verhalten und anders
fühlen möchten, können wir das oftmals über das Denken und
die bewusste Auseinandersetzung mit all dem, was wir denken, erreichen. Einige der 60.000 Gedanken, die wir täglich
haben, bremsen uns nämlich aus oder nehmen uns auch noch
den letzten Funken Mut, etwas zu verändern.

Werde dir über deine pessimistischen und destrukti-
ven Glaubenssätze bewusst. Frage dich auch, warum du das
glaubst. Häufig handelt es sich gar nicht um unsere eigenen
Gedanken oder Überzeugungen. Wir haben diese Dinge einfach sehr oft von anderen gehört oder vorgelebt bekommen,
dass sie sich so vertraut anfühlen. In Wirklichkeit sind es alte
Erbstücke von den Eltern oder Großeltern, von Kolleginnen
und Kollegen oder von der Gesellschaft, die man übernommen
hat. So wie man auch die Vase, die man von Tante Erna bekommen hat und die einfach nicht zu einem passt, entsorgen
darf, darf man auch den Schrott im Kopf entsorgen. Hier ist
die deutsche Sprache so wunderbar bildlich: ent-sorgen. Wenn

du es schaffst, Glaubenssätze loszuwerden, bist du automatisch auch um ein paar Sorgen leichter.

Typische Glaubenssätze sind: Ohne Fleiß kein Preis. Ein Indianer kennt keinen Schmerz. Ich kann so was nicht. In Mathe war ich noch nie gut. Schuster bleib bei deinen Leisten. Vorsicht ist besser als Nachsicht. Ich habe immer Pech. Typisch ich. Keiner mag mich. Liebe muss man sich verdienen. Nur wenn ich schlank bin, bin ich attraktiv. Älterwerden ist schlecht. Man muss ein Arschloch sein, um voranzukommen.

Fallen dir direkt solche Glaubenssätze ein, bei denen du dich klein und hilflos, falsch oder unnütz fühlst? Fallen dir Glaubenssätze ein, die dich blockieren, dir die Motivation rauben oder dazu führen, dass du negativ denkst und dich nichts mehr traust? Dann raus damit! Ja, das ist leichter gesagt als getan. Wenn du dir deiner negativen Glaubenssätze bewusst wirst, bist du allerdings schon einen großen Schritt weiter. Achte mal im Alltag darauf und schreibe sie dir direkt in der Situation auf, damit du dich später bewusst damit auseinandersetzen kannst.

Schau dir deine Gedanken von allen Seiten an und frage dich, woher sie eigentlich kommen. Hast du das von vielen gehört oder von einer bestimmten Person? Hast du selbst solche Erfahrungen gemacht? Frag dich, ob sie der Wahrheit entsprechen oder ob es totaler Quatsch sein könnte.

Und versuch schließlich mal für einen Moment das Gegenteil zu denken. Achte darauf, wie sich das anfühlt und ob es dafür vielleicht Belege gibt. Die Glaubenssätze von gerade eben könnten dann so lauten: *Man kann auch Glück haben. Auch starken Menschen kann es schlecht gehen – das ist okay. Ich kann so was sicher auch, wenn ich mich anstrenge. Ich bin lernfähig. Schuster, worauf hast du noch Bock? Folge dem Ruf des Abenteuers, es gibt*

keine absolute Sicherheit. Ich bin schön, und wer das nicht sieht, hat
Tomaten auf den Augen. Ich freue mich über jedes neue Lebensjahr.
Ich gehe den Weg der Liebe.

Wenn du deinen Glaubenssatz so umgedreht hast, dass du über ihn lachen kannst oder die neue Formulierung in dir etwas Positives auslöst, dann nutze ihn als Mantra. Schreibe dir den Satz auf einen Zettel und stecke ihn in die Handyhülle, ins Portemonnaie, klebe ihn an den Rechner oder drucke ihn dir aufs T-Shirt. Achte mal darauf, was passiert, wenn du an den neuen Satz immer mal wieder bewusst denkst oder ihn laut sprichst.

☛ **Hast du schon einmal mit Mantren gearbeitet?** Im Grunde genommen sind das auch Glaubenssätze, aber eben positive, kraftspendende. Das Wort stammt aus dem Sanskrit und bedeutet übersetzt Geistesschutz beziehungsweise Geistesinstrument. Durch ein Mantra kann man also sein Denken schützen beziehungsweise es wie ein Instrument stimmen. Hast du Lust, das mal auszuprobieren?

Schau doch mal, ob dich einer der Sätze spontan anspricht. Welcher Satz kann dir helfen, positiver zu denken? Oder welcher Satz passt zu einer Herausforderung in deinem Leben und kann dir mehr Leichtigkeit geben? Wähle einen Satz aus und übe ihn zu denken, mindestens eine Woche lang. Und immer dann, wenn es mal wieder ganz besonders stressig ist, du traurig bist oder nicht weiter weißt, lies dir diesen Satz durch und frage dich, was er dir zu sagen hat.

- Möge mein Herz gütig, mein Verstand klar und mein Geist mutig sein.
- Ich bin dankbar – egal ob das Leben süß oder bitter ist.
- Ich liebe/lebe jede Minute meines Lebens.

- Jeder Tag ist eine neue Chance.
- Heute ist heute und gestern war gestern.
- Ich bin (gut) genug.
- Ich bin jemand, der mich glücklich macht.
- Ich bin die Veränderung.
- Ich finde meinen Weg.
- Alles, was ich brauche, ist in mir.
- Ich habe es verdient.
- In mir steckt die Kraft, die Welt zu verändern.
- Geht nicht, gibts nicht.
- Heute ist der Anfang vom Rest meines Lebens.
- Es ist, wie es ist.
- Die Erwartungen anderer sind die Erwartungen anderer.
- Mal schauen, was passiert.
- Es ist mein Leben.
- Ich bin ich.
- Jede Erfahrung ist gut.
- Ja!

Der Ernst des Lebens darf mal Pause machen

Wenn ich an Familienfeste in meiner Kindheit zurückdenke, fallen mir die leckeren Obstkuchen meiner Mutter ein, die Schale mit Erdnussflips, die nur zu besonderen Anlässen auf dem Tisch stand, und der Humor meines Opas. Bis zu seinem Lebensende hat er ihn sich bewahrt, obwohl er jahrelang schwer krank war, viele Operationen hatte, kaum noch laufen konnte und viele Schmerzen hatte. Er hatte aber immer einen Spruch auf den Lippen und machte sich über seine Krankheiten und seine Art zu gehen lustig. Humor ermöglicht uns, mit Distanz auf etwas zu schauen, eine andere Perspektive einzunehmen und das Offensichtliche mal auszublenden. Der österreichische Psychoanalytiker Sigmund Freud hat sogar ein Buch darüber geschrieben, wie Humor und unser Unterbewusstsein zusammenhängen und warum Humor heilsam sein kann. Humor kann Spannungen lösen, durch ihn können wir verdrängte Aspekte ins Bewusstsein holen und die Dramatik rausnehmen. Wir können dadurch loslassen, den Ärger ziehen lassen und uns selbst nicht so ernst nehmen. Wenn wir lachen, bauen wir Stress ab.

Deshalb: Lern über dich selbst zu lachen. Oder versuch zumindest mal innerlich über bestimmte Gedanken von dir zu schmunzeln. Und frag dich auch mal in peinlichen oder negativen Situationen, ob hier nicht auch ein gewisser Witz drinsteckt. Wir alle lieben Outtakes. Was sind die Outtakes deines Lebens?

Dankbarkeit als Schlüssel zum positiven Denken

Wenn wir dankbar sind, werden wir uns der guten und schönen Dinge ganz automatisch bewusst. Dankbarkeit kann unsere Wahrnehmung und dadurch auch unser ganzes Leben verändern. Der englische Philosoph und Staatsmann Francis Bacon hat gesagt: »Nicht die Glücklichen sind dankbar. Es sind die Dankbaren, die glücklich sind.«

☛ Beantworte zur Einstimmung schon einmal diese drei Frage:n

Wofür bist du in deinem Leben ganz grundsätzlich dankbar?

....

....

Was ist in den letzten Tagen passiert, wofür du dankbar sein kannst?

....

....

Und wofür bist du heute dankbar?

....

....

Lass Dankbarkeit zu einem täglichen Prinzip werden und übe den dankbaren Blick, diese Übungen können dir dabei helfen:

☛ Das Dankbarkeitstagebuch

Vielleicht hast du auch schon mal ein Dankbarkeitstagebuch geführt. Falls nicht, überlege doch mal, ob das etwas für dich sein könnte. Nimm dir ein leeres Notizbuch, das bei dir rumliegt, oder kauf dir ein ganz besonders schönes dafür. Schreib nun hinein, wofür du heute dankbar bist. Schlagwörter oder Stichpunkte reichen völlig aus. du kannst aber natürlich auch einen richtigen Text schreiben. Am besten machst du ein Ritual daraus. Jeden Abend vor dem Schlafen fragst du dich: *Wofür bin ich heute dankbar?* Das können kleine oder auch große Dinge sein, Dinge, die dir passiert sind oder die du ganz aktiv gemacht hast. Es dürfen wirklich ganz unspektakuläre Dinge erwähnt werden. Man muss nicht auf den großen Lottogewinn warten, um etwas einzutragen. Wenn man lernt, im Alltag auch die kleinen Dinge wahrzunehmen, die schön sind, ist man sowieso Multimillionär.

Und ganz wichtig: Im Dankbarkeitstagebuch darf es auch um scheinbar negative Dinge gehen. Beim Streit mit Tante Erna bist du für dich selbst eingestanden? Super! Mach dir das bewusst. Versuche auch bei negativen Erlebnissen zu verstehen, was daran gut ist und warum du dafür auch dankbar sein kannst.

Wenn diese Übung für dich interessant klingt, nimm dir mal vor, so ein Dankbarkeitstagebuch für mindestens eine Woche, besser für mindestens einen Monat zu führen und in dieser Zeit jeden Tag etwas zu notieren. Achte darauf, wie sich dadurch im Alltag deine Wahrnehmung verändert und vielleicht sogar dein Verhalten. An »grauen« Tagen kannst du dieses Büchlein außerdem hervorholen und darin lesen, um dich an all die guten Dinge zu erinnern.

☛ **Der Dankbarkeitsbrief**

Wann hast du das letzte Mal einen Brief geschrieben? Also nicht einen Brief ans Finanzamt oder eine kleine Notiz an Zalando, sondern einen richtigen Brief.

Wenn du einen Dankbarkeitsbrief schreiben willst, hast du zwei Möglichkeiten. Entweder schreibst du dir selbst einen Brief und erinnerst dich an all die wunderbaren Dinge in deinem Leben, oder du schreibst ihn an eine Person, bei der du gerne mal »Danke« sagen möchtest. Sicher gibt es in deinem Leben Menschen, die schon lange an deiner Seite stehen, in guten und schlechten Zeiten. Oder jemand, der dir einen Gefallen getan hat, jemandem, dem du vertraust, mit dem du lachen kannst etc. Manchmal fällt es uns schwer, anderen unsere Wertschätzung direkt zu zeigen. Vielleicht fehlen uns die richtigen Worte oder auch der Mut. Beim Schreiben kann man seine Worte sehr bewusst wählen. Den Brief musst du dann übrigens auch gar nicht abschicken.

☞ Das Dankbarkeitsbrainstorming

Nimm dir ein großes Blatt Papier, schreibe in die Mitte das Wort *Danke* oder den Halbsatz: *Ich bin dankbar für ...*

Du kannst die Bereiche auch eingrenzen: *Bei meiner Arbeit bin ich dankbar für ... In meiner Beziehung bin ich dankbar für ... Bei meinem Körper bin ich dankbar für ...*

Und dann schreibe einfach drauflos. Alles, was dir einfällt, schreibst du auf das Blatt, ohne es innerlich zu bewerten.

Das Schöne an dieser Methode ist, dass ein Gedanke den nächsten auslösen kann. Wenn du willst, kannst du dir vorher ein zeitliches Limit setzen und den Wecker auf drei Minuten stellen. Diese Methode eignet sich vor allem, wenn man nicht so gut drauf ist und einen innerlichen Regentag hat.

☞ Der Dankbarkeitsspiegel

Leg dir einen Stapel Post-its neben deinen Spiegel. Versuche jeden Tag eine Sache zu finden, für die du dankbar bist, schreibe sie auf den Zettel und klebe sie an den Spiegel. Mach das für eine Woche oder für einen Monat, am besten so lange, bis du dein Make-up völlig falsch aufträgst oder bis du dich nur halb rasierst, weil du kaum noch was siehst. Wenn das passiert, weißt du, dass der Zeitpunkt gekommen ist, die Zettel wieder abzunehmen. Mach das bewusst und lies sie dir dabei noch einmal durch. Diese Übung kannst du wunderbar mal zwischendurch machen, quasi als Vitaminkur für deine Dankbarkeit.

☞ Sag dir selbst mal *Danke*

Dieser Impuls wirkt vielleicht seltsam auf dich. Die meisten Menschen gehen oft viel zu hart mit sich selbst ins Gericht und sind selbst ihre schlimmsten Kritiker.

Sich selbst mal Danke zu sagen, bedeutet sich selbst anzunehmen und wertzuschätzen. Selbst wenn du nicht erfolgreich bei etwas warst, kannst du dir auf die Schulter klopfen, weil du es versucht hast. Es gibt viele kleine Erfolge im Alltag. Die kann man auch ruhig mal ganz bewusst würdigen. Du musst ja nicht gleich eine halbstündige Laudatio über dich selbst schreiben. Ein einfaches, ernst gemeintes *Danke* reicht völlig aus.

Übrigens: Auch für Talente oder Stärken, die man hat, kann man sich innerlich bedanken und sie dadurch würdigen.

☛ Die Dankbarkeitsmeditation

Selbst wenn du noch keine Meditationserfahrung hast, kannst du mal eine Dankbarkeitsmeditation ausprobieren. Setz dich dafür bequem hin, entweder auf den Boden oder auf einen Stuhl, schließe die Augen und nimm ein paar bewusste Atemzüge. Vor deinem geistigen Auge stellst du dir dann eine Person vor, für die du in deinem Leben dankbar bist. Oder du denkst an etwas, das dir viel bedeutet, zum Beispiel einen Gegenstand, eine Erfahrung oder eine Situation. Konzentrier dich mit deiner ganzen Energie darauf. Stell dir zum Beispiel deinen besten Freund, deinen Partner, deine Eltern, deinen Urlaub oder deine Wohnung so lebhaft wie möglich vor. Richte deine volle Aufmerksamkeit darauf. Werde dir darüber bewusst, dass du dankbar bist, und spüre die positive Energie.

Du kannst diese Dankbarkeitsmediation zu jeder Zeit und an jedem Ort durchführen. Du brauchst dafür nicht viel Zeit und keine Vorbereitung. Wenn du sie direkt morgens nach dem Aufwachen machst, startest du mit einem positiven Gefühl in den Tag, wenn du sie abends vor dem Einschlafen machst, begleiten dich diese positiven Gedanken in die Nacht, und du schließt gut mit dem Tag ab.

☛ Das innere Foto

Auf meinem Smartphone sind gerade 2134 Fotos. Das erste ist fünf Jahre alt, so alt wie das Handy. In Filmen werden Japaner gerne als dauerknipsende Touristen dargestellt, die zwar alles fotografisch festhalten, aber kaum etwas direkt wahrnehmen und somit später keine echten Erinnerungen haben. Durch Smartphones, Tablets und Digitalkameras verhalten wir uns selbst im Alltag so und werden zum Paparazzo unseres eigenen Lebens. Wir selbst haben schon lange den Überblick über unsere Fotos verloren, die auf dem Smartphone, dem Laptop, Sticks, externen Festplatten und Internet-Clouds verteilt nie wieder angesehen werden. Fotografieren ist eine schöne Sache. Dennoch möchte ich dich dazu einladen, mal auf Fotos zu verzichten, und stattdessen ganz bewusst deine Sinne zu aktivieren und ein inneres Foto zu schießen. Zu diesem inneren Bild können zusätzlich Geräusche und Gerüche und Geschmacksrichtungen gehören, sodass es ein 3D-Foto oder sogar ein 5D-Foto wird. Wenn du das nächste Mal Urlaub am Meer machst, auf der Spanischen Treppe sitzt oder durch den Park um die Ecke spazierst, dann nimm dir die Zeit, um dieses innere Foto zu schießen. Stelle deine Sinne scharf, am besten ganz bewusst nacheinander. Versuch alles aufzusaugen, was du siehst: die Farben und die Formen. Stell dir vor, du bist ein Maler, der seine Eindrücke auf die Leinwand übertragen will. Achte danach darauf, was du hören kannst. Was kannst du riechen? Was kannst du schmecken? Und was fühlst du? Versuch später jemandem davon zu erzählen. Statt also Bilder rumzureichen, beschreibst du dann dein inneres Bild.

Für diesen achtsamen Moment musst du übrigens auch nicht extra verreisen oder bis zu deinem nächsten Urlaub warten. Du kannst ihn auch im Alltag erleben, vor deiner Haustür, in der

Kantine bei dir auf Arbeit oder auch zu Hause auf deinem Sofa. Um Dankbarkeit empfinden zu können, müssen wir räumlich erst einmal all das, was um uns herum ist, richtig wahrnehmen.

Übrigens: Meine Lösung für die acht Versionen des Berliner Sonnenuntergangs mit Fernsehturm ist Instagram. Dort packe ich ab und zu Fotos rauf, die mir gefallen. Diese App ist für mich zu einem digitalen Fotoalbum für Bilder geworden, die nicht super privat sind. Ab und zu scrolle ich mich durch meine Fotos und schwelge in Erinnerungen.

Fazit to go

Denke positiv oder denke negativ: Du wirst wahrscheinlich recht haben.

Und wo es gerade um Humor ging, erlaube mir, dass ich an dieser Stelle einen Witz einstreue, der wunderbar den Unterschied zwischen Pessimismus und Optimismus erklärt:

Zwei Freunde gehen spazieren. Plötzlich zuckt der eine zusammen und geht mit seiner Hand über die Haare. »Iiiie«, sagt er. »Was für eine Sauerei. Mir hat ein Vogel auf den Kopf gekackt.«

Da sagt der Freund: »Ärgere dich nicht, sondern freu dich lieber, dass Elefanten nicht fliegen können.« :-)

- Beleuchte bewusst die Bühne deines Lebens. Entscheide dich, worauf du deine Aufmerksamkeit richtest.
- Das negative Denken tragen wir als Erbe unserer Steinzeit-Vorfahren in uns. Unser Gehirn will uns eben vor Gefahren schützen.
- Unser Denken beeinflusst unser Verhalten. Was wir als real ansehen, wird zu unserer Realität, in der wir denken, fühlen und handeln.

- Wollen wir optimistischer sein, müssen wir uns des Filters bewusst werden und aktiv positiv denken. Ein wirklich realistisches Denken gibt es sowieso nicht.
- Optimismus führt zu einem positiveren Denken. Ein positives Denken führt zu mehr Optimismus.
- Dankbarkeit ist der Schlüssel zu mehr Optimismus im Leben, lass sie zu deinem täglichen Prinzip werden.
- Verabschiede dich von negativen Glaubenssätzen und finde ein Mantra, das dir Optimismus verleiht.

☞ **Am Ende des Kapitels bist du wieder dran:**

Was war für dich besonders interessant und wertvoll? Nimm dir ein paar Minuten Zeit und beantworte für dich folgende Fragen:

Welche Gedanken haben mich besonders angesprochen und bewegt? Welche Impulse und Übungen will ich ausprobieren? Für welche Erkenntnis bin ich dankbar?

....

....

....

....

....

....

....

7. Resilienz-Baustein: Selbstwirksamkeit –
Was wäre, wenn du stärker bist, als du denkst?

»Was wir heute tun,
entscheidet darüber,
wie die Welt morgen aussieht.«

MARIE VON EBNER-ESCHENBACH (1830–1916),
SCHRIFTSTELLERIN

Seit Tausenden von Jahren erzählen sich Menschen aus allen Kulturen Heldengeschichten. Die *Odyssee* von Homer gilt als Mutter unserer heutigen Heldengeschichten, die Hollywood in Filmen verarbeitet. Egal, ob die Helden Superman oder Wonder Woman heißen, ob Luke Skywalker, Pippi Langstrumpf oder Peter Hase: Sie faszinieren uns, weil sie sich trotz Schwächen, Ängsten und Zweifeln auf ihre Stärken besinnen, in scheinbar ausweglosen Situationen aktiv werden und über sich selbst hinauswachsen. In diesem Kapitel erfährst du, wie du den Superhelden oder die Superheldin in dir wachkitzeln kannst. Vier einfache Herangehensweisen helfen dir, mehr Selbstwirksamkeit zu entwickeln, dich selbst besser kennenzulernen, an dich zu glauben und Mut zu entwickeln.

Der ehemalige US-Präsident Barack Obama ist mit dem Satz »*Yes, we can!*« in die Geschichte eingegangen, also: Ja, wir können das! Wir kriegen das hin! Die Haltung, die der Ausspruch Obamas transportiert, beschreibt sehr gut, was mit Selbstwirksamkeit gemeint ist. Menschen mit hoher Selbstwirksamkeit glauben an sich und sind davon überzeugt, dass sie ihre Ziele erreichen und ihre Probleme in den Griff bekommen können. Sie gehen davon aus, dass sie durch ihr Können und ihr Wissen wirksam sind, dass sie also dazu in der Lage sind, etwas zu gestalten, etwas zu bewirken und dass sie einen Unterschied machen können. Selbstwirksamkeit könnte man deshalb auch als begründete positive Sicht auf die Zukunft bezeichnen. Im vorherigen Kapitel hast du erfahren, dass positives Denken dazu führt, dass wir eine optimistische Haltung einnehmen. Sie ist enorm wichtig, damit wir an den negativen Dingen des Lebens nicht zerbrechen, und damit wir voller Zuversicht ins Handeln kommen. Selbstwirksamkeit setzt noch eins drauf: Menschen mit einer stark ausgeprägten Selbstwirksamkeit gehen nicht einfach nur davon aus, dass die Dinge sich zum Positiven entwickeln werden, sondern dass sie selbst dazu aktiv beitragen können. Und selbst wenn sie dazu noch nicht in der Lage sind, sind sie davon überzeugt, dass sie es lernen, an sich arbeiten und sich weiterentwickeln können.

In besonders stressigen Phasen, vor allem aber in Krisenzeiten oder wenn wir mit Schicksalsschlägen konfrontiert sind, müssen wir unsere eigenen Kräfte aktivieren, und es braucht eine große Portion Mut und Motivation, uns mit den Dingen auseinanderzusetzen. Selbstwirksamkeit hilft uns dabei zu erkennen, was unsere Stärken und Ressourcen sind, und mit Vertrauen in uns selbst aktiv zu werden. Außerdem hält Selbstwirksamkeit uns davon ab, bei den ersten Schwierigkeiten, Rückschlägen und Niederlagen den Kopf in den Sand zu stecken. Wir können dadurch unser volles Potenzial abrufen und über uns hinauswachsen. Damit nehmen wir das Schicksal selbst in die Hand und gestalten unsere Zukunft.

Der wissenschaftliche Hintergrund von Selbstwirksamkeit

Früher sind in der Psychologie verstärkt Experimente mit Tieren durchgeführt worden, um zu erkennen, wie bestimmte Mechanismen funktionieren. Heute ist man da zum Glück sehr viel vorsichtiger, und Tierexperimente müssen erst von einer Ethikkommission erlaubt werden. Ich weiß, dass das folgende Experiment sehr grausam ist. Weil dadurch aber auf einer sehr bildlichen Ebene deutlich wird, was Selbstwirksamkeit ist wie sie entsteht und was sie bewirkt, habe ich mich dazu entschlossen, hier von diesem Experiment zu erzählen. Das Beruhigende ist, dass es heutzutage von einer Ethikkommission sicher nicht mehr genehmigt werden würde.

Der Versuchsleiter dieses Experiments war Martin Seligman, der später durch den Begriff der positiven Psychologie bekannt geworden ist und den du schon im Kapitel über Optimismus kennengelernt hast. Das Experiment wurde 1967 mit Hunden durchgeführt und bestand aus zwei Phasen. Die erste Phase war die sogenannte Lernphase, in der die Hunde jeweils mit unterschiedlichen Situationen konfrontiert wurden. In der zweiten Phase wurde die Situation verändert, sodass sie für alle Tiere gleich war. Die spannende Frage war: Wie werden sich die Hunde verhalten, nachdem sie unterschiedliche Dinge erlebt hatten?

In der Lernphase gab es drei Bedingungen: Ein Teil der Hunde befand sich in Käfigen, die unter Strom gesetzt werden konnten. Diese Elektroschocks konnten die Hunde selbst abstellen, wenn sie einen Hebel betätigten. Nachdem sie zunächst mit unterschiedlichen Verhaltensweisen reagiert hatten, haben sie nach mehreren Durchgängen gelernt, den Hebel direkt zu betätigen, sobald der Strom angestellt wurde. Die zweite Gruppe von Hunden befand sich in Käfigen, in denen die Elektroschocks nicht abgestellt werden konnten. Sie bekamen genauso viele davon wie die Tiere aus Gruppe eins, konnten die Stromstöße aber nicht vorzeitig beenden. Die dritte Gruppe von Hunden war einfach nur in Käfigen untergebracht, ohne Elektroschocks zu bekommen. Sie gehörten zur sogenannten Kontrollgruppe, die es auch bei medizinischen Versuchen gibt, um besser erkennen zu können, was genau für einen bestimmten Effekt verantwortlich ist.

Phase zwei des Experiments war dann für alle Versuchstiere gleich. Sie kamen in einen neuen Käfig, eine sogenannte Shuttle-Box. Diese Box ist in der Mitte durch eine schulterhohe Wand geteilt, wodurch zwei Kammern entstehen. Die Hunde konnten aber mühelos über diese Wand springen, um in die andere Kammer zu gelangen. Einen Hebel gab es in der zweiten Phase des Experiments nicht mehr, um den Strom abzustellen.

Bei allen Tieren wurde nun nur eine Kammer unter Strom gesetzt. Die Hunde aus Gruppe eins, die vorher gelernt hatten, den Hebel zu betätigen, entschieden sich relativ schnell, über die Wand zu steigen, um in die andere Kammer der Box zu gelangen. Die Hunde aus Gruppe 2, die zuvor nichts an den Stromstößen ändern konnten, brauchten hingegen sehr lange, bis sie überhaupt versuchten, auf die andere Seite zu gelangen. Stattdessen nahmen viele eine Schockstarre ein und ertrugen die Stromstöße. Die Hunde der Kontrollgruppe, die vorher noch nichts gelernt hatten, brauchten etwas länger als die erste Gruppe, um zu lernen, dass sie etwas an ihrer Situation ändern können. Im Gegensatz zur zweiten Gruppe probierten sie aber verschiedene Dinge aus, um etwas gegen die Stromstöße zu tun.

Aus dem Experiment leitete Seligman das Konzept der erlernten Hilflosigkeit ab. Die Hunde aus der zweiten Gruppe hatten nämlich in der ersten Phase gelernt, dass sie, egal, was sie tun, keine Möglichkeit haben, etwas an ihrem Schicksal zu ändern. Auch in der zweiten Phase haben sie sich passiv verhalten, obwohl das Setting ein anderes war. Man spricht davon, dass das Verhalten sich generalisiert hat. Sie hatten durch ihre bisherigen Erfahrungen gelernt, dass sie keine Kontrolle über äußere Dinge haben.

Auch beim Menschen lässt sich erlernte Hilflosigkeit erleben. Die Anfänge dafür sind häufig in der Kindheit zu finden. Wenn Kinder zu Hause keine Zuneigung und kein Lob erfahren, sondern Demütigung oder Gewalt, so lernen sie, dass sie nichts richtig machen können. Sie verlieren den Glauben an sich selbst und die Vorstellung, die Dinge im Leben positiv gestalten oder darauf zumindest Einfluss nehmen zu können.

Erlernte Hilflosigkeit kann man sich als das Gegenteil von Selbstwirksamkeit vorstellen. Die Hunde aus der ersten Gruppe, die gelernt hatten, dass sie durch den Hebel dafür sorgen können, dass der Strom aufhört, haben sich auch später aus ihrer missgünstigen Lage schneller befreit, um sich zu schützen. Sie haben durch frühere Erfahrungen Zuversicht erworben. Sie sind aktiv geworden, um etwas an ihrer Lage zu verändern, damit sie dem Leid nicht weiter ausgesetzt sind. Sie haben also in Optionen gedacht und sind davon ausgegangen, dass sie einen Einfluss auf ihre Situation haben. In der

Psychologie spricht man auch davon, dass jemand eine stark oder schwach ausgebildete Kontrollüberzeugung hat.

Das Konzept der Selbstwirksamkeit stammt vom US-amerikanischen Psychologen Albert Bandura, der zur Verbindung zwischen dem menschlichen Lernen und der Psychotherapie forschte. Beides hängt eng miteinander zusammen, denn nicht immer sind die Reaktionen, die wir im Laufe unseres Lebens erlernen, konstruktiv. In einer Psychotherapie, aber auch im Alltag, geht es immer wieder darum, umzulernen, also Dinge aus einer neuen Perspektive zu sehen, Überzeugungen zu hinterfragen, Neues auszuprobieren und somit neue Erfahrungen zu ermöglichen. Was bisher Ängste oder ein Gefühl von Hilflosigkeit ausgelöst hat, was bisher zu Flucht, Vermeidung oder gar Aggression geführt hat, soll künftig als weniger bedrohlich und negativ erlebt werden, also als unproblematisch oder zumindest bewältigbar.

Besonders wichtig war Albert Bandura in seiner Arbeit die sogenannte Patientenkompetenz. Der Erfolg einer Therapie hängt nicht allein von der Therapeutin oder dem Therapeuten ab, sondern auch von der aktiven Mitarbeit der Patientin oder des Patienten. Egal, ob es sich um psychische oder physische Erkrankungen handelt, wird dadurch die Patienten-Rolle im Genesungs- oder Bewältigungsprozess gestärkt. Durch seine Mitarbeit und die Bereitschaft, sich auf die Therapie einzulassen, leistet der Patient einen Beitrag dazu, wieder gesund zu werden oder trotz Erkrankung ein gutes Leben zu führen. Die betroffene Person wird als Experte für sich selbst angesehen, übernimmt Verantwortung für den therapeutischen Prozess und ist nicht länger ein passives Element im Gesundheitswesen, das nur auf Heilung hoffen kann.

Ein ebenfalls sehr wichtiger Gedanke ist, dass Patienten nicht nur krank sind. Neben der Erkrankung, den Ursachen dafür und den Symptomen, gibt es auch gesunde, stärkende und lebensbejahende Aspekte in ihrem Leben. Diese werden in den therapeutischen Prozess eingebunden. Nicht alles war oder ist schlecht. Nicht alles war oder ist traurig. Nicht alles fiel oder fällt schwer. Stärken zu aktivieren und sich auf Erfolge zu konzentrieren, hilft nicht nur dabei, positiver in die Zukunft zu schauen, sondern verändert auch die Wahrnehmung. Das, was sich hinter der Patientenkompetenz verbirgt, ist aber nicht nur wichtig, wenn wir krank sind. Diese Haltung hilft ganz generell, anders mit Stress im Alltag, Problemen, Schwierigkeiten und Krisen umzugehen. Gerade in Krisenzeiten ist der Glaube daran, etwas erreichen oder verändern zu können, ungeheuer wichtig, denn psychologische Forschung hat schon sehr früh gezeigt, dass Menschen vor allem dann motiviert sind, etwas zu tun, wenn sie davon ausgehen, dass es klappt. Evolutionär ist das absolut schlüssig, denn wieso sollte man auch Energie aufwenden, wenn es sowie nichts bringen wird? Dann würde man seine kostbare Kraft nur verschwenden. Interessant ist, dass Menschen mit einer stark ausgeprägten Selbstwirksamkeit ausdauernder sind als Menschen, die sich weniger zutrauen. Möglicherweise ist das auch der Grund, wieso diese Menschen oft erfolgreicher sind: Sie machen einfach so lange weiter, bis sie erreicht haben, was sie wollten.

Kommen wir noch einmal zu Albert Bandura zurück. Ihm war also wichtig, dass mit Patienten nicht nur über Probleme gesprochen wird, sondern dass man über die Stärken und Ressourcen redet, diese aktiviert und ausbaut. In den Siebzigerjahren des 20. Jahrhunderts entwickelte er daraus das Konzept der Selbstwirksamkeit. Seine Definition lautete: *Selbstwirksamkeit ist der individuelle Glaube daran, dass man die Fertigkeiten oder das Wissen hat, um ein bestimmtes Ziel zu erreichen. Oder dass man diese Fertigkeiten und das Wissen erwerben kann.*

Das schließt in erster Linie zwei Aspekte ein: Was kann ich? Und: was weiß ich? Im Kern geht es bei Selbstwirksamkeit also darum, sich seiner Kompetenzen bewusst zu sein und diese weiter zu stärken. In den vorangegangenen Kapiteln habe ich schon mehrmals deutlich gemacht, wie wichtig es ist, die Opferrolle zu verlassen und die Verantwortung für das eigene Leben, für die Ziele und das Wohlbefinden zu übernehmen. Selbstwirksamkeit ist quasi das Handwerkszeug dafür. Selbstwirksames Denken hilft dabei, zukunftsorientiert und lösungsorientiert zu sein. Dadurch findet man eher Wege, um ans Ziel oder auf Lösungen zu kommen. Am besten fragt man sich dafür:

1. Welches Können und welches Wissen bringe ich dafür mit?
2. An welchem Können und Wissen muss ich noch arbeiten?
3. Außerdem kann man sich fragen: Wen kann ich um Unterstützung bitten?

Neben der allgemeinen Selbstwirksamkeit, der Frage, ob man ein selbstwirksamer Mensch ist, sich also Dinge eher zutraut oder nicht, lassen sich konkrete Aufgaben und Tätigkeiten durch eine selbstwirksame Lupe betrachten. Selbstwirksamkeit lässt sich also passgenau auf die eigene Situation runterbrechen. Wir können uns in allen Lebensbereichen fragen, wie selbstwirksam wir sind. Es kann durchaus sein, dass man beruflich sehr selbstwirksam ist, im Privaten aber eher nicht.

Selbstwirksamkeit lässt sich besonders gut nutzen, wenn man sie konkret für die jeweilige Situation oder das konkrete Ziel betrachtet. Um das zu veranschaulichen, möchte ich dir ein Beispiel geben. Vielleicht ist das sogar für dich relevant. Falls nicht, versuche danach am besten ein Beispiel analog für deine Situation zu entwickeln.

Beispiel Jobsuche: Jemand ist schon sehr lange arbeitslos und möchte endlich wieder einen Job finden. Hier kann man sich also die Selbstwirksamkeit in Bezug auf die Bewerbungssituation anschauen. Im Vergleich zur grundsätzlichen Selbstwirksamkeit ist das schon ein viel kleinerer Bereich. Trotzdem würde ich empfehlen, ihn noch weiter aufzugliedern, da der Bewerbungsprozess vielschichtig ist. Manche Aspekte daraus liegen jemandem, andere dagegen nicht. Je kleinteiliger man mit der Lupe die Dinge betrachtet, desto nützlicher ist die Analyse.

Was gehört also alles zum Bewerbungsprozess dazu? Grob gesagt muss man passende Stellen finden, auf die man sich bewirbt, um schließlich im Vorstellungsgespräch überzeugen zu können. Damit ergeben sich drei Unterkategorien mit den jeweiligen Fragen:

☞ **(A) Recherchieren: Weiß ich, welche Jobs zu mir passen und mich interessieren?** Weiß ich, welche Firmen meine Erfahrungen, Kompetenzen und mein Wissen brauchen? Kenne ich passende Stellenbörsen im Internet? Habe ich ein gutes Netzwerk, durch das ich von offenen Stellen erfahre? Welche Möglichkeiten sind mir außerdem bekannt und traue ich mir zu, mit Unternehmen oder hilfreichen Personen in Kontakt zu treten? Bin ich bereit, mich weiterzubilden, um für gewünschte Jobs notwendige Kompetenzen und Qualifikationen zu erlangen?

☛ (B) Schreiben: Bin ich dazu in der Lage, zeitnah auf eine offene Stelle zu reagieren, indem ich ein interessantes Anschreiben fertig mache, aus dem hervorgeht, wieso ich geeignet für die Stelle bin? Verfüge ich über das Wissen, worauf es in der Branche oder für die konkrete Position ankommt? Weiß ich, welche Richtlinien aktuell für Anschreiben, Lebenslauf, Motivationsschreiben, Arbeitsproben, Zeugnisse und Fotos gelten? Gibt es Menschen aus meinem Netzwerk, die mir wichtige Fragen beantworten oder mich beim Formulieren und beim Design unterstützen können?

☛ (C) Reden: Habe ich Techniken, die mir helfen, im Vorstellungsgespräch entspannt zu sein und selbstsicher auftreten zu können? Kann ich fremden Personen gut erklären, wer und wie ich bin, kann ich deutlich machen, wieso mich diese Branche beziehungsweise dieses Unternehmen und diese Position interessieren und zu mir passen, und kann ich Lücken und Karrierebrüche schlüssig erklären? Bin ich in der Lage, auch bei schwierigen Fragen, heiklen Themen und unangenehmen Situationen ruhig und konstruktiv zu bleiben?

Ich bin mir sicher, dass dir zu diesem Themenkomplex auch noch weitere Unterfragen einfallen, um den Bewerbungsprozess noch weiter aufzufächern. Man kann sich das dann wie eine Checkliste vorstellen, die man Punkt für Punkt durchgeht. Dadurch bekommt man einen guten Überblick darüber, was man gut kann, was die Stärken sind, die man mitbringt, die einem helfen, das Problem zu bearbeiten und das Ziel zu erreichen. Außerdem wird dadurch klar, wo noch Schwächen sind. Es gehört also auch ein gewisser Mut dazu, genau hinzusehen und sich die Fragen ehrlich zu beantworten. Vielleicht hast du es bei dem Beispiel schon gemerkt: Wer selbstwirksam denkt, greift automatisch auf die anderen schon erwähnten Resilienz–Bausteine zurück. Das Leben bekommt dadurch immer mehr Stabilität.

☛ **Einladen möchte ich dich an dieser Stelle dazu, genauer über dein Thema nachzudenken.** Vor welchem Problem oder vor welcher Herausforderung stehst du gerade? Welches Ziel willst du erreichen? Schreibe dir das hier erst einmal hin. Wenn du mehr Platz brauchst, kannst du auch direkt dein Notizbuch nutzen.

....

....

....

Definiere im zweiten Schritt Teilaspekte. Versuche dein Anliegen in mindestens zwei Aspekte zu gliedern. Hilfreicher ist es, wenn es drei bis fünf sind. Wenn du merkst, dass es deutlich mehr werden, ist das übrigens ein Hinweis darauf, dass es sich nicht um *ein* Ziel oder *ein* Problem handelt, sondern um mehrere. Dann gehe noch mal einen Schritt zu zurück und versuche daraus verschiedene Fragestellungen zu formulieren, die möglichst unabhängig voneinander sind.

....

....

....

Und nun frage dich für jeden Teilaspekt deines Ziels oder deiner Herausforderung, was dafür alles notwendig ist. Hilfreich ist, wenn du dabei an Wissen und Können denkst. Mache ein wildes Brainstorming.

....

....

....

Gehe schließlich diese Punkte wie eine Checkliste durch. Was davon kannst du, worin bist du gut, welches Wissen bringst du mit? Wo hast du aber auch noch Fragezeichen, wobei gibt es Unklarheiten, welche Dinge liegen dir nicht oder kannst du (noch) nicht? Wenn du willst, kannst du dir das farbig markieren, zum Beispiel mit Rot und Grün.

Selbstwirksamkeit bedeutet ja, dass man daran glaubt, dass durch das Wissen und Können ein Ziel erreicht oder ein Problem gelöst oder eine Aufgabe bewältig werden kann, UND dass man dazu in der Lage ist, das notwendige Wissen und Können noch zu erwerben, dass man sich also zutraut, sich weiterzuentwickeln und andere um Hilfe zu fragen. Deshalb frage dich im letzten Schritt, was genau du in deiner konkreten Situation noch lernen musst, und wer dich dabei unterstützen könnte. Am besten kontaktierst du diese Person(en) direkt jetzt oder schreibst dir dafür einen Termin in den Kalender.

Selbstwirksamkeit kann man lernen
Das Beispiel der Jobsuche zeigt, dass man Selbstwirksamkeit in konkreten Situationen nutzen kann, wenn man einfach nur

die Definition von Albert Bandura als Basis nimmt. Durch die Konzentration auf Können und Wissen lässt sich eine Analyse durchführen, bei der man die Anforderungen einer bestimmten Situation oder Herausforderung mit dem abgleicht, was man schon mitbringt.

Man kann aber auch noch viel grundsätzlicher an seiner Selbstwirksamkeit arbeiten. Albert Bandura schlägt vier Aspekte vor, die uns dabei helfen, selbstwirksamer zu werden. So sollte man sich auf seine Erfolgserlebnisse konzentrierten, sich von Unsicherheiten nicht lähmen lassen, sich Vorbilder suchen und schließlich dafür sorgen, dass man Bestätigung von außen bekommt. Im Folgenden möchte ich auf diese vier Aspekte etwas ausführlicher eingehen. Außerdem stelle ich dir jeweils mehrere Impulse vor, die du direkt ausprobieren, durchdenken oder üben kannst.

1. Der Blick zurück: Konzentration auf Erfolge

Vertrauen entsteht aus Erfahrungen. Damit Menschen Vertrauen in sich selbst entwickeln können, müssen sie Erfolgserlebnisse verzeichnen können. Wir Menschen achten leider häufig weniger auf unsere Erfolge, sondern neigen dazu, den Fokus auf Defizite und Fehler zu legen. Erfolge werden häufig gar nicht oder als selbstverständlich wahrgenommen. Misserfolge werden dagegen oft überbewertet. Wer seine Erfolge wertschätzt, wertschätzt sich selbst, weil dadurch die eigenen Fähigkeiten, Fertigkeiten und das Wissen gewürdigt werden. Erfolge zu feiern ist nicht nur wichtig, weil es sich gut anfühlt, sondern auch weil wir dadurch etwas über uns selbst lernen. Und mit feiern meine ich nicht, dass man eine große Party schmeißt und Freunde und Familie einlädt, nur weil man einen Küchenschrank aufgebaut hat. Feiern heißt, dass man mal kurz innehält und sich imaginär auf die Schultern klopft. Dadurch wird einem bewusst, dass man doch nicht zwei linke Hände hat, wie man immer dachte oder wie man es jahrelang eingeredet bekommen hat. Wenn es das nächste Mal darum geht, ein Möbelstück aufzubauen, wird man das nicht wochenlang vor sich herschieben oder mit Sorge an die Aufgabe gehen, dass man etwas kaputt macht, sondern mit dem Wissen: Ich habe neulich den Küchenschrank aufgebaut, und nun werde ich mich um das Bett kümmern. Erfolge auf dem einen Gebiet können uns auch auf anderen Gebieten zuversichtlicher werden lassen. Wenn wir uns erinnern, was wir schon alles erreicht haben, gibt das Mut und Energie für neue Vorhaben.

Den Blick auf die Erfolge macht man am besten so konkret wie möglich, indem man sich fragt: Welche meiner Fertigkeiten und welches Wissen hat dazu beigetragen, dass ich es hinbekommen habe? Und dazu kann auch gehören, dass man das Problem gegoogelt hat und schließlich mit Hilfe eines Tutorials auf Youtube den Hinterreifen vom Fahrrad gewechselt hat, wofür man erst die Gangschaltung kompliziert abbauen musste. Ein Spruch aus meiner Kindheit: *Man muss nicht alles wissen, man muss nur wissen, wo es steht.* Diese Weisheit gilt heutzutage erst recht, da Wissen sehr leicht verfügbar ist. Man muss sich eben nur zu helfen wissen. Erinnere dich: In der Definition von Albert Bandura heißt es am Ende, dass man nicht schon alles können und wissen muss, sondern dass man es lernen kann. Die Überzeugung, lernfähig zu sein, ist ein wichtiger Aspekt von Selbstwirksamkeit.

Und wo wir gerade beim Thema Erfolge sind: Es ist nicht nur so, dass viele Leute sich stärker auf ihre Misserfolge konzentrieren und ihre Erfolge als selbstverständlich ansehen, es kommt noch hinzu, dass Erfolge oft nicht wahrgenommen werden. Stell dir vor, du hättest gerade ein Vorstellungsgespräch hinter dir. Was könnte hier ein Erfolg sein? Natürlich, dass du den Job bekommen hast. Es gibt aber noch viele andere Erfolge, die sich in so einer Situation verbergen. Zum Beispiel ist es ein Erfolg, wenn du es geschafft hat, trotz Aufregung gut auf die Fragen zu antworten, und vermitteln konntest, wieso du zu der Stelle passt. Es ist auch ein Erfolg, wenn dir spontan gute Fragen eingefallen sind, sodass du umgekehrt auch einen Eindruck davon bekommen konntest, ob die Stelle wirklich zu dir passt. Das sind Dinge, auf die du stolz sein kannst. Wir sollten nicht immer nur auf die großen Erfolge schielen, denn sonst übersehen wir leicht die vielen kleinen. Es lohnt sich deshalb, auch Kleines als Erfolg wahrzunehmen und zu verstehen, was dazu beigetragen hat, dass du dich auf eine bestimmte Weise verhalten konntest oder gefühlt hast. Möglicherweise lag es daran, dass du schon seit vielen Jahren einen vergleichbaren Job machst und deshalb weißt, wovon du redest. Oder daran, dass du am Tag zuvor früh ins Bett gegangen bist und morgens den Tag mit einer Meditation oder einem Telefonat mit der besten Freundin gestartet hast. Je besser wir das verstehen, desto besser verstehen wir uns selbst, und das ist wichtig, um sich selbst vertrauen zu können.

☞ **Erinnere dich an einen Erfolg aus der letzten Zeit.** Wie gerade beschrieben, musst du nicht direkt ein Mittel erfunden haben, mit dem sich die Ozonlöcher wieder schließen. Falls dir die Frage nach den Erfolgen schwerfällt, überleg doch mal: Was ist in letzter Zeit gut gelaufen? Versuch dann mindestens drei Dinge zu identifizieren, die etwas mit dir zu tun haben. Natürlich ist oft auch eine große Portion Glück dabei, oder andere haben geholfen, aber jetzt geht es um dich. Was hast du dazu beigetragen, dass etwas erfolgreich wurde? Welche Fertigkeiten und welches Wissen haben geholfen?

....

....

Jetzt geht es nicht um einen Erfolg aus der letzten Zeit, sondern um einen besonders großen Erfolg in deinem Leben. Er kann auch schon eine Weile zurückliegen. Welche großen Projekte hast du erfolgreich zu Ende gebracht? Welches große Problem hast du gelöst? Mit welcher Schwierigkeit bist du zurechtgekommen? Auf was in deinem Leben bist du stolz? Versuche auch hier wieder mindestens drei Aspekte zu identifizieren, die etwas mit dir zu tun haben. Was hast du zu diesem Erfolg beigetragen? Es kann sich dabei um etwas Berufliches oder Privates handeln. Und denke auch hier wieder an deine Fertigkeiten und dein Wissen.

....

....

☞ **Welche Stärken hast du?** Worin bist du also gut? Was kannst du vielleicht sogar besser oder schneller als andere? Falls es dir schwerfällt, diese Frage zu beantworten, überlege mal, was Freunde oder Kollegen antworten würden, wenn du sie fragen würdest, was deine Stärken sind. Wofür bekommst du Lob? Wofür bewundern dich andere? Wobei wirst du häufig um Rat oder Hilfe gebeten?

Schreibe möglichst mindestens drei Stärken auf. Falls dir mehr einfallen, umso besser. In meinen Workshops und in Coachings habe ich oft erlebt, dass Menschen nicht so leicht auf eigene Stärken kommen oder es ihnen unangenehm ist, darüber zu reden, worin sie gut sind. *Eigenlob stinkt,* ist eine Haltung, mit der viele aufgewachsen sind. Um ein aktives und selbstbestimmtes Leben zu führen, ist es wichtig, sich zu kennen. Über die Schwächen können einige Leute stundenlange Monologe halten. Die Stärken gehören aber genauso zu uns. Und bedenke: Wenn man nur negative Dinge von sich aufzählen kann, hat man ein verzerrtes Bild von sich selbst, was einem auch nicht weiterhilft. Also, frisch ans Werk: Welche Stärken hast du?

....

....

Wie hat das mit den positiven Eigenschaften geklappt? Na okay, hier möchte ich dir noch etwas Platz geben, um auch noch drei negative Eigenschaften aufzuschreiben. Jawohl, ich meine es ernst. Wie schon angemerkt, fällt das vielen Menschen leichter, zu benennen, was sie nicht (so gut) können und wobei sie Defizite haben. Weil diese Gedanken und Selbstzweifel ohnehin immer mitschwingen, kann man sie auch mal ganz bewusst festhalten. Versuche dich aber auf drei zu beschränken. Kleb bitte nicht noch extra leere Seiten in dieses Buch, um mehr Platz zum Schreiben zu haben. ;-)

....

....

Na, ging das mit den negativen Eigenschaften nun schneller oder langsamer, als positive Eigenschaften zu notieren? Frag dich im nächsten Schritt, ob die negativen Eigenschaften wirklich nur negativ sind oder ob sie auch positive Aspekte beinhalten. Was ist also die andere Seite der Eigenschaft? Wenn du zum Beispiel sehr ängstlich bist, dann ist dir Sicherheit wahrscheinlich wichtig und du wertschätzt, was du hat. Wer perfektionistisch ist, setzt sich selbst oft unter Druck, erlebt viel Stress, zweifelt schnell an der eigenen Leistung und hat vielleicht Probleme, Projekte (pünktlich) abzuschließen. Aber auf der anderen Seite wird die Person super Ergebnisse abliefern. Was sind also positive Aspekte an deinen negativen Eigenschaften? Oder anders formuliert: Welche versteckten Stärken hast du?

....

....

Entwickle ein Kämpferherz, wenn mal nicht alles nach Plan läuft. Wenn dir etwas schwerfällt, wenn Dinge nicht klappen, dann lass dich von dieser Einstellung leiten. Sprich dir selbst Mut zu, statt dich innerlich zu verschließen. Glaub nicht, dass du zu dumm oder unfähig für etwas bist. Akzeptiere, dass es auch mal schwierig sein darf, es muss nicht alles sofort klappen. Stattdessen lohnt es sich, durchzuhalten und sich selbst und den Dingen mehrere Chancen zu geben. Bei welchen Themen könntest du stärker auf dein Kämpferherz achten? Auch durchzuhalten oder es noch mal zu versuchen, bedeutet einen Erfolg!

Den bewussten Blick auf Erfolge kannst du übrigens zweifach zur Routine werden lassen: Mach es dir am besten zur

Gewohnheit, dich direkt nach einem wichtigen Ereignis oder am Ende eines Projekts (eines Tages oder einer Woche), zu fragen, was genau erfolgreich war und was du dazu beigetragen hast. Natürlich kannst du dich auch fragen, was du beim nächsten Mal besser machen könntest. Du solltest dich aber auf jeden Fall auch fragen, was schon gut lief, denn auch das ist schließlich eine wichtige Information und hilft dir beim nächsten Mal.

Und zweitens kannst du dir immer direkt vor einem wichtigen Ereignis oder Projekt in Erinnerung rufen, was du alles schon für Erfolge erlebt hat, was in der Vergangenheit schon gut gelaufen ist, welche Probleme du gelöst und welche Herausforderungen du bewältigt hat. Du wirst merken, dass diese Haltung dich stärkt und du somit völlig anders an die neuen Aufgaben rangehst.

2. Der Blick nach Innen: Umgang mit Unsicherheiten

Menschen mit einer höheren Selbstwirksamkeitserwartung können mit Stress und negativen Gefühlen wie Angst und Enttäuschung besser umgehen. Schwitzige Hände und Beine wie Wackelpudding heißen nicht, dass du etwas nicht kannst und wegrennen solltest. Sie zeigen dir einfach nur, dass du aufgeregt bist. Wenn wir dem Gefühl der Aufregung zu viel Beachtung schenken, machen wir es nur größer und bewerten es über. Wenn wir wirklich fliehen, berauben wir uns außerdem noch einer möglichen guten Erfahrung, denn vielleicht würde es besser laufen als vermutet. Deshalb ist es sinnvoll, direkt am Gefühl anzusetzen. Entwickle Strategien, wie du am besten mit Unsicherheit, Angst, Aufregung und Nervosität umgehst. Lern dich schon im Vorfeld zu entspannen, aber auch direkt in der Situation ruhig zu bleiben. Und wenn die Aufregung doch kommt, dann deute sie nicht als Zeichen dafür, dass du hier falsch bist, sondern dass die Situation für dich gerade von Bedeutung ist. Vielleicht kannst du die Gefühle sogar positiv deuten, denn das Adrenalin in deinem Blut führt nun dazu, dass du wach und präsent bist. Mach dir bewusst, dass es für dich um etwas geht, dass die Situation neu oder ungewohnt für dich ist und dass die meisten anderen Menschen gerade sicher ganz ähnlich empfinden würden. Deine Gefühle sind also nichts Besonderes. Nimm sie deshalb nicht zu ernst, sondern überwinde sie. Nur wer regelmäßig vom 10-Meter-Brett springt, wird das irgendwann mit Leichtigkeit machen. Den meisten Menschen schlottern die Knie, wenn sie oben stehen und runtergucken. Das ist normal. Alle sind danach stolz auf sich, und viele rennen die Leiter schnell wieder nach oben, um noch einmal dieses Erlebnis zu haben.

☛ **Welche Situationen oder Personen rufen bei dir Unsicherheit, Angst und Aufregung hervor?**

....

....

Erinnere dich daran, dass Situationen oder Personen nicht verantwortlich für unsere Emotionen sind, sondern höchstens ein Trigger sind. Es liegt in unserer Hand, wie wir mit ihnen umgehen. Das Spannende ist, dass Aufregung für unseren Körper sehr kostspielig ist, sie verbraucht sehr viel Energie. Unser Körper will aber möglichst Energie sparen, was noch ein uraltes evolutionäres Muster in uns ist. Deshalb reguliert der Körper Angst und Aufregung nach einer gewissen Zeit von selbst wieder herunter. Dafür ist allerdings entscheidend, dass wir uns der Situation stellen und nicht fliehen. Wenn wir die Situation verlassen, werden Angst und Aufregung natürlich schlagartig geringer und durch ein Gefühl der Erleichterung ersetzt. Allerdings tust du dir damit nichts Gutes. Dein Organismus lernt dadurch nämlich: *Mir geht es besser, wenn ich Situationen vermeide. Flucht ist die beste Methode, damit es mir gut geht. Yeah!*

Achte deshalb darauf, dass du dich möglichst nicht vor Situationen drückst, die dir Angst machen oder in denen du aufgeregt bist. Natürlich rufe ich dich jetzt nicht zu gefährlichen Dingen auf. Ich meine vor allem zwischenmenschliche Situationen: Kollegen fragen, ob du noch mit in die Bar kommst, oder laden dich zu einer Geburtstagsfeier ein, jemand bittet dich, eine Präsentation zu halten, oder ein Konflikt wird angesprochen. Auch im Privaten gibt es viele solcher Situationen, eine Meinungsverschiedenheit in der Familie, mit dem Partner oder Freunden, die Einladung zu einem Karaokeabend oder die Möglichkeit, einen neuen Menschen kennenzulernen und in dein Leben zu lassen.

Akzeptiere, dass die Angst oder die Aufregung da ist, und halte diese Gefühle aus, vertraue auf deinen Körper, dass es mit der Zeit von ganz allein besser wird. Je öfter du dich solchen Situationen stellst, desto normaler werden sie. Zusätzlich kannst du deinen Körper mit Entspannungstechniken unterstützen. Schau dazu mal in das nächste Kapitel zum Thema Erholung. Welche Erfahrungen hast du schon mit Entspannungstechniken gemacht? Welche Übungen könntest du wieder aktivieren oder vertiefen? Welche Methoden könntest du zusätzlich ausprobieren?

Indem du aus deiner Komfortzone ausbrichst, schaffst du Situationen, in denen du neue Erfahrungen sammeln kannst. Wenn du immer das Gleiche machst, lebst du in einem Schneckenhaus. Nimm deshalb öfter kleine Herausforderungen an, sage ja, ergreife Chancen beim Schopfe und stürze dich ins Abenteuer. Man kann sich schließlich nur weiterentwickeln, wenn man macht, was man noch nicht kann. Fällt dir spontan etwas ein, was du machen könntest, vielleicht sogar noch heute oder im Laufe der nächsten Tage?

Schauen wir uns mal etwas genauer an, wie so eine Komfortzone aussieht. Im Leben haben wir drei Zonen. Stell sie dir als verschieden große Kreise vor, die übereinanderliegen. In der Mitte befindet sich die Komfortzone. Das ist unsere Sicherheitszone. Dort kennen wir uns aus, fühlen uns wohl, kennen unsere Stärken. Das klingt zwar gut, der Haken ist allerdings, dass wir sehr eingeschränkt leben, wenn wir uns nur dort aufhalten. Die zweite Zone ist die Lernzone. Durch sie können wir wachsen und uns weiterentwickeln. In der Lernzone probieren wir Neues aus und sammeln Erfahrungen, positive wie negative. Möglicherweise blamieren wir uns auch mal. Hier stecken aber auch viele Chancen für ein selbstbestimmtes und aktives Leben drin. Herzklopfen und Nervosität gehören in der Lernphase ganz selbstverständlich dazu. Die dritte Zone ist die Panikzone. Aktuell würde sie uns überfordern, weshalb wir sie meiden sollten. Das Schöne ist aber, dass Dinge, die sich für uns heute noch in der Panikzone befinden, irgendwann Teil unserer Komfortzone sein können, denn diese Zonen sind nicht stabil. Durch unsere Art zu leben können wir dafür sorgen, dass unsere Komfortzone größer wird und unsere Panikzone kleiner.

Die drei Zonen sind sehr wandelbar und können sich von Mensch zu Mensch stark unterscheiden. Was den einen in den Panikbereich bringen würde, ist für den anderen Teil der Komfortzone. Für Thomas Gottschalk gehörte es nach vielen Jahren »Wetten, dass..?« zu seiner Arbeitsroutine, live eine Fernsehsendung zu moderieren. Wie würden sich die meisten Menschen fühlen, wenn sie in einer riesigen Veranstaltungshalle auf der Bühne stehen, von Tausenden Menschen erwartungsvoll angeschaut werden und wissen, dass zu Hause vor dem Fernseher noch ein paar weitere Millionen zuschauen?

Komm dir also nicht klein oder schwach vor, weil deine Panikzone groß ist. Sei stolz auf das, was bei dir schon alles in der Komfortzone ist, und konzentriere dich eher auf die Lust und Neugierde in der Lernzone.

☛ **Als Übung möchte ich dir vorschlagen, dieses Modell mit ein paar Begriffen zu füllen.** Geh ganz spontan aus dem Bauch heraus vor. Welche drei Dinge sind auf jeden Fall in deiner Komfortzone, welche drei Dinge gehören gerade zu deiner Lernzone und welche drei Dinge sind aktuell noch in deiner Panikzone, sollten sich irgendwann aber mal leicht und gut anfühlen?

Wenn du die Komfortzone erweiterst, entwickelst du immer mehr Vertrauen. Deine Körpersprache kann dich dabei unterstützen, denn sie ist unfassbar mächtig. Andere Menschen müssen uns häufig gar nicht sagen, wie sie sich gerade fühlen. Freude, Trauer, Angst oder Aufregung lassen sich oft sehr gut ablesen. Die Körpersprache ist allerdings keine Einbahnstraße. Wie wir unseren Körper einsetzen, hat auch einen Einfluss auf unsere Psyche. Die amerikanische Psychologin Amy Cuddy hat ein spannendes Experiment mit verschiedenen Posen durchgeführt. Ihre Probanden mussten unterschiedliche Haltungen einnehmen, entweder eine kraftvolle Pose oder eine, die eher Passivität ausdrückt. Schon zwei Minuten haben ausgereicht, um deutliche Effekte zu sehen. Die Probanden, die eine Power-Pose eingenommen haben, waren danach bei einem Glücksspiel eher bereit, Risiken einzugehen, mutiger und selbstbewusster, und ihr Hormonspiegel hat sich verändert. Das Testosteron ist angestiegen, das Cortisol ist gesunken.

Machen wir dazu einen kurzen Ausflug ins Tierreich: Das Alpha-Tier hat für gewöhnlich einen hohen Testosteron- und einen niedrigen Cortisolspiegel. Testosteron führt zu dominantem Verhalten, Cortisol gilt als Stresshormon, hat man weniger davon, ist man entspannter. Nimmt in einem Rudel oder einer Herde ein anderes Tier die Alpha-Rolle ein, steigt innerhalb weniger Tage sein Testosteronspiegel und das Cortisol nimmt ab. Es wächst also in die Rolle des selbstsicheren Anführers hinein.

Zurück zu uns Menschen: Amy Cuddys Probanden mussten entweder mit verschränkten Armen und gekreuzten Beinen in sich gekehrt auf einem Stuhl sitzen, oder sie konnten sich entspannt zurücklehnen mit den Füßen auf dem Schreibtisch. Dass dieser kleine Unterschied auch so einen großen Einfluss auf unsere inne Haltung hat, ist verblüffend. In einem anderen Experiment sollten Probanden ein Puzzle machen, von dem sie nicht wussten, dass es unlösbar ist. Die Wissenschaftler wollten herausfinden, wie lang die einzelnen Personen durchhalten, bis sie aufgeben. Einige Leute saßen auf einem Stuhl, der eine aufrechte Position provoziert hat, andere auf einem, auf dem man leicht gebeugt sitzen musste. Das Ergebnis: Die Personen, die gebeugt saßen, gaben im Schnitt schneller auf. Auch dieses Experiment unterstreicht noch mal, wie groß der

Einfluss unserer Körpersprache ist, und dass sie ein schneller Weg ist, um sich besser zu fühlen.

☛ **Beobachte doch mal dein natürliches Verhalten.** Versuche dir nächstes Mal darüber bewusst zu werden, wie du dastehst und was du machst, wenn du aufgeregt bist oder wenn du entspannt bist und dich gut fühlst. Versuche diese entspannte Haltung öfter mal bewusst einzunehmen, selbst wenn du dich erst einmal nicht so fühlst. Eine Power-Pose, die Amy Cuddy getestet hat, ist die Won-der-Woman-Pose. Die kannst du ganz wunderbar zu Hause oder vor einem wichtigen Termin auf Toilette machen. Dazu stellst du dich breitbeinig hin, stemmst die Fäuste in die Hüften, streckst die Brust raus und hebst das Kinn leicht nach oben. Zwei Minuten reichen völlig aus. Probier es mal! Wie wäre es, wenn du diese Pose regelmäßig einnimmst, zum Beispiel nach dem Aufstehen? Gibt es noch andere Körperhaltungen, die du mit Kraft und Zuversicht verbindest?

3. Der Blick nach links und rechts: Abgucken und Mut gewinnen

In der Psychologie ging man lange davon aus, dass Menschen entweder instinktiv handeln, sich also nach angeborenen Mechanismen verhalten oder das Verhalten durch klassische oder operante Konditionierung gelernt haben. Albert Bandura war sich sicher, dass es noch einen weiteren Mechanismus geben muss.

Die klassische Konditionierung ist ein fester Bestandteil in unserem Leben. Denk zum Beispiel an die Melodie von der Tagesschau oder von deiner Lieblingsserie. Die Töne lösen etwas in dir aus und führen dazu, dass du dich konzentrierst, aufmerksam wirst, oder es entsteht Freude in dir. Die Werbung nutzt klassische Konditionierung standardmäßig. So wird dir zum Beispiel ein Schokoriegel zusammen mit einem Sonnenuntergang und glücklichen Menschen gezeigt. Wenn du dann später im Supermarkt den Impuls hast, ihn zu kaufen, liegt das unter Umständen daran, dass er emotional aufgeladen ist.

Die zweite Lernform ist die operante Konditionierung (die Bezeichnung stammt vom lateinischen Begriff *operatio* ab, der Handlung bedeutet): Wenn ein Hund Männchen gemacht hat und dafür ein Leckerli bekommt, dann wird er operant konditioniert, er wird also für sein Verhalten belohnt. Das erhöht die Wahrscheinlichkeit, dass die Handlung wiederholt wird. Lob, Süßigkeiten und Geld führen auch bei uns Menschen dazu, dass wir bestimmte Dinge wieder tun.

Albert Bandura war sich allerdings sicher, dass diese beiden Lernformen allein nicht die riesige Bandbreite menschlichen Verhaltens erklären können. Er entwickelte also die Theorie des Beobachtungslernens, das auch Modelllernen, soziales Lernen, Imitationslernen und Nachahmungslernen genannt wird. Die Bezeichnungen verraten schon, worum es geht: Wir müssen nicht alles selbst ausprobieren und erleben, um etwas zu lernen, wir können auch vom Verhalten unserer Mitmenschen etwas lernen. Wenn wir beobachten, wie sie in einer bestimmten Situation reagieren, wird ihr Verhalten für uns zu einem Modell, wir schauen es uns ab oder verzichten bewusst darauf. Das bedeutet, dass wir aus dem Erfolg und Misserfolg anderer lernen, was in der Psychologie als stellvertretende Verstärkung bezeichnet wird.

Deshalb sind wahrscheinlich auch Seifenopern im Fernsehen so beliebt. Die Figuren haben oft ein relativ normales Leben und müssen keine Abenteuer wie Superman bestreiten, aber wir können uns mit ihnen leicht identifizieren. Wenn wir sehen, wie sie mit Liebeskummer umgehen, mit Unsicherheiten oder Konflikten, erweitern wir unseren Handlungsspielraum. Sie durchleben verschiedene Varianten stellvertretend, von denen einige uns inspirieren und Mut machen und andere von uns abgelehnt werden.

Dass wir nicht alles am eigenen Leib erfahren müssen, sondern uns von anderen Verhalten abschauen können, hat Bandura in Experimenten mit Kindern bestätigt. Der Klassiker ist das Rocky-Experiment, beziehungsweise die Bobo-doll-Studie. Vierjährige Kinder sahen dabei ein Video, wie sich der Erwachsene Rocky aggressiv gegenüber der Puppe Bobo verhielt. Er trat und schlug und beschimpfte sie. Das Video hatte drei verschiedene Enden, von denen die Kinder jeweils nur eins sahen. Rockys Verhalten wurde entweder belohnt, bestraft oder hatte gar keine Konsequenzen. Die Kinder kamen danach in einen Raum, in dem sich die Puppe befand. Hatten sie vorher gesehen, dass das Verhalten von Rocky belohnt wurde, ahmten es mehr nach, sahen sie das Ende, in dem er bestraft wurde, imitierten weniger Kinder Rockys Verhalten. Aber nicht nur Kinder lernen durch Beobachtung. Bis ins hohe Alter schauen wir uns von anderen Menschen Dinge ab. Erinnere dich mal an deinen letzten Urlaub in einem fremden Land. Dadurch dass wir andere beobachten, verstehen wir, wie der Fahrkartenautomat funktioniert, wie der Kellner auf uns aufmerksam wird und wie viel Abstand wir zu den Klippen lassen sollten. Auch auf Arbeit lernen wir viele Tätigkeiten nicht durch Prinzip »Versuch und Irrtum«, sondern indem wir Kolleginnen oder Kollegen (un)bewusst beobachten und ihr Verhalten nachahmen.

Da sich Albert Bandura sehr ausführlich mit dem Beobachtungslernen beschäftigt hat, ist es naheliegend, dass er es auch in seine Theorie der Selbstwirksamkeit hat einfließen lassen. Er empfiehlt, dass man sich von anderen Menschen abguckt, wie sie Herausforderungen gemeistert haben oder mit Schwierigkeiten umgegangen sind. Auch wenn man bestimmte Ziele vor Augen hat, ist es hilfreich, zu analysieren, wie andere ihre Ziele erreicht haben. Sein Rat lautet, dass man sich dafür möglichst Menschen aussucht, die einem ähnlich sind. In Coachings und Workshops habe ich allerdings andere Erfahrungen gemacht. Natürlich ist es sinnvoll, sich Menschen genauer anzuschauen, die einem ähnlich sind, weil hier ganz besonders spannend ist, welche Strategien sie nutzen. Die Wahrscheinlichkeit, dass man sich von ihnen etwas abgucken kann, ist hier besonders hoch. Darüber hinaus kann es aber auch sinnvoll sein, noch zusätzlich Vorbilder zu haben, die einen inspirieren und motivieren, selbst wenn sie völlig anders sind als man selbst und schon eine ganze Menge erreicht haben. Ich finde zum Beispiel, dass Barack Obama ein fantastischer Redner ist. Vermutlich werde ich niemals in meinem Leben auf dem Platz vor dem Weißen Haus eine Rede zum amerikanischen Volk halten. Trotzdem kann ich mir für meine Reden und Vorträge bei ihm eine Menge abschauen: Wie er Pausen setzt, wie er seine Körpersprache einsetzt, wie er sprachliche Bilder nutzt, um verständlich und mitreißend zu sein. Selbst wenn ich niemals so gut sein werde wie er, so kann ich durch die Auseinandersetzung mit ihm dennoch etwas dazulernen und besser werden. Mein Appell lautet deshalb: Jeder Mensch, der dich inspiriert, hilft dir auf deinem Weg der Entwicklung.

Denk zunächst einmal an Menschen in deinem Umfeld. Welche Ziele hast du gerade? Oder vor welchen Herausforderungen stehst du gerade? Was kannst du dir von anderen abschauen? Das können dein Partner oder deine Partnerin sein, Familienmitglieder, Freunde, Kollegen oder Nachbarn. Deine Antworten sind natürlich nur Hypothesen. Wir können eine Menge ableiten, wenn wir Menschen genauer betrachten, aber natürlich können wir nicht in sie hineinschauen und sehen dadurch vieles auch nicht.

Deshalb möchte ich dir vorschlagen, mit einigen mal genau über ihren Weg zu sprechen. Interviewe sie dazu und zu ihren Strategien. Befrag sie ganz direkt zu den Dingen, die dich interessieren. Dabei geht es nicht darum, sie um Ratschläge zu bitten, sondern nur darum, zu verstehen, wie sie die Dinge sehen und welche Strategien sie entwickelt haben. Was du daraus machst, kannst du dir später in aller Ruhe überlegen. Das muss auch kein hochoffizielles Gespräch sein, sondern kann bei einem Spaziergang, in der Kantine beim Mittagessen oder auch an der Bushaltestelle stattfinden. Welche Personen könntest du mal gezielt ansprechen? Auf wessen Wege und Strategien bist du besonders neugierig? Wer aus deinem Umfeld hat erreicht, was du erreichen möchtest, wer war oder ist in einer ähnlichen Situation wie du?

Auch von fremden Menschen kann man sich viel abgucken. Auch sie können in schweren Zeiten eine wichtige Stütze sein, einfach dadurch, dass sie in einer ähnlichen Situation sind oder waren. Aus diesem Grund sind im 19. Jahrhundert Selbsthilfegruppen gegründet worden. Inzwischen gibt es zu sehr vielen Themen welche. Dabei kann es sich um (seltene) Krankheiten, psychische Probleme oder Schicksalsschläge handeln. Einige Selbsthilfegruppen sind für Betroffene, andere richten sich an Angehörige. Wenn Freunde, Partner, Familienmitglieder krank sind oder lernen müssen, mit Schwierigkeiten zu leben, kann das auch für das Umfeld schwierig sein. In einer Selbsthilfegruppe kann man sich austauschen, man kann sich gegenseitig befragen, Tipps bekommen und geben, und vor allem sieht und spürt man dadurch, dass man nicht allein ist. Das kann enorm Mut machen. Und es kann zusätzlich auch schön sein, sich regelmäßig zu sehen, neue Kontakte aufzubauen und Menschen um sich zu haben, die einen verstehen, und nachempfinden können, wie es einem geht. Anfangs haben viele Menschen oft Hemmungen, zu einer Selbsthilfegruppe zu gehen. Es kommt ihnen so vor, als wären sie zu schwach, um allein klarzukommen, auch haben viele Sorge, ob sie von den anderen gut aufgenommen werden. Ein erster Besuch lohnt sich aber allemal. Im Internet findest du viele Seiten, die dabei helfen, eine passende Gruppe in deiner Region zu finden.

Abschließend möchte ich an dieser Stelle noch etwas zum Thema Neid sagen. Neid ist eine menschliche Emotion. Wir entwickeln negative Gefühle, weil wir einem anderen Menschen etwas nicht gönnen oder auch gern hätten, was die Person hat. Schäm dich aber nicht, wenn du Neid empfindest, sondern sorg dafür, dass dieses Gefühl nicht zum Dauerzustand wird und dass du die Energie konstruktiv nutzt. Sei dir darüber bewusst, dass Neid oft destruktiv und ungerecht ist, denn wer neidisch ist, schaut nur auf das Ergebnis, blendet aber den Weg aus. Vielleicht musste der Nachbar für das neue Auto einen fetten Kredit aufnehmen, der ihn nun jahrelang begleiten wird und für manch schlaflose Nacht sorgt. Vielleicht hat der Kollege einen Abschluss, der besser zu der neuen Position passt, oder hat krass geschleimt, um befördert zu werden? Die Grundfrage ist immer: *Bin ich bereit, den gleichen Weg zu gehen, um genau das zu erreichen, was jemand anderes erreicht hat?* Schon allein durch diese Betrachtungsweise verpufft so mancher Anflug von Neid direkt. Auf der anderen Seite kann es helfen, sich mit klarem Kopf genau anzuschauen, *wie* die andere Person etwas erreicht hat. Vielleicht wäre das ja auch für dich selbst eine Möglichkeit. Lass dich also vom Erfolg und vom Leben anderer inspirieren und motivieren, verzichte aber auf unrealistische Vergleiche. Schärf stattdessen auch den Blick für das, was du alles (erreicht) hast. Und denke immer daran: Die Erfolge von anderen sind nicht unsere Misserfolge. Sie können uns aber für unseren Weg inspirieren.

☞ **Einladen möchte ich dich deshalb, mal etwas genauer über Neid in deinem Leben nachzudenken.** Bei welchen Personen in deinem Umfeld oder aus den Medien empfindest du immer mal wieder Neid, oder bei welchen Themen überkommt dich häufig ein Gefühl von Neid und Missgunst? Bei dieser Frage muss man wirklich schonungslos ehrlich sein, sonst kann man sie sich direkt sparen. Kannst du ein Neid-Muster erkennen? Was kannst du daraus über dich und sinnvolle Strategien zum Erfolg lernen?

....

....

....

....

Neid hat in gewisser Weise auch etwas mit Bewunderung zu tun. Drehen wir den Spieß deshalb einmal um. Worauf sind andere Menschen bei dir wohl neidisch? Vielleicht hast du damit schon einige

Erfahrungen gemacht. Wenn nicht, frage dich, worauf sie neidisch sein könnten. In der Antwort verbergen sich möglicherweise Stärken und Ressourcen von dir, über die du dir vielleicht noch gar nicht bewusst bist.

Angenommen wir würden mit einer Zeitmaschine zehn Jahre in die Vergangenheit reisen: Worauf könnte dein jüngeres Ich neidisch sein, wenn es sieht, wie du heute lebst und denkst und was du alles in der Zwischenzeit erreicht hast?

....

....

....

....

4. Der Blick nach vorne: bestätigt werden

Menschen, die besonders selbstwirksam sind, verhalten sich mutiger und halten länger durch als andere. Nach Bandura wird die Selbstwirksamkeit auch dadurch unterstützt, dass andere Menschen an sie glauben und ihnen das zeigen. Wenn also andere Menschen uns sagen, dass sie davon ausgehen, dass wir etwas hinbekommen werden, dann gibt uns das Kraft und Zuversicht.

Achte deshalb darauf, wem du alles von deinen Träumen, Wünschen und Zielen im Leben erzählst, wem du auch von Problemen und Schwierigkeiten berichtest. Wenn andere eher pessimistisch reagieren, hat das häufig weniger mit uns und mehr mit der Person selbst zu tun. Ihre Ängste und Sorgen überträgt sie dann auf uns. Von negativen Gedanken, Schreckensszenarien oder einer allgemeinen Hoffnungslosigkeit kann man sich schnell anstecken lassen.

☞ **Deshalb überleg doch mal, welche Personen in deinem Umfeld eher positiv denken und viel von dir halten?**
Du kannst dir außerdem einen eigenen inneren Fan-Club gründen. Dort nimmst du alle Personen auf, die dir im Laufe deines Lebens Komplimente gemacht haben, die gut zu dir waren, aber auch alle, die dich inspiriert haben und deine Ideen und Ziele sicher unterstützen würden. Mitglied in deinem Club können übrigens auch Einstein, Mutter Teresa, Asterix oder Winnie Puh sein, also Verstorbene oder fiktive Figuren. Hauptsache, du gehst davon aus, dass sie grundsätzlich gut finden, wie du bist und was du vorhast. Vor wichtigen Entscheidungen oder Situationen kannst du deinen Fan-Club imaginär einberufen und dadurch Kraft tanken. Wer könnte alles zu deinem exklusiven Club gehören?

....

....

....

☞ **Überlege auch mal, welche Personen in deinem Umfeld Ermutigung und Bestätigung gebrauchen könnten?** Ruf sie an, schreibe eine Mail oder einen Brief oder noch besser: Sag ihnen von Angesicht zu Angesicht, wieso du an sie glaubst, wieso du denkst, dass sie es schaffen können, und wofür du sie bewunderst. Kreiere in deinem privaten und beruflichen Umfeld ein optimistisches und wertschätzendes Klima. Der schöne Nebeneffekt ist, dass so eine Haltung wie ein Bumerang zu dir zurückkommt. Ganz wichtig ist nur: Mein es immer ernst! Sprich mit deinem Herzen! Und lass solche Ermutigungen nicht Mittel zum Zweck werden. Sonst können sie einen gegenteiligen Effekt haben und dazu führen, dass sich andere unter Druck gesetzt fühlen und sich doppelt schlecht fühlen, falls etwas mal nicht klappt. Welche Personen kommen dir direkt in den Sinn?

....

....

....

☛ **Last but not least: Ermutige und ermuntere dich selbst.** Denn: Wenn du nicht an dich glaubst, wie willst du dann erwarten, dass andere es tun? Außerdem scheint das Glück eine so feine Nase wie ein Spürhund zu haben und kommt besonders gerne zu den Menschen, die bereit dafür sind. Deshalb die vielleicht wichtigsten Fragen: Wieso kannst du an eine gute Zukunft glauben, entweder ganz generell oder bezogen auf dein konkretes Vorhaben oder deine Situation? Und wieso kannst du, nachdem du dieses Kapitel durchgearbeitet hast, an dich glauben, an dein Können, dein Wissen und deine Fähigkeit, dich weiterzuentwickeln? Die Fragen sind vielleicht nicht leicht zu beantworten. Nimm dir ausreichend Zeit dafür.

....

....

....

Fazit to go

Selbstwirksamkeit ist ein sehr spannendes und vor allem praxistaugliches Konzept. Du selbst kannst dafür etwas tun, step-by-step selbstwirksamer zu werden, also dir, deinem Können und Wissen (mehr) zu vertrauen, sodass du die Zuversicht entwickelst, mit den Dingen des Lebens umgehen zu können. Wenn du vor konkreten Schwierigkeiten stehst oder Ziele hast, die dir wichtig sind, kannst du durch einen Abgleich der Anforderungen mit dem, was du schon alles mitbringst, besser verstehen, wieso du gut aufgestellt bist und was du lernen könntest beziehungsweise welche Hilfe du dir suchen solltest.

– Schau mehr auf deine Stärken, baue sie weiter aus, und akzeptiere deine Schwächen. Vielleicht kannst du die scheinbar negativen Seiten ja sogar lieb gewinnen, vielleicht sind sie zu etwas gut.

– Fang an, mehr auf das zu achten, was in dir strahlt, und umgib dich mit Menschen, die dieses Licht sehen können und wollen. Nimm dir regelmäßig die Zeit, um auf deine Erfolgserlebnisse zu schauen, und ruf sie dir in schwierigen Zeiten, oder wenn dir der Mut fehlt, in Erinnerung.

– Lass dich durch Unsicherheiten und Ängste nicht vor deinem Leben abhalten. Du hast schließlich nur dieses eine (vermutlich zumindest).

– Mutig bist du, wenn du trotz Aufregung und Angst handelst. Begib dich öfter in die Lernphase, sodass deine Komfortzone größer wird und du noch mehr Spielraum bekommst, um flexibel reagieren zu können und mehr Aspekte des Lebens zu entdecken.

– Sorg dafür, dass Neid dich nicht beherrscht, sondern such dir Vorbilder. Halte nach Menschen Ausschau, die dich inspirieren, und versuch zu verstehen, wie sie bestimmte Dinge erreicht haben oder mit Herausforderungen und Schicksalsschlägen umgehen.

– Sei nett zu dir selbst, ermutige dich und glaub an dich selbst und daran, dass du dein Leben (mit)gestalten kannst.

☛ **Am Ende dieses Kapitels möchte ich dich wieder dazu einladen, dir darüber Gedanken zu machen, was für dich interessant und wertvoll war.** Welche Gedanken haben dich ganz besonders angesprochen und bewegt? Welche Impulse und Übungen findest du spannend? Welche Erkenntnisse sind dir dadurch gekommen? Welche Stärken kannst du bei dir erkennen und künftig stärker nutzen? Und was möchtest du gerne ausprobieren, umsetzen oder zumindest mal testweise anders machen?

....

....

....

....

....

....

....

8. Resilienz-Baustein: Erholung –
Ey Stress, chill mal!

>> *Die Kunst des Ausruhens*
ist ein Teil der Kunst des Arbeitens. <<

JOHN STEINBECK (1902 – 1968), SCHRIFTSTELLER

Stress ist eine Superkraft. Er stellt uns zusätzliche Energie zur Verfügung, und wir können in extremen Situationen über uns hinauswachsen. Dauerstress macht allerdings krank. Nur wer auf sich und seine Bedürfnisse achtet und regelmäßig für Erholung sorgt, bleibt langfristig leistungsfähig und kann mit alltäglichen Problemen und größeren Krisen umgehen. Im gestressten Zustand sind wir eher ein Chaos-Magnet. Fehler, Niederlagen und neue Probleme sind dann vorprogrammiert. In diesem Kapitel stelle ich dir deshalb Erholungstipps und Achtsamkeitsimpulse vor, die du ganz leicht in deinen Alltag einbauen kannst.

Das Leben kann sich manchmal anfühlen wie eine riesige To-do-Liste. Tim Bendzko singt: »Noch 148 Mails checken … Muss nur noch kurz die Welt retten«. Geht es dir auch manchmal so? Fühlst du dich gestresst, weil dir alles zu viel wird, weil dir die Dinge über den Kopf wachsen, weil du dich gehetzt fühlst? Schule, Uni, Job, Familie, Freundschaften, Beziehung … Das können alles Dinge sein, die uns guttun, unser Leben bereichern und uns mit Sinn erfüllen, doch manchmal prasseln sie alle gleichzeitig auf uns ein und wir selbst bleiben auf der Strecke. In stressigen Zeiten und wenn es uns nicht gut geht, kommt die Erholung meistens zu kurz. Wir haben dann das Gefühl, viele Baustellen gleichzeitig bearbeiten zu müssen und uns nicht erlauben zu können, mal eine Pause einzulegen. Unser eigenes Verhalten befeuert den Stress also zusätzlich. Regelmäßige Phasen der Erholung sind allerdings wichtig. In guten Zeiten schützen sie uns vor Überlastung und helfen uns, mit den Alltagsproblemen besser klarzukommen. In schlechten Zeiten brauchen wir sie, um unsere Batterien aufzuladen und einen kühlen Kopf zu bewahren.

Es ist ganz wichtig, zu verinnerlichen, dass du dir Pausen nicht verdienen musst! Du musst nichts leisten, um entspannen zu dürfen! Auch in schwierigen Zeiten darf es dir gut gehen! Deshalb merk dir: Unsere Kalender sollten ganz selbstverständlich mehr wie ein Schweizer Käse und weniger wie Mozzarella aussehen. Zwischen den Terminen und Verpflichtungen muss noch ausreichend Luft für Pausen, Auszeiten, Dates mit sich selbst sein, und vor allem brauchen wir Luft für das, was das Leben spontan noch für uns bereithält, für das Schöne, aber auch die kleinen Katastrophen, die ohne Vorankündigung hereinplatzen. Wer ein gutes Leben leben will, sollte also genau hinschauen, für welchen Käse er sich entscheidet. ;-)

Wir Menschen leben oft nicht artgerecht. Wie alle Säuge-
tiere brauchen wir regelmäßige Phasen der Erholung. Rein
biologisch betrachtet sind wir Trockennasenaffen in coolen
Klamotten, ständig auf der Pirsch nach WLan. Wenn wir in Bus
oder Bahn unterwegs sind, auf jemanden warten oder auf der
Wiese sitzen, sind wir ständig aktiv, meistens mit dem Handy.
Dadurch verschenken wir Chancen der Erholung, Zeiten in
denen wir nichts zu tun haben und einfach nur wir selbst
sein dürfen. Wenn ich morgens in Berlin mit den öffentlichen
Verkehrsmitteln unterwegs bin, sehe ich viele Menschen, die
auf dem Weg zur Arbeit Tetris spielen oder virtuelle Tiere auf
digitalen Farmen füttern. All das ist Arbeit. So wird aus einem
achtstündigen Arbeitstag schnell ein zehnstündiger Arbeitstag, denn auf dem Nachhauseweg haben die Tiere ja auch
Hunger. Wer auf seinem Monitor bunte Formen dreht, damit
sie in Lücken passen oder einer virtuellen Kuh Stroh in den
Stall bringt, hat gearbeitet, denn das sind Problemlöseaufga-
ben. Dabei werden die gleichen Gehirnareale aktiviert wie bei
den Tätigkeiten im Job. Viele Menschen nutzen solche Spiele,
um sich zu entspannen, doch das funktioniert nicht. Entspannung gelingt uns am besten, wenn wir komplett andere
Dinge tun als beim Arbeiten. Wer im Job viel denken, reden
oder sitzen muss, kann sich meist bei einem Spaziergang in
der Natur am besten erholen.

Wichtig ist mir: Für Erholung braucht es oftmals keine
Extrazeit, sondern eher das kritische Hinterfragen, wie ich
meine Zeit eigentlich nutze und ob es nicht bessere, erhol-
samere Möglichkeiten gibt. Vor allem ist dafür wichtig, seine
Zeit nicht immer für etwas zu nutzen, sondern das Nichtstun,
das nicht Produktivsein zuzulassen. Die Fahrt zur und von
der Arbeit ist eine wunderbare Gelegenheit, um abzuschalten,

auch eine aktive Pausengestaltung, und das bewusste Gestalten der ersten und letzten Stunde des Tages. Gerade die erste Stunde nach dem Wachwerden und die letzte Stunde vor dem Schlafen haben einen großen Einfluss auf unsere Lebensqualität und unser Stressempfinden. Konsumiere ich Medien, bin ich online, mache ich tausend Dinge parallel? Finde für diese beiden Stunde Rituale, die dir beim Entschleunigen, Reflektieren und mit dir selbst im Kontaktsein helfen.

Bevor ich dir einige konkrete Entspannungsmöglichkeiten vorstelle, lass uns doch kurz anschauen, was Stress eigentlich ist, wie er entsteht und woran wir ihn erkennen können.

Vorab eine kurze Frage an dich: Wie fühlst du dich momentan von null bis zehn? Null ist super entspannt, in etwa wie Buddha. Zehn ist so angespannt wie ein Top-Manager, der seinen Aktionären gleich erklären muss, dass das Unternehmen die Hälfte an Wert verloren hat.

Was ist Stress?

Unser Körper ist darauf eingerichtet, uns so gut wie möglich vor Gefahren zu schützen. Mit der Stressreaktion sorgt unser Gehirn dafür, dass sich unser Körper in einer Gefahrensituation auf Flucht oder Kampf einstellt, auf Wegrennen oder Angreifen. Und so hat Stress Auswirkungen auf drei Ebenen: die körperliche Ebene, die emotional-kognitive Ebene und die Verhaltensebene.

Auf körperlicher Ebene wird zum Beispiel die Muskelspannung hochreguliert. Blitzartig haben wir Kraft und können kämpfen oder wegrennen. Unsere Herzrate und Atemfrequenz steigen, und unsere Blutgefäße weiten sich, was uns ebenfalls Energie gibt. Außerdem steigt unsere Blutgerinnungskapazität, was praktisch ist, wenn wir uns beim Kämpfen oder Fliehen verletzt haben. Die Wunden können sich schnell schließen, und wir verbluten nicht. Unser Immunsystem arbeitet dann auf Hochtouren, um uns in dieser schwierigen Phase fit zu halten. Runterreguliert wird dagegen die Schmerzempfindung. Außerdem werden der Stoffwechsel und die Verdauung eingeschränkt, damit wir Energie für all die anderen körperlichen Prozesse haben. Die Libido wird ebenfalls runtergefahren, denn mitten im Stress an Sex zu denken, hat sich im Laufe der Evolution als eher ungünstig erwiesen. Wenn der Stress lange anhält, macht unser Immunsystem irgendwann schlapp. Das kennst du sicher auch, wenn du bis zum Urlaub durchgearbeitet hast und ganz stolz darauf bist, was du alles geschafft hast, und am Tag der Reise das Niesen und Halskratzen losgehen.

Auf der emotional-kognitiven Ebene reagieren wir zum Beispiel mit Ängsten, Grübeln, Wut, Unzufriedenheit, Aggressivität, Gereiztheit, Hilflosigkeit, Selbstvorwürfen und Vergesslichkeit auf Stress.

Und auf der Verhaltenebene führt Stress dazu, dass weniger Pausen genommen werden, dass Freizeitaktivitäten und Hobbys eingeschränkt werden und dass man sich sozial zurückzieht. Man bekommt immer weniger fertig, hat Schlafstörungen und streitet sich öfter. Hier können Drogen ins Spiel kommen. Vereinfacht gesagt, geht es dabei entweder darum, mehr Energie zu bekommen, sich stark und wach zu fühlen und leistungsfähig zu sein, oder darum, abschalten zu können, die Gedanken und Emotionen nicht mehr wahrzunehmen und in die Entspannung zu kommen. Los geht es schon mit Kaffee, Cola und Mate, mit Rauchen, Fernsehen und Shoppen. Du erinnerst dich sicher an das Kapitel zum Resilienz-Baustein *Verantwortungsübernahme*.

Welche der Aspekte auf diesen drei Ebenen kennst du von dir selbst? Versuch zu erkennen, was du für ein Stress-Typ bist und entwickle eine Art Frühwarnsystem. Registriere schon kleine Veränderungen auf diesen drei Ebenen, so wie ein Seismograf, der schon kleine Erschütterungen im Boden wahrnimmt, um rechtzeitig vor einem Erdbeben warnen zu können. Du merkst dadurch, dass du dir zu viel zumutest, dass du eine Pause brauchst, »Nein« sagen und auf deine Bedürfnisse achten musst, oder dass du jemanden um Unterstützung bitten solltest.

Problematisch ist nämlich, dass wir Stress häufig erst bemerken, wenn wir uns auf unserer Skala schon fast wie der Top-Manager mit der schlechten Nachricht fühlen. Wenn du dir deinen inneren Zustand aber regelmäßig bewusst machst, lernst du dich besser kennen. Es geht dabei auch gar nicht darum, dich immer wie Buddha zu fühlen und tiefenentspannt zu sein, sondern mit der Zeit zu lernen, auch kleine Veränderungen wahrzunehmen. Übrigens war auch Buddha gestresst, und auch Mönche im Kloster erleben Stress. Sie üben durch das tägliche Meditieren aber, diese Zustände rechtzeitig zu spüren, ihnen vorzubeugen und entgegenzuwirken. Komplett verschwinden wird der Stress aber nie. Er gehört zum Menschsein, zum Lebendigsein dazu. Zumal Stress an sich auch gar nicht schlecht ist. Stress gibt uns in erster Linie Energie, um handlungsfähig zu sein. Auch Sex ist übrigens Stress, auch eine Bergwanderung oder verliebt zu sein. Stress kann sich also auch sehr gut anfühlen.

Kommen wir zurück zum Stress, der uns stresst: Häufig glauben wir, dass die Dinge im Außen ganz unweigerlich zu Stress in uns führen. Also der Stau, das volle E-Mail-Postfach, ein Erlebnis, eine Person oder eine Situation. Zwischen Auslöser und Reaktion, also zwischen Stressor und Stressempfinden sind allerdings noch wir selbst beziehungsweise unser Gehirn zwischengeschaltet. Wie bewerten wir den Stressor? Wie bewerten wir unsere Ressourcen? Wie bewerten wir uns selbst? Welche Erwartungen haben wir an uns, an andere und an die Situation? Du kannst die Stressoren also noch einmal unterteilen in äußere und innere Stressoren.

Wenn du dir darüber bewusst bist, dass deine Einstellungen, Überzeugungen, Glaubenssätze, Urteile und Wahrnehmungen eine große Rolle für dein Stressempfinden spielen, hast du direkt drei Möglichkeiten, um mit negativem Stress besser umzugehen:

1. Du kannst bei deinen Emotionen ansetzen. Mach Entspannungsübungen, um weniger nervös oder wütend zu sein, um das Gedankenkarussell anzuhalten und im Hier und Jetzt handeln zu können.

2. Hinterfrage deine Sicht auf den Stressor und auf dich selbst. Ist es wirklich so, wie du denkst? Ist es wirklich so dramatisch? Was wäre das Schlimmste, was passieren könnte?

3. Verändere etwas am Stressor. Löse das Problem, sage »Nein«, such dir Hilfe, kurzum: Reagier konstruktiv und lösungsorientiert.

Du kannst ansetzen, wo du möchtest, denn diese drei Aspekte hängen miteinander zusammen. Nachdem du eine Entspannungsübung gemacht hast, kannst du klarer denken und besser für dich einstehen. Wenn du erkennst, dass die Sache an sich nur halb so schlimm ist und dich vor allem deine Glaubenssätze stressen, wird die Anspannung sich wieder auflösen. Und wenn du bewusst mit dem Stressor umgehst, wird sich das positiv auf dein Denken und deine Emotionen auswirken. Finde hier also deine persönliche Strategie und teste gerne mal einen neuen Weg aus, auf Stress zu reagieren.

Jetzt gehts um dich

Selbst auf der längsten To-do-Liste sollte immer auch ein kleines Wort groß und fett draufstehen und zusätzlich mit einem neon-leuchtenden Marker unterstrichen sein: *ICH*.

Egal wie viel du zu tun hast, egal was dich gerade belastet, egal womit du dich auseinandersetzen musst, egal wie viele Erwartungen auf dich einströmen und wie viele Probleme du hast: Vergiss dich nicht! Unterm Strich ist gar nicht so wichtig, WAS du machst, um dich zu erholen, sondern DASS du etwas machst. Lass dich von der folgenden Sammlung inspirieren. Und probier am besten noch heute ein Element davon.

Lern, was für dich entspannend ist, dir beim Abschalten hilft und neue Kraft gibt. In der 16. Folge der ersten Staffel von Raumschiff Enterprise sagt Mister Spock: »Auf meinem Planeten heißt ausruhen ausruhen. Kein Verbrauch von Energie. Für mich ist es sehr unlogisch, auf grünem Gras rumzulaufen und meine Energie zu verschwenden, anstatt sie zu sparen.«

Spok hat natürlich (!) recht und ich widerspreche ihm nur sehr ungern: Nichts zu tun, kann dabei helfen, sich zu erholen, aber diese passive Form ist nur ein Teil von Erholung. Eine aktive Form der Erholung kann ebenfalls sehr wirksam und schön sein. Am besten achtet man darauf, dass man beide Formen der Entspannung regelmäßig nutzt.

Pausen

Im Laufe eines Tages sollte es immer wieder kleine Inseln der Entspannung und Erholung geben. Deshalb lohnt es sich, sich selbst sehr genau zu beobachten. Frag dich:
- Wie starte ich in den Tag?
- Wie komme ich zur Arbeit/Uni/Terminen?
- Wie gestalte ich Pausen?

- Wie sieht mein typischer Feierabend aus?
- Was mache ich, wenn ich frei habe – zum Beispiel am Wochenende?

Es gibt drei verschiedene Arten von Pausen:

1. Mittagspause: Sie sollte dreißig bis maximal sechzig Minuten dauern. Ist sie zu kurz, ist sie nicht erholsam. Ist sie zu lang, wird es schwer, wieder motiviert weiterzuarbeiten. Nutze rund 60 Prozent der Mittagspause fürs Essen, circa 30 Prozent für Bewegung und die restlichen circa 10 Prozent nur für dich zum Durchatmen und Entspannen. Die Mittagspause sollte nicht am Arbeitsplatz verbracht werden, und man sollte dabei auch nicht über Arbeitsthemen nachdenken oder reden. Wer mit seinen Kollegen beim Essen über die Projekte oder die Probleme bei der Arbeit gesprochen hat, hat keine Mittagspause gemacht, sondern hatte ein Meeting. Verbring die Mittagspause auch nicht (komplett) im Internet oder mit anderen geistigen Aktivitäten.

2. Minipause: Sie geht fünf bis zehn Minuten und sollte nach spätestens zwei Stunden eingestreut werden. In dieser Zeit verlässt man kurz seinen Arbeitsplatz, atmet mal durch und bewegt sich etwas. Ein Synonym ist die Raucherpause. Etwas gesünder wäre eine Apfelpause, eine Kaffeepause oder Bewegungspause. In der Zeit kann man auch eine Atemübung oder eine kleine Meditation durchführen.

3. Mikropause: Sie findet als einzige Pause direkt am Arbeitsplatz statt und geht zwischen zehn und sechzig Sekunden. Man sollte sie jede Stunde mindestens einmal einbauen. In dieser Zeit kann man zum Beispiel die Augen schließen, das Fenster öffnen und tief durchatmen, rausschauen und die Wolken oder Blätter am Baum beobachten, kurz aufstehen und sich strecken. Viele Menschen machen diese Pause ganz automatisch, nämlich wenn sie ins Träumen kommen, finden das aber falsch, wenn sie es merken, und stressen sich dadurch zusätzlich. Nimm dir diese Pause bewusst, am besten bevor dein Körper sie sich nimmt.

Schlafen

Der Schlaf ist quasi eine längere Pause. Achte darauf, dass du regelmäßig mindestens rund acht Stunden Schlaf hast. Klar, man kommt auch mit weniger aus. Aber eben nur kurzfristig. Denk auch daran, dass es beim Schlafen nicht nur darum geht, am nächsten Tag wieder munter zu sein. Im Schlaf werden unzählige körperliche Prozesse gesteuert und das Gehirn verarbeitet die Erlebnisse des Tages. Guter Schlaf ist lebenswichtig. Falls du Einschlaf- oder Durchschlafprobleme hast und mit Entspannungsübungen nicht mehr weiterkommst, nimm das ernst und besprich es mit einer Ärztin oder einem Arzt.

Bewegung

Ein körperlicher Ausgleich zum vielen Sitzen und Grübeln eignet sich wunderbar, um sich zu erholen, loszulassen, Spannungen abzubauen, einen Perspektivwechsel einzulegen und sich selbst anders zu erleben. Geh joggen oder einfach nur spazieren, wandere oder schwimme, schnapp dir dein Fahrrad oder Longboard. Du kannst dich natürlich auch so richtig auspowern. Wie wäre es mit Squash oder Rudern? Denk auch an Sportarten, die man zusammen mit anderen macht.

Es braucht nicht viel, um mehr Bewegung in den Alltag einzubauen. Lass das Auto stehen, steig drei Busstationen früher aus oder nimm öfter mal die Treppen. Es gibt viele Menschen, die schon allein bei dem Begriff Sport Stresspickel bekommen und sich durch Flashbacks in den Sportunterricht versetzt fühlen. Verzichte beim Bewegen auf Bewertungen, sondern spüre deinen Körper und experimentiere ein bisschen, um festzustellen, was dir guttut. Es ist wirklich total egal, was andere denken, wenn sie dich in Sportklamotten sehen. Tu dir was Gutes.

Natur

Egal, ob du in einem Dorf oder mitten in der Stadt lebst: Natur gibt es überall. Finde Rückzugsorte in deiner Nähe und nimm dir die Zeit, dorthin zu fahren und dort einfach nur zu sein. Warte nicht auf den Jahresurlaub, um den Wald zu riechen, um Wellen oder Vögelgezwitscher zu hören oder um eben mal nichts zu hören und eine Pause vom Lärm zu haben.

Die Natur spricht all unsere Sinne an. Und das ist sicherlich einer der Aspekte, wieso Natur uns besonders gut dabei unterstützen kann, achtsam zu sein und unsere Sorgen hinter uns zu lassen. Einer der größten Stressfaktoren in unserer modernen Welt ist der Lärm. Für den Steinzeitmenschen hat Lärm bedeutet, dass Gefahr droht, denn wenn es laut wurde, war zum Beispiel eine Büffelherde im Anmarsch, Felsbrocken stürzten hinab oder ein Gewitter zog auf. Für uns ist Lärm zum Alltag geworden, für unser altes Steinzeitgehirn aber nicht. Wenn wir in der Natur sind und es um uns herum still ist, kann deshalb auch unser inneres System zur Ruhe kommen.

Wenn du das nächste Mal in der Natur bist, kannst du ja mal ganz bewusst die Natur mit allen Sinnen wahrnehmen und nacheinander umschalten: vom Sehen aufs Hören, dann aufs Fühlen, aufs Riechen und vielleicht sogar aufs Schmecken. Stell dir vor, du drehst am Knopf eines Radios, um einen

Sender einzustellen: Verlasse langsam den einen Sinn und versuch den nächsten so scharf wie möglich zu stellen. Was kannst du dann alles wahrnehmen? Achte mal darauf, was sich zu bestimmten Tageszeiten und in den verschiedenen Jahreszeiten in der Natur alles wahrnehmen lässt. Oder nimm dir morgens und abends, wenn du unterwegs von A nach B bist, einen Moment Zeit, um den Sonnenaufgang oder den Sonnenuntergang zu betrachten. Drei Minuten können schon ausreichen, um deinen Akku wieder ein bisschen aufzuladen. Verbring auch mal deine Mittagspause in der Natur, gehe vorm Schlafen noch eine Runde spazieren oder sei auch vor harten Tagen oder schwierigen Terminen für ein paar Minuten bewusst an der frischen Luft.

Übrigens: Du kannst auch mal mit deinem Handy für zehn Minuten das Meer filmen oder einen Bach, eine Wiese aus der Froschperspektive, deinen Spaziergang durch den Wald, so hast du immer ein bisschen Natur in der Hosentasche und kannst dich gedanklich zurückversetzen durch die Klänge und das, was du siehst. Aus der Idee, die Kraft der Natur zu nutzen, ist sogar eine richtige Methode geworden: das Waldbaden. Geprägt wurde der Begriff 1982 vom japanischen Ministerium für Landwirtschaft, Forstwirtschaft und Fischerei, und meint, dass man in den Wald eintaucht und sich dort auf die Natur, die Unberührtheit, die Stille und die Gerüche einlässt, berührt und sich berühren lässt. Also wo ist bei dir der nächste Wald?

Achtsamkeit und Meditation

In vielen Kulturen und Religionen gibt es meditative Praktiken, die spirituell verknüpft sind. Dahinter verbergen sich verschiedene Achtsamkeits- und Konzentrationsübungen, die man auch einfach so nutzen kann, ohne dem Glauben dahinter anzugehören. Viele der Übungen sind auch Bestandteile von Therapien geworden. Einer der Vorreiter dabei ist der US-amerikanische Molekularbiologe Jon Kabat Zinn, der das Stressbewältigungsprogramm MBSR (Mindfulness-Based Stress Reduction) entwickelt hat. Wissenschaftliche Untersuchungen zeigen, dass Achtsamkeit bei psychischen Belastungen und Erkrankungen sowie im Umgang mit Stress helfen kann[25].

Es gibt viele Wege, Achtsamkeit zu trainieren. Eine sehr gute Möglichkeit ist zu meditieren. Vielleicht denkst du dabei an eine Person, die im Schneidersitz mit geschlossenen Augen für eine halbe Stunde dasitzt, Daumen und Zeigefinger berührt und nichts macht, außer vielleicht »Om« zu sagen. Meditation ist allerdings so viel mehr, denn sie bedeutet einfach nur, dass man sich auf etwas fokussiert. Dabei kann es sich um innere Zustände, aber auch um äußere Dinge handeln. Es gibt dabei nicht *die* Meditation, sondern viele verschiedene Varianten. Der eine macht am liebsten einen (angeleiteten) Body-Scan und geht für ein paar Minuten gedanklich alle Körperregionen durch. Der andere kann mit Klängen besonders gut zu sich finden. Andere mögen es, eine Traumreise zu machen und sich vorzustellen, wie sie am Strand spazieren. Und wieder andere fokussieren sich auf ihren Atem oder beobachten das Flackern einer Kerze oder nutzen Gerüche. Lass dich also nicht von den Vorstellungen, die du vielleicht vom Meditieren hast, abschrecken. Besuche mal einige Kurse, nutze Apps und befasse dich genauer mit dem, was sich hinter Achtsamkeit verbirgt.

Der Grundgedanke von Achtsamkeit ist, dass man im Hier und Jetzt ist und gedanklich und emotional nicht in die Vergangenheit oder Zukunft abdriftet. Wenn wir Stress, Ärger oder Sorgen haben, liegt es meist nicht an dem, was gerade ist, sondern dass wir alten Geschichten anhaften oder uns Horrorszenarien ausmalen. Achte deshalb ganz besonders darauf, wo dein Geist dich hinführt. Durch Achtsamkeitsrituale lernt man, schneller zu merken, wenn der Autopilot die Kontrolle über einen hat, und sich mit seiner Aufmerksamkeit wieder in die Gegenwart zurückzuholen. Nicht nur andere Leute sagen viele blöde Dinge, auch in unserem Kopf kann sich eine ganze Menge Müll befinden. Vielleicht sind es alte Gedanken, die wir gar nicht mehr hinterfragen, weil sie uns so normal vorkommen. Vielleicht sind es aber auch Dinge, die andere uns mitgegeben haben. Es ist ein großer Schritt, sich von seinen Gedanken zu distanzieren. Sei dir darüber bewusst, dass du nicht deine Gedanken bist. Deine Gedanken kommen und gehen wie Wolken. Du bist nicht die Wolken, sondern das Meer, in dem sie sich spiegeln. Deshalb übe, sie vorbeiziehen zu lassen, statt dich daran zu klammern.

Es gibt kleine flauschige Schäfchenwolken, die nicht schlimm sind, die sogar die Sonne durchlassen. Dann gibt es aber auch fiese graue Regen- oder sogar Gewitterwolken. Gedanken können genauso sein: klein und harmlos oder mächtig und dominant. Sie können einem die Stimmung verhageln, aufs Gemüt drücken, demotivieren oder traurig und hilflos machen.

Sei dir bei grauen, schweren, mächtigen, negativen Gedanken immer bewusst, dass sie nur einen Ausschnitt darstellen, einen Ausschnitt deiner Gedanken und einen Ausschnitt deines Lebens. Steig dafür in deiner Vorstellung in ein Flugzeug und flieg zu einem Ort in deiner Gedankenwelt, an dem es sonniger ist, wo du Kraft tanken kannst und dich wohl fühlst. Du kannst also den Fokus bewusst ändern. Du kannst entscheiden, dich auf andere Aspekte zu konzentrieren, sodass die negativen dich nicht dominieren.

Eine andere Möglichkeit ist, rauszuzoomen. Wenn dich eine fiese Gewitterwolke verfolgt, dann zoome wie bei einem digitalen Stadtplan heraus aus dieser Perspektive. So wie man sein Haus, dann seine Straße, den Wohnhort, das Bundesland und irgendwann das ganze Land sehen kann, realisiere, dass es in deinem Leben noch so viel mehr gibt und gab und dass das gerade nur eine Wolke ist. Woanders scheint die Sonne. Lass die Wolke also vorbeiziehen oder puste sie gedanklich an. Verliere dich nicht in negativen Gedanken, sondern sieh das große Ganze.

Eine weitere hilfreiche Metapher ist die Bibliothek. Stell dir vor, du gehst durch die Gänge, entlang der unzähligen Regale. Ab und zu fällt dein Blick auf einen der Titel, lies den Titel ruhig, aber lass das Buch im Regal stehen und geh weiter. Wenn du möchtest, kannst du es später lesen.

Oder wie wäre es, wenn du deine Gedanken wegsingst und wegtanzt? Dabei wird unser Gehirn nämlich stark aktiviert, und es kann sich nicht mehr mit den Grübeleien beschäftigen. Und auch der Körper wird aktiviert: Lunge, Zwerchfell, Herz und unzählige Muskeln sind in Aktion, wenn wir singen und tanzen. Dadurch kann man die Psyche wieder ins Gleichgewicht bringen.

Du kannst auch mal versuchen, innerlich »Stopp« zu sagen, oder meinetwegen es auch rauszuschreien, wenn dich negative Gedanken überfallen. Oder stelle dir eine Ampel vor, die erst auf Gelb und dann auf Rot wechselt.

Und mein letzter Tipp im Umgang mit schweren Gedanken: Stell dir vor, du bist ein Fußballreporter, der einfach nur berichtet, was er auf dem Spielfeld sieht. Der Ball geht von links nach rechts, ein Spieler fällt hin, ein anderer wird ausgewechselt. Der Reporter hat keine Zeit, sich lange mit einem Vorfall zu beschäftigen, sondern schildert, was nacheinander passiert, möglichst objektiv, ohne parteiisch zu sein.

All diese Methoden, die ich dir vorgestellt habe, dienen nicht dazu, deine Gedanken zu verdrängen, damit du dich nicht mit ihnen auseinandersetzen musst. Ich finde es wichtig, das zu betonen. Sie dienen einzig und allein dazu, sich nicht von (plötzlichen) negativen Gedanken beherrschen zu lassen und in einen gefährlichen Strudel zu geraten. Wenn sich das Gedankenkarussell dreht, wirken die einzelnen Gondeln durch ihre Schnelligkeit und weil du sie nicht mehr richtig erfassen kannst, bedrohlich. Wenn das Karussell zur Ruhe gekommen ist, kannst du die Gondeln ohne Gefahr aus der Nähe betrachten und sie genau untersuchen.

Du siehst: Achtsamkeitsübungen lassen sich wunderbar jederzeit und überall in unseren Alltag einbauen. Ich nutze sehr gerne Atemübungen. Deshalb widme ich ihnen einen eigenen Abschnitt in diesem Kapitel.

Atemübungen

Wenn wir atmen, sind wir automatisch in der Gegenwart, denn wir können nicht im Gestern oder Morgen atmen. Sobald du dich auf deine Atmung konzentrierst, bist du im Hier und Jetzt. In Situationen, die uns stressen, atmen wir automatisch schneller und flacher. Diesen Kreislauf können wir durchbrechen, indem wir mehrmals bewusst tief ein- und ausatmen. Konzentrier dich dabei am besten auf deinen Bauch, denn bei Aufregung atmen wir nur in den Brustraum. Die tiefe Bauchatmung kommt in entspannten Situationen ganz natürlich. Bei Aufregung kannst du sie bewusst einsetzen, um dich zu beruhigen.

Du kannst dabei stehen, sitzen oder liegen. Du kannst die Augen geschlossen oder offen haben. Leg deine Handflächen am besten auf den Bauch und spüre, wie die Luft durch deine Nase in den Körper strömt, wie sich dadurch erst deine Brust weitet und dann dein Bauch. Und dann atme wieder aus. Atmen passiert ganz automatisch. Wir müssen nichts dafür tun. Wir können den Prozess einfach beobachten. Er passiert jeden Tag rund 20.000 mal.

Wenn du noch etwas tiefer atmen möchtest, kannst du geräuschvoll ein- und ausatmen, so dass du wie Darth Vader klingst. ;-) Stell dir bei der sogenannten Meeresrauschen-Atmung zusätzlich noch Wellenbewegungen vor.

Noch tiefer atmest du, wenn du den Prozess in drei Teile gliederst: Einatmen, Luft kurz anhalten, ausatmen. Zähle dabei innerlich bis fünf beim Einatmen, bis drei beim Anhalten der Luft und bis acht beim Ausatmen. Oder noch simpler: Atme mindestens doppelt so lange aus, wie du eingeatmet hast.

Und schließlich kannst du dir vorstellen, dass du so tief einatmest, dass der Sauerstoff durch deinen ganzen Körper bis runter zum großen Zeh fließt.

Yoga
Atemübungen spielen auch beim Yoga eine große Rolle. Seinen Ursprung hat Yoga in Indien. Es handelt sich um eine alte Philosophie, zu der viele geistige und körperliche Übungen gehören. Auch wenn das manche Yoga-Lehrer sicher anders sehen, kannst du aber auch hier die Übungen einfach so machen, ohne dich tiefer mit der Philosophie dahinter auseinanderzusetzen zu müssen. Ich betone das gerne, weil es viele Men-

schen abschreckt, sich in philosophische beziehungsweise spirituelle oder esoterische Hintergründe einzuarbeiten, vor allem, wenn sie eh schon gestresst sind und den Eindruck haben, dass ihre To-do-Liste immer länger wird. Die Übungen können direkt spürbare Effekte haben. Und vielleicht entsteht mit der Zeit dann auch ein Interesse dafür, in die Hintergründe einzutauchen.

So wie es nicht die Meditation gibt, kann auch Yoga sehr unterschiedlich praktiziert werden. Auch hier empfehle ich dir, mal mehrere verschiedene Kurse zu besuchen, verschiedene Lehrer kennenzulernen und so mit der Zeit Übungen zu entdecken, die dir guttun.

Eine besonders schöne Form ist das Lachyoga. Auch wenn es erst einmal etwas Überwindung kostet, an so einem Kurs teilzunehmen, kann ich dir das sehr empfehlen, denn das ist eine ganz besonders interessante, befreiende und positive Erfahrung. Lächle doch jetzt direkt einfach mal in dich hinein oder versuche mal ein Lachen zu erzeugen. Schaue dabei auch in den Spiegel und beobachte, wie deine Mundwinkel nach oben gehen.

Tai-Chi und Qigong

Bei Tai-Chi, einer Kampfkunst aus China, die auch als Schattenboxen bezeichnet wird, ist der Körper die ganze Zeit in Bewegung. Man konzentriert sich darauf, Spannungen aufzubauen und wieder zu lösen. Dadurch können Blockaden gelockert werden und man lernt, den Fokus zu halten. Außerdem wirken sich diese Übungen positiv auf das Herz-Kreislauf-System und die Atmung aus. Auch das Qigong stammt aus China. Mit speziellen Bewegungsabläufen, Atem- und Konzentrationsübungen soll die Lebensenergie gestärkt werden.

Progressive Muskelentspannung

Diese Methode nach dem US-amerikanischen Arzt Edmund Jacobson wird auch als progressive Muskelrelaxation bezeichnet. Dabei werden bestimmte Körperregionen bewusst angespannt und dann wieder entspannt. Dadurch wird die Körperwahrnehmung trainiert, man lernt Anspannung und Entspannung als einen Prozess zu sehen und merkt dadurch im Alltag schneller, wenn man angespannt ist, sodass man direkt gegenwirken kann. Diese Methode lernt man besonders gut, wenn man einen Kurs besucht und direkt angeleitet wird. Schau auch mal, was für Kurse bei dir in der Nähe von deiner Krankenkasse bezahlt oder bezuschusst werden. Auch bei YouTube findest du zu allen hier vorgestellten Übungen und Methoden ganz tolle Videos.

Autogenes Training

Grundlage dieser Methode des Berliner Psychiaters Johannes Heinrich Schultz ist eine Art Selbsthypnose. Mithilfe der eigenen Vorstellungskraft führt man einen entspannten Zustand herbei. Wie der Name schon sagt, ist dafür eine gewisse Übung notwendig. Du kannst das autogene Training stehend, sitzend und liegend machen. Idealerweise lässt du es dir von einem Experten beibringen. Informier dich auch dazu mal bei deiner Krankenkasse.

Digitales Fasten

Flugmodus ist eigentlich ein ungünstiger Begriff. Entspannungsmodus sollte man die Einstellung im Smartphone nennen. Finde einen bewussten Umgang mit dem Onlinesein und dem Erreichbarsein. Erlaube dir immer mal wieder, nur für dich zu sein, und schalte den Flugmodus ein. Im Supermarkt, beim Waldspaziergang und beim Joggen brauchst du dein Handy nicht. Lass es am besten zu Hause. All das, was ständig auf uns einprasselt oder was wir online aktiv suchen, ist nicht halb so wichtig wie unsere Gelassenheit und eine stressfreie Zeit. Vielleicht führst du sogar einen Fastentag ein. Studien zeigen, wie stark uns das Handy sogar im Griff hat, wenn es nur neben uns liegt. In Experimenten kam raus, dass wir dann weniger gut arbeiten oder lernen können, weil unser Gehirn den ständigen Drang unterdrücken muss, da raufzuschauen. Am konzentriertesten sind wir, wenn sich das Handy nicht in Sichtweite befindet. Durch solche einfachen Maßnahmen können wir für weniger Stress sorgen.

Natürlich kannst du dich auch massieren lassen, in die Sauna gehen, Tanzen oder Singen, Musik oder ein Hörspiel hören, Kochen, Backen und vieles mehr.

Nimm dir einen Moment Zeit und überlege, was dir persönlich hilft, dich zu entspannen, Stress abzubauen und Kraft zu tanken. Schau dabei auch mal ein bisschen weiter zurück. Welche Strategien, an die du schon lange nicht mehr gedacht hast, haben dir früher geholfen? Schreib dir alle hilfreichen Übungen und Methoden mal auf. Geh gedanklich auch noch einmal die Kapitel zu den anderen Resilienz-Bausteinen durch, denn an mehreren Stellen habe ich dir schon Übungen vorgestellt, die dabei helfen können, mit negativen Emotionen und Gedanken besser umzugehen. Und schau auch, welche Übungen oder Methoden du neu einbauen möchtest.

Am besten erstellst du dir eine SOS-Notfall-Liste und legst sie in dein Tagebuch oder klebst sie an deinen Schreibtisch.

Denn wenn wir gestresst sind, hat unser inneres System keine Energie mehr, um darüber nachzudenken, was uns nun guttun würde. Wir können dann nicht mehr rational und konstruktiv denken. Oftmals werden dann alte schlechte Gewohnheiten aktiviert und wir greifen reflexartig zum Schokoeis, zur Zigarette oder verfangen uns im Stress.

Zur Inspiration zeig ich dir mal, wie meine SOS-Notfall-Liste bei Stress und schlechter Laune aussieht:

- Joggen
- Spazieren gehen, am besten im Wald oder am Wasser, zur Not auch einfach nur durch die Straßen Berlins – mit dem Fahrrad durch die Gegend fahren – verschiedene Atemübungen durchführen
- Meditieren
- Badewanne, für mindestens eine Stunde, und immer wieder heißes Wasser nachgießen, bis die Haut schon ganz schrumpelig ist
- Cat Stevens und Simon & Garfunkel in Dauerschleife hören
- Einen meiner Lieblingsfilme oder ein paar Folgen meiner Lieblingsserien schauen: *Harold und Maude*, *Arabella die Märchenbraut*, *Der fliegende Ferdinand*, *Spuk im Hochhaus*, *Spuk unterm Riesenrad*, *Verliebt in eine Hexe* und viele weitere Serien und Filme aus meiner Kindheit
- Wecker auf zehn Minuten stellen und in der Zeit alle Gedanken aufschreiben
- mit jemandem darüber sprechen
- Grießbrei kochen
- die Webcam von Nizza aufrufen
- eine Stunde früher schlafen gehen

☛ **Und nun notiere dir deine SOS-Notfall-Liste:**

....

....

....

Fazit to go

Sind wir gestresst, verlieren wir schnell den Draht zu uns selbst. Wir stecken in einem Tunnel fest. Dann fällt es schwer, optimistisch und in Lösungen zu denken, dankbar zu sein, sich auf Erfolge zu konzentrieren und nach vorne zu schauen. Und vor allem wird der Stress mit der Zeit zu einer immer größeren Wolke, die das Leben überschattet.

Es reicht nicht aus, nur zu wissen, was einem guttut, um sich zu entspannen und zu erholen, man muss es auch tun, man muss es sich auch erlauben, und zwar bevor es zu spät ist.

- Stress ist ein uralter Mechanismus, der uns kurzfristig Energie gibt, damit wir kämpfen oder fliehen können. Stress hilft uns also, mit Schwierigkeiten umgehen zu können, kann aber selbst zu einer Schwierigkeit werden.
- Entwickle eine Art Frühwarnsystem, um rechtzeitig zu merken, wenn der Stress losgeht, damit du gegensteuern kannst. Versteh, was bei dir zu Stress führt und wie Stress sich bei dir auswirkt.
- Denk dabei nicht nur an die äußeren Stressoren, sondern auch die inneren, also deine eigenen Bewertungen, Einstellungen, Glaubenssätze, Urteile und Erwartungen.

- Stress ist eine Entscheidung, Erholung auch.
- Ein ausgefüllter Terminkalender bedeutet nicht, dass man ein erfülltes Leben hat. Sorg deshalb regelmäßig und selbstverständlich für Ausgleiche. Du brauchst sie dir nicht zu verdienen.
- Die Natur steckt voller Wunder, egal ob es sich dabei um den Grand Canyon oder um die Natur vor unserer Haustür handelt. Schau in deiner Umgebung mal genauer hin und freu dich, was es alles zu entdecken gibt.
- Nutz dabei ganz bewusst alle deine Sinne. Was kannst du sehen, hören, riechen, fühlen und schmecken?
- Verbinde dich mit deinem Atmen und nutze Achtsamkeits-übungen.
- Meditation ist mehr als nur Rumsitzen.
- Alle Menschen vor dir hatten auch Stress. Deshalb gibt es viele verschiedene Entspannungstechniken. Probiere einige davon mal aus. Und vor allem: Gib ihnen mehrere Chancen. Diese Übungen sind keine Tablette, sondern sie helfen dir, deine Entspannungsfähigkeit zu verbessern.

☛ **Du kennst es schon: Was waren in diesem Kapitel deine Learnings?** Was war dir neu? Woran hast du dich erinnert? Was willst du (wieder) mal machen? Und welche Form der Entspannung kannst du gleich nach dem Lesen des Buches nutzen?

....

....

....

Nachwort
Freundschaftsanfrage vom Leben

» Wer sich entschließt, ein Problem mit Liebe zu lösen, braucht den Mut, Enttäuschung auszuhalten und trotz Rückschlägen geduldig zu bleiben.«

ERICH FROMM (1900 – 1980), PSYCHOANALYTIKER

Hast du Lust auf eine kleine Geschichte?

Ein junger Mann kam in einen Laden. Hinter dem Tresen stand ein älterer Mann mit Bart.

» Was verkaufen Sie, mein Herr?« fragte der junge Mann

Der Verkäufer antwortete: »Alles, was Sie wollen!«

»Aha«, sagte der Kunde erfreut. »Na, wenn dem so ist, dann hätte ich gern den Weltfrieden, die Beseitigung der Armut, das Ende von Diskriminierungen, die Gleichberechtigung zwischen Mann und Frau und ...«

Da fiel ihm der Verkäufer freundlich ins Wort. »Entschuldigen sie, junger Mann, sie haben mich falsch verstanden: Wir verkaufen hier keine Früchte. Wir verkaufen nur den Samen.«

Der Rest deines Lebens beginnt heute. Ganz genau genommen sogar *jetzt*. Jetzt ist die beste Zeit, um neuen Samen zu pflanzen. Schau trotzdem gerne zurück auf all das, was du erlebt hast, was dir widerfahren ist. Achte dabei nicht nur auf das Negative. In jedem Leben steckt viel Positives, auch wenn es Phasen gibt, in denen es schwerfällt, das zu erkennen. Wenn du zurückschaust, sei dir darüber bewusst, was alles zu deinem Leben dazugehört. Kleb allerdings nicht daran, sondern erlaub dir selbst, dich davon zu lösen oder zumindest mit Abstand darauf zu schauen. Du bist nicht das, was andere mit dir gemacht haben. Du bist nicht die Krankheit. Du bist nicht die Probleme. Du bist nicht der Stress, die Gedanken oder die Emotionen. Du bist so viel mehr. Sei du selbst! Und denke daran, dass dein Leben das ist, was du – trotz und mit allem – daraus machst. Sei dir darüber bewusst, dass du einen Handlungsspielraum hast. Leg Opferhaltungen ab und gestalte dein Leben. Du hast (wahrscheinlich) nur dieses. ;-)

Selbst wenn wir tolle Designerklamotten im Schrank haben, große Autos in unserer Garage stehen oder wir Ferienhäuser in Florida, Dubai und auf Mallorca haben und ganz viele Follower bei Instagram: Das Einzige, was wir wirklich haben und das wirklich wertvoll ist, ist unsere Zeit. Unsere Lebenszeit. Vielleicht hast du gefühlt noch ein ganzes Leben vor dir, weil du noch sehr jung bist. Vielleicht liegen aber auch schon viele Jahre hinter dir und Krankheiten schwächen dich. Es ist nicht wichtig, wie viel Zeit uns noch bleibt, sondern dass wir mit der Zeit, die wir haben, gut umgehen. Wenn der Rest deines Lebens jetzt beginnt: Wie willst du die Stunden, die vom Tag übrig bleiben, heute noch gut leben? Wie kannst du die nächsten Tage und die nächsten Wochen bewusst gestalten? Es ist *dein* Leben. Vergiss das nie. Lebe es auf *deine* Art.

Dazu möchte ich dir noch eine Geschichten erzählen, die über das Internet an mich herangetragen wurde und die wohl von dem französischen Schriftsteller und Filmproduzenten Marc Levy stammt:

»*Stell dir vor, jeden Morgen stellt dir eine Bank 86.400 Euro auf deinem Konto zur Verfügung. Es gibt allerdings zwei Regeln. du kannst das Geld nicht sparen. Alles, was du an diesem Tag nicht ausgegeben hast, verfällt. Aber jeden Morgen, wenn du erwachst, bekommst du wieder 86.400 Euro für den Tag überwiesen.*

Die zweite Regel lautet: Die Bank kann das Konto jederzeit ohne Vorwarnung schließen. Was würdest du also mit dem Geld jeden Tag tun?

Dieses Spiel ist Realität: Jeder von uns hat so eine magische Bank: die Zeit. Jeden Morgen bekommen wir 86.400 Sekunden Leben für den Tag geschenkt. Was wir an diesem Tag nicht gelebt haben, ist verloren, für immer verloren. Aber jeden Morgen beginnt sich das Konto neu zu füllen. Was also machst du mit deinen täglichen 86.400 Sekunden?«

Krisen, Katastrophen, Konflikte und Krankheiten sind nicht schön, aber sie sind Teil unseres Lebens und können helfen, aufzuwachen und sich (wieder) auf das zu besinnen, was wirklich wichtig ist. Sie sind Chancen, aber eben in Arbeitskleidung. Kraft entsteht durch Krise. In der psychologischen Fachsprache wird das als posttraumatisches Wachstum bezeichnet. Es gibt nicht nur das Drama, es gibt auch die Zeit danach. Das Schicksal wird dann zum Sparringspartner. Resilienz bedeutet, Krisen zu überleben, indem man sie durchlebt, um aus ihnen kraftvoll herausgehen zu können. Frag dich deshalb auch bei dem größten Müll, den du erlebst, welche positiven Spuren er bei dir hinterlässt oder wie du das Beste daraus machen kannst. Konzentrier dich auf deine Stärken und geh lächelnd durch die Welt. Mach Probleme nicht größer als sie sind. Sei gut zu dir selbst und zu anderen Menschen. Lass einige in dein Leben und trenne dich von anderen, wenn sie dir nicht guttun. Sei offen für das, was möglich ist. Die Mama von Forrest Gump hat ihm mitgegeben: »Das Leben ist wie eine Schachtel Pralinen. Man weiß nie, was man kriegt.« Mach deine Schachtel auf und nasche. Freu dich über deine Pralinen, und schau nicht zu genau in die Pralinenschachteln der anderen. Wenn eine mal nicht so lecker ist, dann wird die nächste vielleicht umso besser schmecken. Und wie wäre es, wenn du eigene Pralinen, ganz nach deinem Geschmack, herstellst?

Dabei hilft dir vielleicht auch die letzte Übung, die ich dir jetzt mitgeben möchte. Sie vereint die Resilienz-Bausteine, mit denen du dich in diesem Buch auseinandergesetzt hast, und hilft dir Tag für Tag an einem stabilen Leben zu arbeiten.

Für diese Übung brauchst du deine Hand. Entweder machst du die Übung direkt morgens, wenn du noch im Bett liegst, oder abends, um mit dem Tag abzuschließen. Jeder Finger deiner Hand erinnert dich dabei an wichtige Aspekte:

	Am Morgen	**Am Abend**
Daumen	Worauf oder auf wen freue ich mich heute? Wie kann ich meinen Tag schön gestalten?	Was war heute schön und gut? Wofür bin ich dankbar?

Zeige-finger	Womit werde ich mich heute beschäftigen? Wie werde ich meine Zeit verbringen? Wie kann ich durch mein Handeln meinen Zielen näher kommen? Wie kann ich mich entsprechend meiner Werte verhalten?	Womit habe ich mich heute beschäftigt? Wie habe ich meine Zeit verbracht? Welche Werte standen heute im Mittelpunkt? Bin ich meinen Zielen näher gekommen?
Mittel-finger	Was motiviert mich heute? Wo kriege ich meine Energie her? Worauf habe ich Lust?	Was hat mich heute motiviert (auch schlechte Entscheidungen zu treffen)?
Ring-finger	Wie kann ich heute einen kleinen Raum für mich schaffen? Wann, wie und wo kann ich mich entspannen und mich um meine Bedürfnisse kümmern?	Hatte ich heute einen Moment, der nur mir gehört hat? Was habe ich wann und wo gemacht? Wie war das?
kleiner Finger	Wie geht es meinem Körper gerade? Was braucht er? Was kann ich ihm Gutes tun?	Wie ging es heute meinem Körper? Wie geht es ihm jetzt? Was kann ich ihm jetzt noch Gutes tun?

Hand-fläche	Welche Gedanken habe ich zu diesem Tag? Was ist das zentrale Thema heute?	Welche Gedanken habe ich heute behandelt?
Hand-rücken	Welche Emotionen habe ich zu diesem Tag? Wie geht es mir gerade?	Was habe ich heute (besonders stark, öfter) gefühlt?

Am Ende von meinen *Blue Moon*-Sendungen auf Radio *Fritz* habe ich jedes Mal »If you want to sing out« von Cat Stevens gespielt, über 150 Mal. Darin heißt es:

»You can do what you want
The opportunity's on
And if you find a new way
You can do it today
You can make it all true
And you can make it undo«

Also: Du kannst tun, was du möchtest, die Möglichkeiten sind da, und wenn du eine neue findest, kannst du sie noch heute nutzen, du kannst alles wahrmachen, und du kannst es rückgängig machen.

Das Lied hat Cat Stevens für den Film »Harold und Maude« geschrieben. Kennst du den Film? Falls nicht, schau ihn dir unbedingt an. Und wenn du ihn kennst, dann schau ihn am besten so schnell wie möglich noch mal. Man kann ihn gar nicht oft genug gucken. Ich habe ihn damals zum ersten Mal im Englischunterricht gesehen, und er hat mich direkt fasziniert und emotional berührt. Maude sagt an einer Stelle: »Ich probiere jeden Tag etwas Neues aus. Schließlich wurde uns das Leben gegeben, um es zu entdecken, und ewig dauerts nun mal nicht.« Und an einer anderen Stelle sagt sie sinngemäß: »Viele Menschen drücken sich vor dem Leben. Pack zu. Nutze die Gelegenheit. Riskier vielleicht sogar, dass es schmerzt, aber spiele mit, so gut du kannst.« Und damit sind wir wieder am Anfang des Buches bei dem Kartenspiel-Zitat von Robert Louis Stevenson, sodass sich der Kreis nun schließt.

Mein letztes Fazit to go für dich:
Umarme das Leben, auch wenn das Schicksal ein Arschloch ist! Das Leben ist kein Vorsprechen, es ist keine Generalprobe, es ist alles live. Mach was draus und nutze deine Zeit so gut wie möglich! Nimm die Freundschaftsanfrage vom Leben an!

Wenn du möchtest, schreib mir doch gern mal, was dir an diesem Buch besonders gut gefallen und geholfen hat. Also: Welchen Samen hast du daraus mitgenommen, um ihn einzupflanzen, und wie sieht deine Pflanze inzwischen aus? Welche Fakten fandest du motivierend? Welche Gedanken haben dich inspiriert? Welche Übungen haben dir Kraft und wichtige Erkenntnisse gegeben?

Du kannst mir auch gerne von anderen Übungen oder Geschichten schreiben, die du für dich entdeckt hast. Vielleicht lass ich sie mal im Podcast, auf Youtube oder in ein weiteres Buch einfließen. Und auch wenn du noch Fragen hast, kannst du mir gerne schreiben. Ich freue mich über Mails und Feedback.

Hier überall findest du mich:
www.renetraeder.de
www.facebook.com/traederrene/
www.instagram.com/renetraeder/
www.twitter.com/ReneTraeder
www.xing.com/profile/Rene_Traeder
www.linkedin.com/in/renetraeder
http://www.youtube.com/c/RenéTräder

Alles Liebe für dich!
René

PS: Ich schnapp mir jetzt vielleicht noch mal mein Nudelbuch und koche eines der Gerichte. ;-)

Kontaktadressen für Krisenzeiten

Was ich dir hier zusammengestellt habe, ist eine Auswahl von kostenlosen Hilfs- und Beratungsangeboten. Es gibt in Deutschland, aber auch in Österreich und der Schweiz so viele verschiedene Hilfsangebote, und es kommen auch immer wieder neue dazu. Toll finde ich, dass es inzwischen sehr viele Spezialisierungen und Angebote gibt, die du rund um die Uhr erreichen kannst, teilweise sogar in verschiedenen Sprachen.

Google auch selbst mal, was es ganz konkret in deiner Nähe oder für deine Bedürfnisse gibt. Und selbst wenn du noch nicht das perfekte Angebot für dich gefunden hast, nimm mal Kontakt zu einer Stelle auf und informier dich, wohin du dich am besten wenden kannst. Eine gute Übersicht für die Region bieten oft auch die kommunalen Webseiten von Städten, Gemeinden oder auch Bundesländern.

1. **Datenbanken, in denen du nach einem Therapeuten oder einer Therapeutin suchen kannst:**
   - www.psychotherapiesuche.de/pid/search
   - www.deutschepsychotherapeutenvereinigung.de/nc/patienten/psychotherapeutensuche/
   - www.therapie.de/therapeutensuche/

Nicht alle Therapeuten sind hier eingetragen. Und auch nicht alle haben eine Webseite. Schau deshalb auch mal auf der Seite der kassenärztlichen Vereinigung deines Bundeslandes vorbei. Dort sind möglicherweise noch weitere Therapiemöglichkeiten gelistet. Besprich das auch mit deiner Hausärztin oder deinem Hausarzt, denn sie haben durch andere Patienten oftmals direkte Kontakte zu Therapeuten und können dich bei der Suche unterstützen.

Um den Therapiebeginn zu beschleunigen, kannst du dich auch an die Terminservicestellen wenden. Diese haben eine Vermittlungspflicht innerhalb von vierzehn Tagen für ein Erstgespräch, und auch im Anschluss geht es oft schneller, als wenn du dich selbst auf Therapeutensuche begibst. Die Terminservicestellen agieren bundesweit. Du erreichst sie unter der Nummer des ärztlichen Bereitschaftsdienstes: 116 117. Datenbanken, wenn du in Österreich wohnst:

- www.psyonline.at/
- www.psychotherapie.at/patientinnen/psychotherapeutinnen-suche
- Datenbanken, wenn du in der Schweiz wohnst:
- www.therapievermittlung.ch/therapeutinnen-suche/
- www.sanasearch.ch/de/

2. Telefonische Beratung und Hilfe
- Telefonseelsorge: 0 800 111 0 111 oder 0 800 111 0 222 (24 Stunden erreichbar)
- Telefonseelsorge Österreich: 142 (24 Stunden erreichbar)
- Telefonseelsorge Schweiz (»Dargebotene Hand«): 143 (24 Stunden erreichbar)
- Nummer gegen Kummer (für Kinder und Jugendliche): 116 111 (samstags sind Jugendliche die Berater)
- Elterntelefon: 0 800 111 0 550
- Kinder-Notdienst: 030/61 00 61
- Telefonhilfe für Kinder und Jugendliche (Schweiz): 147
- Sorgentelefon für Kinder (Standort Schweiz): 0800 55 42 10

- Jugend-Notdienst: 030/61 00 62
- Mädchen-Notdienst: 030/ 61 00 63
- für Jugendliche, die auf der Straße leben: 030/61 00 68
- Frauen-Krisentelefon: 030/615 42 43 (für Migrantinnen: 030/615 75 96)
- Frauenhelpline (Österreich): 0 800 222 555
- Männer-Notruf (Österreich): 0 800 246 247
- Info-Telefon Depression (DDH): 0800/33 44 533
- Opfer-Telefon (Weisser Ring): 116 006
- Berliner Krisendienst: 030/390 63 00 (24 Stunden telefonisch erreichbar)
- BZGA (Essstörungen): 0221/89 20 31
- ANAD: 089/219 973-99 (bei Essstörungen)
- LARA: 030/216 88 88 (bei sexualisierter Gewalt an Frauen)
- BIG Hotline: 030/611 03 00 (bei häuslicher Gewalt gegen Frauen und Kinder)
- Check dein Spiel: 0800 1 37 27 00 (BZGA, bei Spielsucht)

3. Online-Beratung
- www.telefonseelsorge.de
- www.caritas.de/hilfeundberatung/onlineberatung/
- www.telefonseelsorge.at (Österreich)
- www.seelsorge.net (Schweiz)
- www.143.ch (Schweiz: »Dargebotene Hand«)
speziell für Kinder, Jugendliche und junge Erwachsene
- www.u25-deutschland.de/ (hier beraten Jugendliche und junge Erwachsene)
- www.jugendnotmail.de/
- www.nummergegenkummer.de
- www.hast-du-stress.de
- www.kidkit.de

- https://www.147.ch (Schweiz: Pro Juventute)
- https://www.sorgentelefon.ch/ (Schweiz)
- https://www.neuhland.net/ (Schwerpunkt: Suizidprävention)
- www.frnd.de/ (Suizidprävention)

Bei Depressionen:
www.deutsche-depressionshilfe.de/start

Rund um Internet- und Computerspielesucht:
www.ins-netz-gehen.de/ (von der Bundeszentrale für gesundheitliche Aufklärung)

Für Opfer von Straftaten:
www.weisser-ring.de/

Bei Essstörungen:
www.anad-dialog.de

Bei Spielsucht
www.check-dein-spiel.de/ (BZGA)

Bei Drogen
www.drugcom.de/ (BZGA)

Rund um: quer, schwul, lesbisch, bi, trans* und inter*
https://www.comingout.de/

Bei Mobbing:
www.schueler-gegen-mobbing.de/

4. Beratung face-to-face

- Sozialpsychiatrischer Dienst (als Teil des öffentlichen Gesundheitsdienstes an mehreren Standorten in allen Bundesländern)
- www.telefonseelsorge.de (in mehreren größeren Städten)
- www.berliner-krisendienst.de/ (Standorte in mehreren Berliner Stadtbezirken)
- weisser-ring.de/ (deutschlandweit mehrere Standorte für Opfer von Straftaten)

5. Hilfe für Freunde und Angehörige

Grundsätzlich gilt, dass du alle Beratungsstellen kontaktieren kannst, auch wenn du nicht direkt von einer Krise betroffen bist, sondern Freunde oder Angehörige von dir. Denn auch als Außenstehender kann das belastend sein und man ist unsicher, wie man sich nun am besten verhält.

Zusätzlich gibt es zu vielen Themen Beratungsangebote und Selbsthilfegruppen, die sich speziell an Angehörige und Freunde richten. Einen Überblick bekommst du hier:

- www.nakos.de/
- www.selbsthilfenetz.de/
- www.schon-mal-an-selbsthilfegruppen-gedacht.de/

6. Im Notfall

- 112 anrufen (gilt in ganz Europa)
- zur Notaufnahme in eine Klinik gehen
- Kriseninterventionsstationen der Kinder- und Jugendpsychiatrien aufsuchen
- Freunde und Angehörige darüber informieren und sie bitten, direkt aktiv zu werden (112 anrufen oder gemeinsam zur Notaufnahme gehen)

- Kontaktiere direkt eine der Beratungsstellen aus dieser Liste, am besten telefonisch oder persönlich vor Ort.
- Bei Gewalterfahrung wende dich an die Polizei, ein Krankenhaus, das Jugendamt, den Kindernotdienst, ein Frauenhaus oder an eine Vertrauensperson.

Danksagung

Herzlichen Dank meinem lieben Freund Dennis für das schöne Miteinander, das viele Lachen und das Durchdiskutieren meiner ständigen Ideen.

Ich danke meinen Eltern dafür, dass ich durch sie das Licht der Welt und das Wunder des Lebens erfahren darf, und dafür, dass sie sich vorgenommen haben, bei ihrem Kind vieles anders zu machen, als sie es selbst erlebt haben. Auch bin ich dankbar dafür, dass ich das Glück hatte, so viele meiner Familienmitglieder aus verschiedenen Generationen und von verschiedenen Seiten persönlich kennenlernen zu dürfen.

Ich danke all den Menschen, denen ich im Laufe meines bisherigen Lebens begegnet bin, den Helden, aber auch den Antihelden, denn jede intensive Begegnung bedeutet eine Chance zur persönlichen Entwicklung.

Ein ganz besondere Dankbarkeit empfinde ich gegenüber den Menschen, mit denen eine Freundschaft entstanden ist. Egal, ob diese Freundschaften ein Leben lang halten oder man sich nur für eine gewisse Zeit begleitet: Der tiefe und vertrauensvolle Austausch, das so sein dürfen und gemeinsam etwas erleben, sind Dinge, die mir viel bedeuten, Kraft und Freude geben. Einen ganz besonderen Dank an: Bettina W., Christoph H., Daavid M., Daniel H., Golo S., Ingmar S., Isabel H., Jacqueline F., Juliane Z., Katharina J., Kirsten K., Manu N., Martin S., Matze D., Mia J., Nora M., René S., Sandra R., Tobias J. und vielen weiteren tollen

Menschen, die Teil meines Lebens waren oder immer noch sind und es dadurch bereichern.

Ich danke den Lehrerinnen Frau Grimm, Frau Gerber und Frau Döge, die mich durch ihren Unterricht auf Themen des Lebens gebracht und mir erste Auseinandersetzungen angeboten haben, um mit mir, den Dingen im Außen und der Verbindung aus Beidem in Kontakt zu kommen.

An der Humboldt-Universität danke ich vor allem Prof. Gerhard Danzer, Prof. Jaap Denissen und Prof. Reinhard Beyer, die in diesem anonymen Lehrbetrieb des Studiums viel Menschlichkeit und Persönlichkeit eingebracht und gefördert haben sowie zum kritischen Denken und Hinterfragen motiviert haben.

Für seine warme und wertschätzende Art danke ich auch meinem Coaching-Ausbilder Jens Hüttner von artop, der für mich zu einem Vorbild im Umgang mit den Menschen in meinen Workshops geworden ist. Danke auch für die persönliche Förderung, durch die ich auf mehrere Ebenen neue Erfahrungen sammeln und mich und meine Talente neu kennenlernen konnte.

Danke an Thomas Biller von der School of Life Berlin und das Team vor Ort für den Freiraum, dort Workshops zu aktuellen Fragen des Lebens durchführen zu können.

Ich danke den vielen Entscheiderinnen und Entscheidern im Radio, die in mir etwas gesehen haben und mir dadurch die Chance gaben, meinen Traum vom Radio zu leben. Allen voran: Alex Kind, Jackie Brown, Claudia Kearney, Carola Jung, Karen Schmied, Gabi Beck, Mandy Haberland, Jörg Poppendieck, Momo Faltlhauser, Tom Kölm und den vielen CVDs,

Redakteuren und Moderatoren, mit denen ich zusammengearbeitet und von denen ich viel gelernt habe oder mit denen ich einfach viele tolle gemeinsame Schichten hatte.

Ein ganz besonderer Dank gilt Radio Fritz und den Moderatorinnen und Moderatoren aus meiner Jugendzeit, die mir gezeigt haben, wie bunt die Welt ist und dass jeder so sein darf wie er ist, allen voran Jürgen Büsselberg, Marion Brasch, Anja Caspary, Patricia Pantel, Tommy Wosch, Jürgen Kuttner, Volker Wieprecht, Robert Skupin und Steffen Hallaschka, sowie dem Team rund ums Frühstyxsradio.

Ich danke dem gesamten 7Mind-Team, ganz besonders Alex Gojowy, Jonas Leve und Manuel Ronnefeldt, für das Podcast-Projekt, die gute Zusammenarbeit und die Freiheit, die Folgen so persönlich zu gestalten. Schön, dass wir gemeinsam mehr Achtsamkeit in die Welt bringen.

Ich danke der DAK-Gesundheit für das schöne Miteinander im Rahmen meines zweiten Podcastprojekts und der Videoproduktion für ein #gesundesmiteinander, ganz besonders Falk Oehlschläger, Marcel Nast, Jana Wachter, Sladjana Knezevic, Annett Böhme und Monett Fleischmann, sowie dem restlichen Team, das auf verschiedenen Ebenen zum Erfolg dieser wunderbaren Formate beiträgt.

Vielen Dank auch dem Team von earnesto, ganz besonders Jessi Geib, Johst Klems, Stefanie Heinen, Eli Bracht und Nele Kröninger, das einen maßgeblichen Anteil an diesen tollen Projekten hat. Mein spezieller Dank gilt Laura Schröder, ohne die sich so manche kreative Entwicklungsmöglichkeiten sicher gar nicht aufgetan hätten. Danke auch Sarah Tschernigow für den stets sehr direkten und ehrlich-offenen Austausch unter Podcastern und Radiokollegen.

Ich danke von Herzen all den Menschen, die dafür gesorgt haben, dass dieses Buch nun existiert und sichtbar ist. Allen voran Julia Vogel, die mich im Jahr 2018 zu einem Vortrag in den Ullstein-Verlag eingeladen hat, aus dem sich die Idee zu diesem Buch entwickelte. Großer Dank gebührt meinen Lektorinnen Alexandra Krishnabhakdi, Solveig Raschpichler und Aylin LaMorey-Salzmann, die wertschätzend mit meinen Ideen und Inhalten umgegangen sind und durch ihre Expertise dazu beigetragen haben, dass ein nützliches und klares Buch daraus geworden ist, das sich gut liest und durcharbeiten lässt. Danke auch allen, die bei Ullstein in der Herstellung, dem Vertrieb und der Presse ihr Bestes für dieses Projekt geben. Einen herzlichen Dank auch an den Argon-Hörbuchverlag und meiner Lektorin Kathrin Ackermann für die wunderbare Zusammenarbeit, und Dominik für die konzentrierten und gleichzeitig lockeren vier Tage im Tonstudio.

Und besonders wichtig: Ich danke den Tausenden Menschen, die sich in den letzten Jahrzehnten vertrauensvoll auf mich und meine Arbeit eingelassen haben, die bei mir in den Radiosendungen angerufen und von ihrem Leben erzählt haben, die offen und tiefgründig von sich in meinen Podcastformaten erzählten, ganz besonders danke auch auch den Hörerinnen und Hörern meiner Radiosendungen und Podcasts, die sich in ihren Mails zeigen, mir Feedback geben oder von ihren Krisen und Strategien erzählen, und natürlich danke ich den Menschen, die meine Workshops besuchen oder ein Coaching bei mir gemacht haben. Ohne all diese Menschen wäre so ein Buch niemals möglich gewesen, denn ich konnte so viel lernen und erfahren, was ich hier im Buch sehr gerne weitergebe, damit es auch anderen Menschen hilft.

Schließlich möchte ich auch dir danken, dass du dieses Buch nun in den Händen hältst und es vielleicht sogar schon gelesen hast oder es noch tun wirst. Trage die Gedanken daraus, die dir besonders wichtig und wertvoll erscheinen, gerne hinaus in die Welt.

Endnoten

1   Darkness Invisible: The Hidden Global Costs of Mental Illness., Insel, Thomas R., et al. Foreign Affairs, vol. 94, no. 1, 2015, pp. 127–135. JSTOR, www.jstor.org/stable/24483225. Accessed 14 Feb. 2020.

2   Child and adolescent mental health worldwide: evidence for action. Kieling C, Baker-Henningham H, Belfer M, et al., Lancet 2011; 378: 1515–25

3   »Zur Lebenssituation junger Lesben und Schwuler – Homosexualität und Suizidalität«, Referat, Dipl.-Psychologin Sigrid Meurer (Beratungsstelle Neuhland, Modelleinrichtung für suizidgefährdete Kinder und Jugendliche)
    In: »Stärke gefragt – Eltern und ihre homosexuellen Kinder, Tagungsband Bundeselterntreffen, BEFAH e. V.«, Berlin 2003

4   Block, J. (1977). The developmental continuity of EGO-control and EGO-resiliency: some accomplishements. Conference paper. Society for Research in Child Development, New Orleans.

5   Stress, Risk, and Resilience in Children and Adolescents: Processes, Mechanisms, and Interventions, Robert J. Haggerty, Lonnie R. Sherrod, Norman Garmezy, Michael Rutter, 1994, Cambridge University Press

6   The Children of Kauai. A longitudinal study from the prenatal period to age ten, Werner, E. E. (1977), University of Hawai'i Press

7   A longitudinal study from birth to 32 years, Werner, E. E. (1989), Am J Orthopsychiatry, 59(1), 72–81.

8   Salutogenese. Zur Entmystifizierung der Gesundheit. Antonovsky, A. (1997). Tübingen: dgvt

9   Children Of The Great Depression, Glen H. Elder, (1974), University of Chicago Press

10 Lösel, Friedrich und Doris Bender, 1994. Lebenstüchtig trotz schwieriger Kindheit. Psychische Widerstandsfähigkeit im Kindes- und Jugendalter. In: Psychoscope. 15(7), S. 14–17.

11 Lösel, Friedrich und Dors Bender, 1999. Von generellen Schutzfaktoren zu differenziellen protektiven Prozessen: Ergebnisse und Probleme der Resilienzforschung. In: Günther Opp, Michael Fingerle und Andreas Freytag, Hrsg. Was Kinder stärkt. Erziehung zwischen Risiko und Resilienz. 1. Auflage, München/Basel: Ernst Reinhardt Verlag, S. 37–58.

12 Johannes Gutenberg-Universität Mainz, 2014. Mainzer
    Wissenschaftler entwickeln neuen Theorierahmen für künftige
    Resilienzstudien [online]. Neuer Ansatz stellt Bewertung belaster der
    oder bedrohlicher Situationen durch das Gehirn in Mittelpunkt.
    Mainz: Johannes Gutenberg-Universität

13 Very Happy People, Ed Diener, Martin E.P. Seligman, Psychol Sci
    2002 Jan;13(1):81–84

14 https://learningtoforgive.com/research/effects-of-group-forgiveness-
    intervention-on-perceived-stress-state-and-trait-anger-symptoms-
    of-stress-self-reported-health-and-forgiveness-stanford-
    forgiveness-project/

15 Vergleiche: »Friedrich der Große: Ein biografisches Porträt«,
    Wolfgang Burgdorf, Herder, 2011

16 Vergleiche: https://dspace.ut.ee/handle/10 062/30 386, »Andreas
    Lepsch, eines gewesenen ZimmerGesellen«, Heinrich Schubert, 1733

17 Text fehlt

18 Very Happy People, Ed Diener, Martin E.P. Seligman, Psychol Sci.
    2002 Jan;13(1):81–84

19 The Misunderstood Gene, Michel Morange, 2002, Harvard University
    Press

20 Miteinander reden 1 – Störungen und Klärungen. Allgemeine
    Psychologie der Kommunikation. F. Schulz von Thun, 1981, Rowohlt,
    Reinbek

21 Gewaltfreie Kommunikation. 11. überarb. und erw. Auflage. Marshall
    B. Rosenberg, 2013, Junfermann

22 Konfliktmanagement. Diagnose und Behandlung von Konflikten in
    Organisationen. Friedrich Glasl, 1980, Haupt, Bern/Stuttgart 1980

23 Die Vermessung der Liebe: Vertrauen und Betrug in Paarbeziehungen.
    (2014) Klett-Cotta Verlag

24 Die 7 Geheimnisse der glücklichen Ehe. 2000, Schröder-Verlag

25 Ernst Bohlmeijer, Rilana Prenger, Erik Taal, Pim Cuijpers (2010):
    The effects of mindfulness-based stress reduction therapy on mental
    health of adults with a chronic medical disease: A meta-analysis.
    Journal of Psychosomatic Research 68 (6): S. 539–544.

Raum für eigene Notizen